# EXPERIÊNCIAS FORA DO CORPO AO ALCANCE DE TODOS

Sandie Gustus

# EXPERIÊNCIAS FORA DO CORPO AO ALCANCE DE TODOS

Guia prático para compreender a consciência e usufruir os benefícios da vida interdimensional

Tradução
Denise de Carvalho Rocha

Título original: *Less Incomplete.*
Copyright © 2011 O-Books, uma divisão da John Hunt Publishing
Copyright do texto © 2010 Sandie Gustus.
Copyright da edição brasileira © 2015 Editora Pensamento-Cultrix Ltda.
Publicado mediante acordo com John Hunt Publishing, Laurel House, Station Approach, New
Alresford, Hampshire SO24 9JH, Reino Unido.

1ª edição 2015.
3ª reimpressão 2021.

Todos os direitos reservados. Nenhuma parte desta obra pode ser reproduzida ou usada de qualquer forma
ou por qualquer meio, eletrônico ou mecânico, inclusive fotocópias, gravações ou sistema
de armazenamento em banco de dados, sem permissão por escrito, exceto nos casos de trechos curtos citados
em resenhas críticas ou artigos de revistas.

A Editora Cultrix não se responsabiliza por eventuais mudanças ocorridas nos endereços
convencionais ou eletrônicos citados neste livro.

**Editor:** Adilson Silva Ramachandra
**Editora de texto:** Denise de Carvalho Rocha
**Gerente editorial:** Roseli de S. Ferraz
**Produção editorial:** Indiara Faria Kayo
**Assistente de produção editorial:** Brenda Narciso
**Editoração eletrônica:** Join Bureau
**Revisão:** Vivian Miwa Matsushita

### Dados Internacionais de Catalogação na Publicação (CIP)
### (Câmara Brasileira do Livro, SP, Brasil)

Gustus, Sandie
   Experiências fora do corpo ao alcance de todos : guia prático para compreender a consciência e
usufruir os benefícios da vida interdimensional / Sandie Gustus ; tradução Denise de Carvalho Rocha.
– São Paulo : Cultrix, 2015.

   Título original : Less incomplete.
   Bibliografia.
   ISBN 978-85-316-1342-5

   1. Ciência – Filosofia 2. Consciência 3. Conscienciologia 4. Espiritualidade 5. Evolução espiritual
6. Evolução humana 7. Projeção astral I. Título.

15-09197                                               CDD-133

#### Índices para catálogo sistemático:
1. Consciência : Evolução espiritual : Espiritualidade     133

Direitos de tradução para o Brasil adquiridos com exclusividade pela
EDITORA PENSAMENTO-CULTRIX LTDA., que se reserva a
propriedade literária desta tradução.
Rua Dr. Mário Vicente, 368 — 04270-000 — São Paulo, SP
Fone: (11) 2066-9000
http://www.editoracultrix.com.br
E-mail: atendimento@editoracultrix.com.br
Foi feito o depósito legal.

# Sumário

Prefácio de Pim van Lommel ........................................................... 11

Agradecimentos ........................................................................... 15

Introdução .................................................................................. 17

Experiência fora do corpo – um fenômeno natural
• As limitações da ciência convencional com relação ao estudo
das realidades não físicas • Uma nova abordagem científica
• O.impacto da descoberta de que sou mais do que o
meu corpo físico • Uma nova direção na vida • O que você pode
aprender com este livro e como aplicar isso em sua vida
• Como utilizar este material • Como ter experiências fora
do corpo com segurança

PARTE UM: Multidimensionalidade – Vislumbres de uma
Realidade Maior ........................................................ 31

A Parte Um examina um dos vários atributos básicos da
consciência – a alma, o espírito –, que é multidimensional

Capítulo Um. Os corpos de manifestação da consciência ........... 33

O corpo físico • O corpo de energia • O corpo extrafísico
• O corpo mental • O que acontece quando morremos?
• Experiências cotidianas dos seus veículos de manifestação

**Capítulo Dois. Dimensões não físicas** ......................................... 49

A esfera extrafísica de energia • A dimensão ou esfera crostal (paratroposfera) • As dimensões extrafísicas • A dimensão mental

**Capítulo Três. Seres não físicos: interações e relacionamentos transdimensionais** ......................................................................... 65

Amparadores • Guias cegos • Intrusos

**Capítulo Quatro. Bioenergia** ...................................................... 89

Bioenergia – uma retrospectiva histórica • Bioenergia – propriedades e características • A sutil influência e os efeitos poderosos dos campos bioenergéticos • Sensibilidade, consciência e controle energéticos • Exercícios para melhorar a sensibilidade, as capacidades e a autodefesa energéticas • Dicas para controlar sua bioenergia

**PARTE DOIS: Serialidade: a Série de Vidas Sucessivas** ............... 111

A Parte 2 examina o segundo atributo básico da consciência – que ela reencarna

**Capítulo Cinco. O carma e o ciclo multiexistencial** .................. 113

A alternância das existências física e extrafísica • O período entre vidas • Holocarma

**Capítulo Seis. Indícios de vidas passadas** .................................. 127

Fobias • Marcas e deficiências de nascença • Xenoglossia e glossolalia • Prodígios, talentos excepcionais e crianças precoces • Gênios • A síndrome de savant • Amor à primeira vista • Aversões • Disforia de gênero • Afinidades ideológicas

**Capítulo Sete. Mecanismos pelos quais as experiências de vidas passadas afetam nossa vida no presente** .................................. 145

Holomemória • Paragenética • Patologias do corpo mental • Um bom exemplo

**Capítulo Oito. Retrocognições** ..................................... 153

O que define a verdadeira retrocognição? • Os benefícios das retrocognições • Fatores que bloqueiam e inibem as retrocognições • Precauções • Dicas para recordar vidas passadas • Técnicas para a produção de retrocognições

**PARTE TRÊS: A Evolução da Consciência** ................................... 169

A Parte 3 examina o terceiro atributo básico da consciência – que ela evolui

**Capítulo Nove. O processo evolutivo** ......................................... 171

Recuperação da consciência • Dicas para recuperar níveis mais avançados de consciência (isto é, a consciência de quem você é além do corpo físico) • Automimetismo existencial: a estagnação da evolução consciencial

**Capítulo Dez. Plano de vida** ......................................... 183

Qual o meu plano de vida? • Miniplano e maxiplano de vida • Sucesso e fracasso na tentativa de cumprir o plano de vida • Dez razões que nos levam a não conseguir concretizar nosso plano de vida • O curso intermissivo • Como nosso plano de vida é decidido • Moratórias • Melancolia e euforia relacionadas ao fracasso ou ao sucesso do plano de vida

**Capítulo Onze. Identificação do seu propósito na vida** ............ **203**

Fórmula dos pontos fortes e fracos pessoais • Fórmula da reciprocidade pessoal • Experiências lúcidas fora do corpo • Retrocognições • Técnica do "um ano a mais" • Técnica das 50 vezes • Livros e cursos • Precauções

**Capítulo Doze. Holomaturidade** ................................................ **211**

Tipos de maturidade • Maturidade fisiológica • Maturidade psicológica • Maturidade intelectual • Holomaturidade • Exemplos de maturidade e imaturidade da consciência • Utilização diária do tempo

**Capítulo Treze. Cosmoética** ...................................................... **231**

Ética *versus* cosmoética • Autoincorruptibilidade • Consciencialidade • A lei do "mal menor" • Fraternidade • Pensamentos e intenções • Princípios pessoais

**PARTE QUATRO: Experiências Fora do Corpo** ........................ **243**

A Parte 4 trata das experiências fora do corpo, o instrumento que capacita o leitor a verificar as informações contidas neste livro por meio de experiências em primeira mão

**Capítulo Catorze. Benefícios das experiências fora do corpo** ..... **245**

Benefícios terapêuticos • Benefícios psicológicos • Benefícios educacionais • Benefícios parapsíquicos • Usos práticos específicos

**Capítulo Quinze. Preparação para a experiência fora do corpo** .. **249**

Fatores externos • Fatores físicos e fisiológicos • Fatores psicológicos • Fatores bioenergéticos • Fatores parapsíquicos • Comentários gerais sobre o preparo para uma projeção

**Capítulo Dezesseis.** Técnicas de projeção lúcida ..................... 261

Dicas • Técnicas projetivas

**Capítulo Dezessete.** Sensações comuns na decolagem e
no retorno .......................................................................... 273

Sinais de que a projeção é iminente • Sensações durante a
decolagem e o retorno

**Capítulo Dezoito.** Recordação e análise ........................... 277

Por que é difícil lembrar uma experiência fora do corpo?
• A importância da lucidez extrafísica para a recordação
de eventos extrafísicos • Fatores que favorecem a recordação
• Fatores desfavoráveis à recordação • Tipos de recordação
• Dicas para recordar as projeções • Análise dos eventos
extrafísicos • Diário de experiências extrafísicas

**Conclusão**.......................................................................... 293

**Apêndice** ............................................................................ 295

**Notas** ................................................................................. 297

**Glossário** ........................................................................... 299

**Bibliografia**........................................................................ 307

"Dedico este livro aos dedicados voluntários das Organizações Conscienciocêntricas do Brasil e ao redor do mundo, que fazem tanto por tantas pessoas."

# Prefácio

Ao longo de toda a sua vida, o médico e pesquisador brasileiro Waldo Vieira reuniu uma das maiores bibliotecas sobre a experiência fora do corpo (EFC) e é considerado um dos mais prolíficos "projetores lúcidos" vivos*, produzindo EFCs intencionais quase diariamente. Longe de ser uma personalidade do tipo guru, Vieira afirma que produzir EFCs lúcidas é uma capacidade humana natural que todo mundo pode desenvolver. Ele também insiste para que as pessoas questionem e duvidem de tudo o que ele diz; que tenham suas próprias EFCs e vivenciem outros estados alterados de consciência, de modo que possam verificar as afirmações dele. Vieira escreveu uma série de livros, incluindo *Projeções da Consciência, Diário de Experiências Fora do Corpo Físico*, o aclamado diário de suas experiências pessoais, e um volume de mais de mil páginas intitulado *Projeciologia, Panorama das Experiências da Consciência Fora do Corpo Humano*, que atraiu a atenção de muitos indivíduos de orientação científica insatisfeitos com ambas as abordagens, a materialista e a religiosa, para a compreensão da consciência.

Os atuais pontos de vista sobre a relação entre o cérebro e a consciência defendidos pela maioria dos médicos, filósofos e psicólogos são tacanhos demais para explicar a experiência de quase morte (EQM), de natureza semelhante à EFC e considerada por Waldo Vieira como um tipo específico de EFC. Tanto a EFC quanto a EQM revelam que a nossa consciência (ou seja, a nossa capacidade de ficar conscientes) nem sempre coincide com as

---

\* O professor Waldo Vieira faleceu em Foz do Iguaçu no dia 2 de julho de 2015, aos 83 anos. (N. da T.)

funções cerebrais; que podemos, na verdade, experimentar a nossa consciência independentemente do corpo físico.

É com satisfação, portanto, que apresento este livro de Sandie Gustus, estudiosa e praticante da EFC e voluntária das organizações associadas ao trabalho de Waldo Vieira desde 2003.

Embora eu seja um colega médico que, de modo semelhante, questionou as teorias convencionais sobre a consciência, o caminho de Waldo Vieira foi bem diferente do meu. Eu era um residente, em 1969, que atuava na ala de pacientes cardíacos, quando um paciente vítima de ataque cardíaco me disse que, enquanto estava inconsciente, viu o mundo mais bonito, com música e luz extraordinárias. O que eu ainda não consigo esquecer é a maneira como ele descreveu a experiência e se mostrou profundamente impressionado por ela. Na época, eu não me interessava muito pela consciência. Mas então li *Return from Tomorrow*, um livro de George Ritchie, que na época em que era estudante de medicina passou por uma experiência de quase morte. Depois de ler esse livro, comecei a perguntar aos meus pacientes que haviam sofrido ataque cardíaco se tinham alguma lembrança do período de inconsciência. E, para minha enorme surpresa, em dois anos reuni doze casos pessoais de pacientes que relataram uma consciência intensificada durante o período de morte clínica, em cinquenta sobreviventes de parada cardíaca. Em decorrência desse achado, decidi dar início, junto com outros colegas, a um estudo sistemático e prospectivo sobre o fenômeno da chamada experiência de quase morte. Os resultados, publicados na revista *The Lancet* em 2001, demonstraram que as hipóteses comuns que descartavam a EQM como um evento real, como a falta de oxigênio no cérebro e o medo da morte, não tinham nenhuma correlação com a ocorrência da EQM. Desde 2003, aprofundei-me na pesquisa do fenômeno da EQM, porque ela desafia nossos conceitos atuais sobre a relação entre a consciência e a função do nosso cérebro.

Quanto a Waldo Vieira, ele começou a ter experiências fora do corpo com a idade de 9 anos. Foi criado em Minas Gerais e muito influenciado pela religião conhecida como Espiritismo, que se baseia na filosofia e no estudo psíquico do pesquisador francês Allan Kardec e procura mesclá-lo com o Cristianismo. Vieira acabou por se afastar do Espiritismo para desenvolver uma abordagem mais científica, sem ligação com nenhuma cultura ou credo em particular, mas fundamentada numa combinação de princípios científicos e experiência pessoal direta. Isso, é claro, estava em franca oposição às expectativas e regras científicas convencionais! Até que ponto era possível reproduzir essas experiências? Como se pode chegar a conclusões objetivas por meio da experiência subjetiva? Waldo Vieira sugere que a concordância entre os relatos de ocorrências físicas remotas de diferentes indivíduos e até de EFCs partilhadas indica uma dimensão objetiva para a EFC e seu potencial como instrumento para investigação confiável da consciência além do corpo físico, tanto para cientistas quanto para leigos.

Sandie Gustus proporciona um panorama fascinante, detalhado e extremamente claro das bases desse paradigma científico e espiritual concebido por Waldo Vieira, agora desenvolvido por muitos estudiosos em todo o mundo, que combina exploração pessoal de reinos não físicos com pesquisas objetivas mais convencionais em terceira pessoa, conclusões pessoais verificáveis sobre a natureza da consciência e da condição humana além do corpo físico.

Como explico no meu livro *Consciousness Beyond Life,* levando-se em conta que existem hipóteses plausíveis relacionadas à EFC que não requerem necessariamente modelos extraordinários, era inevitável que eu ficasse intrigado com as experiências e teorias de Waldo Vieira. Talvez ele esteja certo, mas você e eu não temos que deixar de lado as explicações físicas mais convencionais, a não ser que tenhamos nossas próprias experiências fora do corpo – um tema recorrente do presente livro e que é sustentado por numerosas técnicas para controle da energia, desenvolvimento das capacidades psíquicas, e produção de EFCs e outros fenômenos... técnicas que Sandie insiste em dizer que podem produzir resultados para todos que tenham determinação para praticá-las. Uma coisa me parece irrefutável, porém. Embora Waldo Vieira e eu apresentemos diferentes abordagens para o estudo da consciência, não é improvável que as duas sejam igualmente importantes para responder às questões mais difíceis sobre a consciência, o cérebro e outras mais.

Se, como eu, você não tem experiências lúcidas fora do corpo, eu o convido a ler com a mente aberta este livro convincente, que tem argumentos muito bem fundamentados a favor da vida além do corpo físico.

**Pim van Lommel,**
médico, autor de *Consciousness Beyond Life*:
*The Science of the Near-Death Experience*

# Agradecimentos

Já se passaram quatro anos desde que este livro foi publicado pela primeira vez, em inglês. Durante esse período, deixei a Organização Consciênciocêntrica (CO) onde trabalhei como voluntária na Europa treze anos atrás, para me juntar ao Interassistantial Services for the Internationalization of Conscientiology (ISIC), sediado no Brasil. Agradecimentos sinceros a Jeffrey Lloyd por ser uma fonte constante de apoio durante esse período de mudança. Estou ansiosa para trabalhar com ele e a equipe do ISIC, a fim de criar mais consciência em nível mundial dos COs sediados no Brasil.

Refletindo sobre a experiência de escrever e promover este livro, percebi que havia muitas pessoas boas – colegas, família, amigos e até mesmo desconhecidos –, cujo conhecimento, tempo, esforço, energia e sacrifícios me inspiraram a começar este livro e levá-lo até este ponto, em que está disponível em vários idiomas, aumentando a consciência sobre a Consciênciologia em países como a Coreia do Sul, Turquia e Romênia. Um agradecimento especial ao falecido doutor Waldo Vieira, por endossar este livro, e a Patricia Sousa e Rodrigo Medeiros, por sua ajuda desinteressada em tantos níveis e ocasiões.

Nem todas as pessoas que apoiaram este projeto são físicas. Gostaria de agradecer aos amparadores não físicos que me mantiveram focada, determinada e confiante de ser capaz de superar os desafios que inevitavelmente se apresentam durante um longo empreendimento como esse. Tem sido um dos maiores privilégios da minha vida compartilhar essa experiência imprevisível, mas imensamente gratificante, com eles e desenvolver um nível tão profundo de confiança mútua.

Tenho uma dívida de gratidão especial com a minha mãe, Julie Gustus, e minha irmã, Maryanne Gustus, por estarem ao meu lado, incondicionalmente.

# Introdução

A ciência é a ferramenta da mente ocidental e com ela podem-se abrir mais portas do que com as mãos nuas. Ela é parte integrante do nosso conhecimento e obscurece nossa percepção somente quando pretende ser a única maneira de se alcançar o conhecimento.

*— C. G. Jung*

Quantos de nós já não tivemos uma experiência que sugere a presença, na nossa vida diária, de uma realidade mais profunda, invisível, que se estende além do puramente físico? A maioria de nós provavelmente já passou por uma experiência que envolva *déjà-vu*, intuição, sincronicidade, premonição ou telepatia; foi assaltado por uma sensação instantânea de reconhecimento ou familiaridade diante de um completo estranho; ou experimentou um estado vibracional espontâneo... ou pelo menos conhece alguém que já passou por algo assim. Tais indicações de que a nossa realidade é mais complexa do que parece e de que a nossa existência tem uma espécie de "bastidores" são corriqueiras.

Apesar disso, a maioria das pessoas não tem consciência direta de que vivemos num ambiente multidimensional, que vai muito além dos limites do nosso mundo físico, e que somos, na verdade, muito mais do que apenas o nosso corpo físico.

Felizmente, existe um fenômeno que é natural a todos os seres humanos e nos permite verificar pessoalmente, por experiência própria, que somos capazes de agir de forma totalmente independente do corpo físico numa dimensão não física... a experiência fora do corpo (EFC). Quem já teve uma EFC totalmente lúcida, e eu me incluo entre essas pessoas, irá lhe dizer que, se conseguir ficar lúcido fora do corpo, você vai descobrir que todas as suas faculdades mentais estão em pleno funcionamento, que você pode tomar decisões, exercer o seu livre-arbítrio, acessar a sua memória, pensar com um nível de clareza que às vezes ultrapassa a sua capacidade habitual e até mesmo obter informações da dimensão física que podem mais tarde ser confirmadas... e que a experiência de tudo isso lhe proporcionará provas irrefutáveis de que o corpo físico é apenas uma "casa" temporária através da qual sua consciência (ou seja, a sua alma ou espírito) se manifesta no mundo físico.

É importante fazer uma distinção aqui entre "consciência" e "a consciência". No contexto deste livro, "a consciência" é usada como sinônimo de alma, espírito, ego, essência humana ou princípio inteligente. A palavra "consciência" – por si só – normalmente é utilizada para nomear o estado em que se está consciente ou lúcido. Para evitar confusão, algumas pessoas preferem usar a palavra *self* em vez de "a consciência".

## Experiência fora do corpo — um fenômeno natural

Descrevo a experiência fora do corpo (ou a projeção da consciência para fora do corpo físico) como um fenômeno natural, porque quase todos os seres humanos experimentam todas as noites, enquanto estão dormindo, algum grau de separação entre o corpo físico e um corpo mais sutil não físico. A razão de tão poucos de nós estarmos conscientes disso é o fato de que a maioria apresenta baixos níveis de consciência ou lucidez enquanto está fora do corpo, não se lembra do que aconteceu ou confunde a EFC com um sonho. Na realidade, a maior parte das pessoas fica apenas dormindo fora do corpo, conforme ilustrado na figura a seguir.

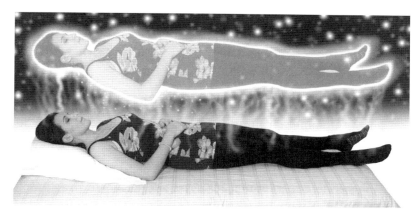

Dormindo fora do corpo (ou projeção inconsciente)

É possível, no entanto, aprender a ficar mais "acordado" fora do corpo. Qualquer pessoa que tenha vontade de fazer isso pode alcançar bons resultados. Nenhuma capacidade psíquica especial é necessária.

A História confirma a predominância e universalidade desse fenômeno único. Desde o Antigo Egito, entre 3 mil e 5 mil anos atrás, os seres humanos têm registrado a saída de um corpo sutil do corpo físico e seu posterior retorno com um grau de consistência extraordinariamente elevado. Uma retrospectiva através da História também revela que a EFC é comum a todas as pessoas, independentemente de cultura, condição socioeconômica, gênero, idioma, nacionalidade, idade, religião ou sistema de crença.

Felizmente, nas últimas décadas os tabus em torno da EFC têm diminuído, o que tornou possíveis discussões abertas em eventos públicos e a cobertura da grande mídia. Sobretudo a EFC (particularmente a experiência de quase morte [EQM], um tipo de EFC forçada) começou a atrair significativa atenção das comunidades médica e científica.

## As limitações da ciência convencional com relação ao estudo das realidades não físicas

A perspectiva da ciência convencional (ou seja, a ciência materialista, positivista, baseada no modelo cartesiano-newtoniano, que considera a realidade algo apenas físico) é em grande parte inadequada para o estudo de realidades não físicas, porque não leva em conta a possibilidade de que a consciência pode se estender para além dos limites da dimensão física, um aspecto considerado, pelas ciências representadas neste livro, fundamental à consciência.

Em outras palavras, as ciências convencionais não aceitam que a consciência possa se manifestar num corpo não físico, tal como o faz durante uma EFC, porque a existência do próprio corpo não físico não pode ser confirmada, verificada ou provada por meio da observação objetiva.

Reconhecendo que as limitações dessa abordagem acarretavam graves consequências para o avanço do conhecimento humano, há algumas décadas uma das maiores autoridades mundiais no estudo da consciência (de acordo com *Who's Who in the 21st Century*, 2002) e projetor consciente desde a idade de 9 anos, o pesquisador e médico brasileiro Waldo Vieira, começou a lançar as bases para uma abordagem científica mais sofisticada e inclusiva para estudar a consciência – uma tarefa extremamente complexa.

## Uma nova abordagem científica

Graças à sua extensa experimentação pessoal e sua pesquisa, e em face das provas contundentes derivadas de um conjunto consensual de experiências gravadas por pessoas comuns ao redor do mundo, Waldo Vieira há muito tempo sabia que uma porção significativa da experiência humana estava além do alcance das ciências convencionais. Então ele desenvolveu uma abordagem que expandia os preceitos científicos existentes para que passassem a reconhecer a validade e o valor da observação e da experiência *subjetivas*. Este livro é baseado quase que exclusivamente em suas abrangentes teorias de ponta e nas experiências pessoais que eu tive para validá-las.

Em 1986, Waldo Vieira propôs formalmente a ciência da Projeciologia ao público em geral e à comunidade científica, com o lançamento de um tratado de mais de mil páginas, extremamente detalhado, intitulado *Projeciologia: Panorama das Experiências da Consciência Fora do Corpo Humano* (publicado em português, língua materna do autor). Esse livro tem quase duas mil referências bibliográficas, provenientes de 28 países e 18 idiomas diferentes.

Em 1994, ele publicou as bases da ciência da Conscienciologia num segundo tratado intitulado *700 Experimentos da Conscienciologia*. Os alicerces dessas novas ciências se baseiam numa perspectiva mais ampla que reconhece a natureza multidimensional da existência. Waldo Vieira a chama de "paradigma consciencial".

A Conscienciologia é a ciência que estuda a consciência (alma, espírito, ego, *self*, essência humana), investigando todas as suas propriedades, atributos, capacidades, fenômenos, corpos de manifestação e vidas, com base no paradigma consciencial.

A Conscienciologia é hierarquicamente estruturada num conjunto de subdisciplinas – 70 ao todo, sendo a Projeciologia o subcampo dedicado ao estudo da projeção da consciência para fora do corpo físico (experiência fora do corpo, EFC). A Projeciologia é uma especialidade particularmente importante, pois a EFC é a ferramenta que permite que o indivíduo (consciência) seja tanto o pesquisador quanto o objeto de estudo; em outras palavras, ela permite à consciência observar e estudar a si mesma.

Como explica Waldo Vieira na introdução ao livro *Projeciologia: Panorama das Experiências da Consciência Fora do Corpo Humano*, a enorme quantidade de dados que ele reuniu para propor essas ciências foi obtida a partir das seguintes fontes:

1. Mais de 1.100 projeções lúcidas que ele experimentou de forma independente, analisou e registrou entre 1941 e 1985 (60 são descritas em *Projeções da Consciência: Diário de Experiências Fora do Corpo Físico*);
2. Ideias e experiências obtidas em reuniões quinzenais com uma equipe de projetores conscientes do Centro da Consciência Contínua (CCC), uma organização fundada em 1981 no Rio de Janeiro (agora desativada), e em encontros mensais com o público em geral nas cidades de São Paulo, Ribeirão Preto e outras localidades, no Brasil;
3. Correspondência pessoal recebida de centenas de projetores lúcidos de todos os níveis e procedências. Esse material é apresentado no Instituto Internacional de Projeciologia e Conscienciologia (IIPC), uma organização fundada por Waldo Vieira e um grupo de

pesquisadores da CCC em 1988, em resposta à demanda no Brasil de um ambiente mais estruturado no qual estudar a consciência. Waldo Vieira presidiu o IIPC, uma organização sem fins lucrativos, por mais de dez anos;

4. Entrevistas pessoais realizadas com projetores lúcidos, tanto no Brasil quanto em outros países;

5. Contatos diretos com indivíduos não físicos que foram, em vidas anteriores, projetores lúcidos como Waldo Vieira. Muitos deles haviam estudado o assunto e tinham riqueza de conhecimentos e experiências para compartilhar, outros eram autores em vidas passadas e estabeleceram um *rapport* e entraram em contato com Waldo Vieira quando ele pesquisava para suas obras;

6. Reuniões e pesquisas de campo que ocorreram no Brasil e no exterior, principalmente na Europa e nos Estados Unidos, com os diretores, editores, pesquisadores e membros de instituições, laboratórios, estúdios, livrarias, universidades públicas e particulares e bibliotecas institucionais;

7 A vasta coleção particular de Waldo Vieira, composta de obras técnicas, dicionários, antologias, tratados, manuais, biografias, revistas, diários, periódicos, informes, relatórios, comunicações, atas e documentos em geral.

Em resultado da abordagem científica de Vieira ao organizar uma quantidade enciclopédica de dados recolhidos a partir de tão extensa variedade de fontes, um claro consenso surgiu quanto à verdadeira natureza da consciência humana, tornando possível muitas conclusões sobre o assunto e em grande parte desmistificando esse grande enigma da humanidade.

Com a idade de 78 anos no momento da redação deste livro, e com cinquenta anos de pesquisa atrás de si, Waldo Vieira passou a residir no campus do Centro de Altos Estudos da Conscienciologia (CEAEC), em Foz do Iguaçu. Com o amparo de uma equipe de centenas de voluntários, entre eles psicólogos profissionais, engenheiros e linguistas acadêmicos, e com base na sua biblioteca pessoal de cerca de 63 mil itens relacionados ao tema da consciência e associados aos fenômenos paranormais (a maior biblioteca pessoal desse tipo no mundo), ele continua a pesquisar e adicionar conhecimento a um corpo de informações que já adquiriu dimensões verdadeiramente quânticas em sua amplitude e escala.

## O impacto da descoberta de que sou mais do que o meu corpo físico

Quando eu me deparei com essas novas ciências em 2001, por meio do London Educational Center da Internacional Academy of Consciousness (IAC), uma organização associada ao trabalho de Waldo Vieira, seu valor me impressionou imediatamente. Uma série de experiências pessoais que se sucederam logo depois, e continuam até hoje, permitiu-me verificar o suficiente para que o meu entendimento do mundo à minha volta, a minha perspectiva com relação à vida e, em consequência, a maneira como escolhi vivê-la, fossem irrevogavelmente alterados.

Sabendo o que sei agora, não há como voltar atrás; quer dizer, eu nunca vou conseguir fazer de conta que não sei o que aprendi ou negar as minhas experiências. Por isso, agora é uma questão de trabalhar consistentemente no sentido de viver a minha vida de uma forma que seja mais coerente com o que sei e que permita que eu e outras pessoas possamos nos beneficiar desse privilégio.

Deixe-me explicar por que a Conscienciologia teve um impacto tão profundo na minha vida. Ela logo tornou evidente que, por meio da experiência fora do corpo, temos acesso a uma existência multidimensional mais rica, mais ampla e mais complexa, em que as respostas a algumas das questões que têm intrigado a humanidade há muitos séculos estão ao alcance da nossa mão; questões como:

O que acontece quando morremos?
Para onde vou quando eu morrer?
Como é esse lugar?

Quem mais vai estar lá?

De onde eu vim?

Qual é o propósito da minha vida?

Essas perguntas são monumentais. E elas foram respondidas de maneira racional, lógica, não mística e não religiosa, e num contexto científico teórico e prático (pessoalmente verificável) pela IAC.

E a Caixa de Pandora foi aberta. Pois também vim a entender que, ao transcender meu físico, eu não só sobrevivo à morte física e passo posteriormente por um período em que me manifesto num corpo não físico, como também que a minha existência mais ampla consiste em incontáveis alternâncias entre vidas físicas e períodos não físicos passados entre vidas. Em outras palavras, a minha atual encarnação física é apenas uma vida entre muitas que já tive, na qual sou apenas uma pessoa entre muitas que já fui.

Essa constatação por si só já me explicou muitas coisas – fortes ligações que tenho com certas pessoas, experiências em que senti uma sensação de familiaridade e afeição por um completo estranho e algumas idiossincrasias da minha personalidade que parecem não ter nenhuma causa conhecida nesta vida. Só para começar.

Eu também vim a perceber que a EFC nos proporciona a todos uma inestimável oportunidade para visitar e conhecer melhor a dimensão em que vamos existir depois da morte e nos prepara para essa infalível ocorrência. Isso é muito importante porque, sem tais compreensão e conhecimento sobre a morte, as pessoas podem ficar confusas, traumatizadas e, consequentemente, psicóticas, uma vez que sua associação entre estar consciente e estar vivo na dimensão física é tão forte que elas são incapazes de raciocinar no seu estado não físico. Isso não quer dizer que essa condição seja irreversível – é perfeitamente possível que uma pessoa passe a ter uma perspectiva mais clara depois de um período de tempo. Mas para quem se mantém em tal condição, nada produtivo advém desse longo período passado entre as vidas. Mas não tome as minhas palavras como uma verdade absoluta. Você pode verificar isso por si mesmo, projetando-se para as dimensões que interagem com a vida física e a sobrepõem a ela, para ter uma ideia da condição em que vivem alguns indivíduos não físicos.

Por outro lado, se nos mantivermos lúcidos após a morte, podemos passar esse período entre vidas nos preparando para a próxima vida física, planejando seu propósito e estabelecendo metas que beneficiem nosso desenvolvimento pessoal e o de outras pessoas. É por meio de processos como esses que amadurecemos, crescemos, evoluímos e nos tornarmos mais equilibrados como indivíduos.

Mas não temos que esperar até morrer para começar esse trabalho. Podemos facilmente optar por iniciar esse processo de crescimento pessoal agora, estabelecendo outras prioridades em nossa vida... priorizando a aprendizagem sobre realidades multidimensionais mais amplas da nossa existência e ajudando outras pessoas a fazer o mesmo.

Decidi que era exatamente isso que eu iria fazer na minha vida... não importava a que preço.

## Uma nova direção na vida

A parte do "não importava a que preço" consistiu inicialmente em ter de trocar meu emprego remunerado por um trabalho voluntário, por isso deixei o meu cargo na ONU, em Genebra, onde eu morava na ocasião, e me mudei para Londres, onde treinaria para ser instrutora da IAC e assim ajudar a aumentar a consciência do trabalho dessa instituição. Dez anos se passaram desde então. Voltei a ter um emprego regular há vários anos, mas continuo comprometida com meus objetivos originais.

A vida é mais agitada, mais desafiadora e mais exigente agora, mas com os desafios vêm o crescimento pessoal, a expansão da autoconsciência e a satisfação imensurável de ajudar outras pessoas a ver e viver a vida num contexto mais amplo e cheio de significado. Ao supervisionar uma aula prática, por exemplo, há várias ocasiões em que as luzes são apagadas e eu fico sentada ali tranquilamente no escuro, enquanto os alunos praticam uma técnica para sair do corpo que acabei de ensinar – então eu penso comigo mesma que não existe nada no mundo que eu queira fazer mais do que estar exatamente ali.

Durante esses anos de trabalho com a IAC, aos poucos tornou-se evidente para mim que eu podia desempenhar um papel de "intérprete" entre o professor Waldo Vieira e leitores leigos interessados em enriquecer seus conhecimentos sobre a consciência humana e as realidades mais amplas em que nós existimos. Os próprios livros de Waldo Vieira são notoriamente sofisticados, técnicos e intelectuais em seu estilo, mas a prioridade dele não é escrever *best-sellers*, e sim aprofundar o conhecimento humano por meio de registros fidedignos e acurados dos detalhes de sua investigação. Meu esforço, com este livro, é tornar o seu trabalho disponível para um público não acadêmico mais amplo, apresentando-o numa linguagem e num formato que todos possam entender e seguir, sem comprometer de forma alguma a integridade de suas ideias. Einstein uma vez disse que "deveria ser possível explicar as leis da física a uma garçonete", então acho que deve ser igualmente possível explicar a Conscienciologia para o leitor comum. Minha motivação para tornar a informação mais acessível é dar assistência àqueles que buscam esse conhecimento.

## O que você pode aprender com este livro e como aplicar isso em sua vida

Na Parte 1, são estabelecidos os fundamentos essenciais para a compreensão do contexto mais amplo da nossa existência. Descrevo, por exemplo, os diferentes veículos ou corpos em que você (como consciência) pode se manifestar, as várias dimensões não físicas que você pode visitar, os seres não físicos com que pode entrar em contato em sua vida diária (esteja você dentro ou fora do corpo) e a bioenergia. Prepare-se para encontrar alguns termos e conceitos que podem parecer estranhos à primeira vista, mas seja paciente, permaneça com a mente aberta e aceite que essa é uma parte normal do processo de se aprender algo novo e original. Há um glossário de termos na parte final do livro – se você se familiarizar com ele, vai rapidamente se acostumar com a terminologia. Essa parte do livro também é mais teórica do que prática, por pura necessidade, embora tenha várias seções práticas. Digo isso para estimulá-lo a perseverar ao longo desses capítulos, pois você precisa ter o conhecimento antes de poder aplicá-lo!

Depois que já estiver de posse das informações necessárias, este livro continua a descrever como você pode aplicá-las de forma prática em sua própria vida, para avançar em seu desenvolvimento pessoal.

Você vai aprender, por exemplo:

- como controlar a sua energia e usá-la como um instrumento para:
  - ter experiências fora do corpo conscientes e controladas
  - aumentar suas capacidades psíquicas
  - desenvolver a sensibilidade e percepção energética
  - proteger-se energicamente das influências de indivíduos físicos e não físicos
  - curar a si mesmo e aos outros
- como ter amparadores (guias espirituais) mais positivos e pessoas mais positivas em torno de você
- como facilitar a lembrança de vidas passadas, evitar repetir os mesmos erros do passado, compreender as ligações cármicas que o conectam aos mais próximos a você e avaliar a qualidade dessas ligações
- como conhecer mais a si mesmo e realizar seu potencial para que possa enfrentar e superar suas limitações e deficiências por meio da autoanálise sincera e tirar o máximo proveito de seus pontos fortes
- como identificar o seu propósito na vida e avançar em direção a ele com discernimento, convicção e automotivação
- como ter boa índole constante e lidar melhor com conflitos, mal-entendidos e ressentimentos em seus relacionamentos
- como se tornar mais maduro e mais (cosmo)ético e, assim, melhorar seu carma
- como exercer mais controle sobre sua vida

- como perder o seu medo da morte e se preparar para o que vai acontecer quando você morrer
- como tirar o máximo proveito do que esta vida oferece para desenvolver e evoluir como indivíduo

Em suma, como ser um pouco menos incompleto.

## Como utilizar este material

Não estou sugerindo, de maneira alguma, que o fato de entender como todas essas coisas funcionam seja o mesmo que colocá-las em prática. Você precisará de muita força de vontade, determinação e disposição para ser franco quanto aos seus próprios pontos fracos, e boa vontade para praticar algumas novas habilidades até dominá-las. Você pode descobrir que precisa se desvencilhar de alguns condicionamentos ou crenças profundas que estão enraizados em você desde o dia em que nasceu (alguns podem até ter raízes em vidas passadas), para que possa se beneficiar plenamente das ideias aqui apresentadas. E isso pode provocar dificuldades ou mesmo crises. Você também terá que estar preparado para ir contra as normas e tendências da sociedade e iniciar o processo de confiar cada vez mais no seu próprio conhecimento, experiências pessoais e pontos de referência, a fim de decidir como seguir adiante. Isso também pode causar certa pressão sobre você. Por exemplo, quando desisti do meu trabalho na Suíça para me tornar uma voluntária da IAC, sei que alguns dos meus amigos tiveram dificuldade para aceitar que eu estivesse disposta a tomar decisões importantes sobre a minha vida com base na priorização do meu desenvolvimento pessoal, em detrimento de preocupações habituais, como posição social e dinheiro.

Portanto, só tenha consciência de que este livro vai lhe fornecer informações poderosas sobre temas que não são superficiais; por favor, aborde-o com bom senso e maturidade.

Não há soluções rápidas ou atalhos para a iluminação neste livro. Foram necessários 350 mil anos (ou seja, alguns milhares de vidas) para evoluirmos de homem das cavernas para o homem moderno. Nós provavelmente precisaremos de outros milhares de vidas para chegar ao ponto de sermos tão evoluídos que não reste mais nada a aprender num corpo humano e possamos descartar o corpo pela última vez e iniciar um período de existência em que vivamos exclusivamente num corpo mais sutil.

Espero que você ainda esteja lendo! O que eu posso dizer é que, se aplicar as ideias descritas neste livro à sua própria vida, fazendo o melhor que puder, você terá oportunidades contínuas para reavaliar e priorizar sua vida e levar uma vida mais gratificante e com propósito. Você vai notar mudanças e melhorias imediatas em sua vida que terão consequências positivas agora e no resto de sua vida física atual e na totalidade de sua existência. Essa é a jornada que você vai empreender se achar que este livro é para você.

Uma palavra final sobre como utilizar o conteúdo deste livro. A História nos mostra que a verdade não é absoluta, mas relativa; ou seja, é um reflexo do melhor conhecimento disponível ao homem, na época em questão. Nem o professor Waldo Vieira nem os muitos milhares de pessoas que estão ensinando, estudando ou trabalhando para aprofundar suas ideias originais estão dizendo: "somos detentores do conhecimento final". Não. Portanto, eu exorto você a utilizar as suas próprias capacidades mentais, o seu intelecto, lógica, racionalidade e discernimento ao analisar as ideias apresentadas aqui. Insisto para que *não* aceite simplesmente tudo o que está escrito nestas páginas, mas que use a EFC e tenha suas próprias experiências e *descubra por si mesmo a sua própria verdade.*

# Como ter experiências fora do corpo com segurança

A parte final deste livro, a Parte 4, é inteiramente dedicada a ajudar você a ter experiências fora do corpo lúcidas, controladas, e para recordá-las quando retornar ao estado da vigília física normal. Várias técnicas são descritas em detalhes. Embora ensinar a produzir EFCs de acordo com a sua vontade não seja de maneira nenhuma o único objetivo deste livro, a EFC é de fato a ferramenta que nos permite descobrir os aspectos da nossa existência que se encontram fora da nossa consciência direta. Para esse fim, o seu valor é incomensurável e saber produzi-las é de importância fundamental.

É importante salientar que, se você seguir corretamente as instruções dos exercícios práticos deste livro relacionados com a produção de EFCs lúcidas, o controle das suas bioenergias, a recordação de vidas passadas ou qualquer outro assunto, não há necessidade de um professor ou facilitador. Você pode praticar com segurança por conta própria, pois não há nada a temer. Muitos mitos e equívocos sobre fenômenos paranormais são totalmente infundados e causam muita apreensão desnecessária.

As minhas experiências com Conscienciologia não serão necessariamente iguais as suas, por isso não foque as minhas experiências ao longo deste livro. Reconheço que somos todos indivíduos com histórias próprias, com as nossas próprias maneiras de reagir a diferentes informações, com o direito de exercer o nosso livre-arbítrio e escolher o que queremos e precisamos na vida. Mas é com imenso prazer que compartilho aqui o que eu aprendi, de modo que você possa ter as oportunidades que tive, caso esteja procurando por elas.

# PARTE UM

# Multidimensionalidade – Vislumbres de uma Realidade Maior

A realidade é só uma ilusão, ainda que muito persistente.

*– Albert Einstein*

## Capítulo Um

# Os corpos de manifestação da consciência

*Assim como a alma encarnada passa pela infância, juventude e velhice, na morte ela simplesmente passa para outro corpo. Os sábios não se deixam enganar no que diz respeito a isso.*

*— Sri Krishna*

Um dos princípios mais fundamentais da Conscienciologia é que a consciência, não sendo composta nem de energia nem de matéria, não é limitada pela forma, pelo espaço ou pelo tempo e é, portanto, capaz de se apresentar (ou se manifestar) não só no mundo físico, mas em dimensões mais sutis que estão além do que podemos perceber com nossos sentidos físicos.

No total, a consciência usa um dos quatro diferentes corpos (ou veículos) reconhecidos pela Conscienciologia para se manifestar, a saber:

- o corpo físico na dimensão física
- o corpo de energia (que, embora incapaz de abrigar a consciência como tal, permite-nos afetar ou alterar a nossa manifestação)
- o corpo astral em dimensões não físicas
- o corpo mental na dimensão mental

Embora a palavra "astral" seja um termo popular que a maioria das pessoas entende, vou usar a palavra "extrafísico" em vez de astral, como sinônimo de não físico, para evitar aludir a quaisquer conotações místicas ou religiosas.

Cada corpo ou veículo da consciência se adapta e corresponde a propriedades específicas da dimensão na qual se manifesta e cada um apresenta atributos particulares da consciência.

A compreensão de que a consciência é multidimensional é crucial para permitir que um quadro completo da realidade da existência humana emerja. Então, vamos considerar em mais detalhes o que significa ser multidimensional e como isso realmente funciona.

## O corpo físico

Para que a consciência exista num ambiente físico energeticamente denso e possa interagir com ele, ela usa um corpo feito de energia e matéria... o corpo físico. O corpo físico está perfeitamente adaptado à dimensão física, na qual ele pode processar os recursos de que necessita para a sobrevivência, como alimentos, água e ar, e tem numerosas respostas automáticas psicofisiológicas que melhoram ainda mais as suas chances de sobrevivência. Mas, embora nossa existência física nos preocupe muito, se pararmos por um instante para examinar a nós mesmos mais atentamente, vamos encontrar indícios, na nossa vida cotidiana, de que somos consciências, não apenas corpos físicos. Por exemplo, a maneira como às vezes pensamos e sentimos pode ser influenciada por experiências como emoções, percepções mentais e conexões energéticas, nenhuma das quais físicas, nenhuma das quais podemos ver, tocar, mapear, mensurar ou quantificar.

## O corpo de energia

A consciência também tem um corpo de energia que possui aproximadamente a mesma forma que o corpo físico, só que é ligeiramente maior. A parte do corpo de energia que visivelmente se estende além do corpo físico é conhecida como aura humana.

A parte do corpo físico que se estende visivelmente além do corpo físico é conhecido como aura humana.

O corpo de energia não é um veículo da consciência por si só, mas uma interface entre o corpo físico e o corpo extrafísico.

Quando os corpos físico e extrafísico não estão num estado de descoincidência, como quando ocorre durante uma projeção, parte do corpo de energia forma o que é normalmente chamado de cordão de prata, que prende a consciência ao corpo físico quando ela se projeta para outras dimensões.

Embora a existência do corpo de energia não seja oficialmente reconhecida pela medicina convencional, ela é há muito tempo reconhecida pela Medicina Tradicional Chinesa e é um componente essencial de várias terapias complementares, como a acupuntura, a acupressão, a homeopatia, o Reiki e a massagem shiatsu. Curiosamente, a British Medical Association, que costumava chamar os tratamentos complementares de "alternativos", quando eram considerados uma alternativa à medicina convencional, mudou o termo para "complementares" nos últimos anos, pois cada vez mais médicos e terapeutas complementares começaram a trabalhar juntos usando tratamentos cujo valor ambos reconhecem (Lewith, 2002). Isso sugere que a comunidade médica alopata deu um pequeno mas significativo passo no sentido de reconhecer o corpo de energia e o importante papel que ele desempenha na cura.

## Características do corpo de energia

Conhecido na Conscienciologia como holochacra ou energossoma, e também conhecido como aura ou duplo etérico, o corpo de energia não é estático, pois constantemente absorve, metaboliza e exterioriza energias num processo de troca com outros seres vivos e com as energias naturais produzidas pelo ambiente – ar, água, terra, plantas, alimentos e o universo.

Esse processo de troca energética sustenta o corpo de energia. Ele também é responsável pela reposição energética e pelo equilíbrio do corpo físico e, como tal, a sustentação da vida humana. A maior parte disso ocorre enquanto estamos dormindo e ligeiramente projetados para fora do corpo, o que também explica por que nos sentimos revigorados após uma boa noite de descanso.

Essa troca energética ocorre principalmente por meio de numerosos vórtices energéticos dentro do corpo de energia, conhecidos como chacras. A Conscienciologia reconhece dez chacras principais (os chacras das plantas dos pés, o chacra da raiz ou sexual, o chacra do baço, o umbilicochacra, os chacras das palmas das mãos, o chacra do coração, o chacra da garganta, o chacra frontal [terceiro olho], o chacra nucal [na parte posterior do pescoço] e o chacra da coroa), a maioria dos quais corresponde a órgãos físicos. Os milhões de microchacras, conexões e canais que fazem circular as energias e conectam os chacras com os seus homólogos no corpo extrafísico são conhecidos como *nadis* ou, na acupuntura, como meridianos.

## O corpo extrafísico

O corpo extrafísico (conhecido na Conscienciologia como psicossoma, mas também como corpo astral, corpo emocional, duplo astral, duplo humano, corpo espiritual e corpo sutil, entre muitos outros termos) é o veículo utilizado pela consciência para se manifestar na dimensão extrafísica multicamada. A dimensão extrafísica é onde a maioria das pessoas fica durante a experiência fora do corpo. É também para onde vamos quando morremos. Muitas pessoas já relataram encontros com entes queridos falecidos durante a projeção na dimensão extrafísica. Isso é mais comum durante as experiências de quase morte (EQM, uma espécie de EFC forçada). Tais experiências podem ser muito poderosas, uma vez que permitem a verificação em primeira mão da nossa imortalidade.

De acordo com as extensas experimentação pessoal e pesquisa de Waldo Vieira, corroboradas pelos resultados de várias outras pesquisas (como o levantamento de EFCs on-line conduzido pelos pesquisadores da IAC Nanci Trivellato e Wagner Alegretti, a que dez mil participantes responderam), devido à sutileza das energias das dimensões extrafísicas, a consciência é significativamente menos limitada no corpo extrafísico do que no corpo físico e por isso apresenta características notavelmente diferentes.

## Características do corpo extrafísico

Como não existe ar na maioria das dimensões extrafísicas, o corpo extrafísico não é sobrecarregado pela necessidade incessante de respirar. Isso pode ser um pouco assustador para aqueles que de repente se dão conta de que estão lúcidos fora do corpo pela primeira vez e percebem que não estão respirando. (Observação: se, no entanto, houver qualquer interrupção na respiração do corpo *físico* durante uma projeção, ela termina automaticamente.) Mas a falta de necessidade de respirar fora do corpo humano pode provocar uma sensação inigualável e eufórica de liberdade.

Uma das pessoas entrevistadas por Raymond Moody em *Life after Life* descreveu a intensidade da euforia que experimentou durante uma EQM da seguinte maneira:

"A vida é como uma prisão. Nesse estado, nós simplesmente não podemos entender que prisões estes corpos são. Morte é libertação – é como a fuga da prisão. Essa é a melhor coisa em que eu posso pensar para fazer uma comparação" (extraído de *Life after Life,* por Raymond Moody, publicado pela Rider. Reproduzido com a permissão de Random House Group Ltd.).

De modo semelhante, quando se manifesta nas dimensões extrafísicas mais sutis, onde não existe gravidade, o corpo extrafísico não está preso à crosta terrestre, portanto é possível pensar num lugar e imediatamente transportar-se para lá num período de tempo equivalente a alguns segundos.

Outras características do corpo extrafísico incluem indestrutibilidade; ausência de peso; visão de 360 graus e a capacidade de passar através de objetos materiais, emitir luz, comunicar-se de forma mais eficiente por meio da telepatia e alterar a sua aparência ou ficar invisível. No entanto, essas habilidades não são inerentes e podem ter que ser aprendidas durante a projeção. Geralmente o corpo extrafísico assume a mesma aparência do corpo físico atual ou mais recente, porque a maioria das pessoas tem um forte apego à forma humana atual ou mais recente.

Você também pode ter que aprender a se defender na dimensão extrafísica ou a ajudar consciências necessitadas por meio da transmissão de suas energias. Não basta partir do pressuposto de que você é capaz de fazer todas essas coisas quando projetado. Mas, se não puder, não desanime. Essas habilidades podem ser adquiridas, se você estiver disposto a aprender.

Supondo que você esteja lúcido quanto à sua condição fora do corpo, sua capacidade de associar ideias; processar informações; lembrar coisas; exercer sua vontade e usar sua racionalidade, suas habilidades de tomada de decisão e análise crítica são muitas vezes intensificadas, porque você não está restrito às limitações do cérebro físico. Mas os indivíduos lúcidos que são adeptos a controlar o corpo extrafísico, navegar na dimensão extrafísica e realizar tarefas e objetivos extrafísicos predeterminados representam apenas uma pequena parte da população humana. Essas habilidades devem ser aprendidas.

Como mencionei na Introdução, embora todo ser humano experimente alguma separação entre o corpo físico e o extrafísico várias vezes por noite durante o sono, a grande maioria faz isso com baixos níveis de lucidez ou não com total lucidez. Estatísticas resultantes de estudos e pesquisas de opinião internacionais sugerem que aproximadamente 10% da população tenha EFCs semiconscientes, geralmente misturadas com sonhos, enquanto cerca de 80 milhões de pessoas, o que representa 1,2% da população, têm EFCs plenamente conscientes e lúcidas.

Além disso, existe uma diferença intrínseca na maneira como experimentamos as emoções nos corpos físico e extrafísico. As emoções são mais pronunciadas e as sentimos intensamente no corpo extrafísico porque não há nenhum escudo físico para nos proteger do impacto das intenções, ideias, pensamentos e sentimentos dos outros. Na dimensão física, por contraste, as pessoas muitas vezes mascaram seus verdadeiros pensamentos e intenções por trás de palavras e expressões, com o propósito de evitar conflitos e repercussões emocionais.

Um amigo meu certa vez fez uma projeção que demonstra muito bem a diferença no modo como podemos experimentar nossas emoções na dimensão extrafísica. Ele estava projetado com um nível razoável de lucidez, quando de repente notou uma pressão por trás. Ele se virou e percebeu, à distância, um indivíduo extrafísico olhando para ele atentamente. O impacto da atenção do estranho desequilibrou-o completamente e ele arrancou com tudo, aflito e angustiado, antes de ser puxado de volta para o corpo.

O que é interessante notar aqui é o contraste entre esse comportamento e a reação provável que ocorreria num evento semelhante no corpo físico. Como ele mesmo disse, se estivesse andando na rua na dimensão física, sentisse alguém olhando para ele às suas costas e, ao se virar, pegasse alguém olhando para ele do outro lado da rua, isso não teria nenhuma consequência.

Uma experiência fora do corpo não é, contudo, um processo inerentemente desestabilizador. E é claro que o nível de estabilidade emocional experimentado fora do corpo também é em parte uma função do nosso nível de maturidade pessoal, de abertura e de sabedoria.

## O corpo mental

Em termos de densidade, o corpo mental (ou mentalsoma), que sedia a consciência durante a EFC na dimensão puramente mental, é o corpo mais sutil de manifestação. Durante uma projeção mental, a consciência atua de forma isolada sem o corpo humano, o corpo extrafísico ou o cordão de prata, mas fica presa ao corpo através de uma conexão extrafísica amorfa chamada cordão de ouro.

Provavelmente a coisa mais importante para se entender sobre o corpo mental é que a consciência reside nele. O corpo mental é, portanto, a sede da nossa consciência e o núcleo de quem somos. Deixe-me explicar mais precisamente o que eu quero dizer com isso.

Quando estamos na dimensão física, ficamos restritos por certas limitações. Por exemplo, estamos sujeitos à gravidade, temos que dormir, comer, beber e respirar para sobreviver. Nossa memória é incompleta. Nós não nos lembramos de todos os detalhes dos nossos sonhos, lembramo-nos pouco de nossas experiências fora do corpo e a maioria de nós não se lembra de nada sobre nossas vidas passadas.

Como já vimos, quando nos manifestamos no corpo extrafísico, seja projetados ou entre vidas, somos muito mais livres e avançados do que nos mostramos na dimensão física, na maneira como capturamos e processamos informações, nos comunicamos com os outros, nos movimentamos, interagimos com o nosso meio ambiente, vemos e nos lembramos das coisas.

Se podemos fazer todas essas coisas com o corpo extrafísico, pode imaginar quanto mais podemos fazer com o corpo mental quando tudo o que já aprendemos, tudo o que sabemos e a memória e sabedoria adquiridas com tudo que já experimentamos em vidas anteriores estiver acumulado ali?

Nesse estado de absoluta liberdade das restrições impostas pelas dimensões mais energeticamente densas, o corpo mental é muito mais refinado e complexo, é capaz de realizar muito mais das potencialidades da consciência e está, portanto, numa condição que é significativamente mais próxima do núcleo do que ela realmente é. Por essa razão, entende-se que o corpo mental é a sede da consciência.

## Características do corpo mental

As características e atributos do corpo mental estão bem além do modelo de existência amplamente aceito pela ciência convencional. Um atributo exclusivo do corpo mental, por exemplo, é a memória completa da existência da consciência, como mencionado anteriormente. Portanto, quando se manifesta no corpo mental, a consciência é capaz de acessar todos os detalhes e informações referentes às suas vidas passadas e períodos passados entre vidas, incluindo todas as habilidades e conhecimento sobre assuntos diferentes que já adquiriu, todos os relacionamentos que teve, os países em que residiu, as línguas que falou, as decisões que tomou, os erros cometidos e assim por diante. Aqueles que experimentaram uma projeção para a dimensão mental irão dizer que essas informações não têm sequer que ser reunidas ou acessadas. Elas simplesmente estão lá, impressas na memória completa da consciência.

Em termos de características, as energias da dimensão mental são tão sutis que nenhuma forma pode ser moldada ali; portanto, quando projetada no corpo mental, a consciência é completamente amorfa e não pode ser detectada pelos órgãos sensoriais humanos ou percepções extrassensoriais regulares. O corpo mental não tem gênero nem impulso sexual. Ele expressa sentimentos refinados, como serenidade, universalidade e fraternidade em vez das emoções típicas do corpo extrafísico. E sabe-se que ele transcende as noções humanas de tempo e espaço, por isso longos períodos passados no corpo mental podem estranhamente ocorrer no equivalente a meros minutos passado na dimensão física.

O corpo mental é também a fonte de todos os atributos positivos que vão nos ajudar a tomar consciência da nossa realidade multidimensional mais ampla e entender como, por que e onde nos encaixamos nela. Esses atributos incluem a autoconsciência, muitas formas diferentes de inteligência, concentração e atenção, memória, sabedoria, lógica, racionalidade, discernimento, lucidez, auto-organização, autocontrole, crítica objetiva, ética e vontade, entre muitas outras. Na verdade, porém, apenas uma diminuta percentagem da população humana usa esses atributos para desenvolver e evoluir. A maioria das sociedades modernas é motivada por ganhos financeiros, prestígio, *status*, conforto e gratificação e tem muito pouca consciência ou interesse por realidades que estão além do mundo material.

## Patologias do corpo mental

Se podemos ter atributos do corpo mental, é lógico que também podemos ter patologias do corpo mental, sendo uma patologia qualquer desvio de uma condição saudável normal.

A robotização, uma condição em que nos permitimos ser controlados por rotinas mentais e ideias fixas o tempo todo, é uma exemplo disso. Algumas pessoas estão robotizadas ao ponto de mal usarem o seu corpo mental, tal como aqueles que assistem a horas de televisão todos os dias, absorvendo e aceitando tudo o que veem sem discernimento.

Qualquer limitação que temos que bloqueie o nosso progresso, crescimento e evolução como consciência pode ser considerada uma patologia do corpo mental. Podemos superar tais limitações, no entanto, por meio da "renovação pessoal". Cada um de nós estabelece padrões de comportamento e respostas a determinadas circunstâncias com base, em alguns casos, em experiências repetitivas. A autorrenovação requer o reconhecimento de maneiras melhores de ver o mundo que nos rodeia e de se envolver com ele, e da formulação de novas respostas que gradualmente substituam as existentes,

Os veículos de manifestação

mais nocivas. Assim, o corpo mental é como um software. Se queremos evoluir temos que atualizá-lo constantemente, assimilar novas ideias, enfrentar e eliminar as nossas fraquezas e desenvolver técnicas que nos ajudem a mudar. Experiências como EFCs lúcidas, que nos permitem verificar por nós mesmos que a nossa realidade é multidimensional e que existe vida após a morte, muitas vezes provocam mudanças significativas e a redefinição de prioridades na vida das pessoas.

Quando uma pessoa está viva no sentido físico, os seus veículos de manifestação estão dispostos como mostrado na imagem acima. Mas o que acontece quando morremos?

# O que acontece quando morremos?

No momento da morte física (a primeira morte), o cordão de prata, que é responsável por manter a conexão entre o corpo físico e o corpo extrafísico, se rompe. Parte do corpo de energia permanece com o corpo extrafísico até ao momento em que o indivíduo toma consciência de que ele não está mais vivo no sentido físico... em outras palavras, que ele morreu.

Quando essa constatação ocorre, o corpo de energia é descartado (segunda morte) e o indivíduo retorna para a condição original, natural de uma consciência extrafísica. No entanto, pode levar centenas de vidas para o indivíduo desenvolver esse nível de consciência multidimensional. A realidade é que a maioria das pessoas que não está preparada para a vida após a morte não descarta completamente o corpo de energia.

Uma vez que a pessoa tenha passado pela segunda morte, apenas os corpos extrafísico e mental permanecem. Esses dois corpos continuam o ciclo de novas vidas físicas e períodos passados entre vidas, juntando-se a um novo corpo físico e passando pela morte física centenas de vezes ao longo de muitos milhares de anos.

Mas, quanto maior o nosso conhecimento e consciência da natureza multidimensional da nossa existência, mais experimentamos coisas que a maioria das pessoas considera ficção, tais como produzir EFCs lúcidas à vontade, percepção e comunicação com indivíduos extrafísicos e controle de alguns fenômenos psíquicos e energéticos. À medida que realizamos essas coisas, fazemos o nosso corpo mental avançar. Expandimos sua capacidade, lucidez e nível de compreensão. Ao mesmo tempo, nos tornamos menos emocionais, porque a lógica, a racionalidade e os sentimentos mais refinados do corpo mental começam a dominar as tendências emocionais do nosso corpo extrafísico. À medida que a nossa emotividade diminui, o corpo extrafísico torna-se mais e mais sutil, até que chegamos a um ponto em que ele já não serve a um propósito e nós o descartamos (a terceira morte). Nesse ponto, a consciência existirá apenas no corpo mental e não volta ao ciclo de vida física.

# Experiências cotidianas dos seus veículos de manifestação

Na Introdução, falei sobre a importância, na Conscienciologia, de termos nossas próprias experiências. Então, aqui estão alguns exemplos de experiências que você pode já ter tido e que confirmam a existência dos seus corpos extrafísicos e mentais.

Alguma vez você já sonhou que estava caindo de uma grande altura e, em seguida, acordou com um sobressalto, o coração acelerado? Às vezes, é claro, isso é realmente um sonho. Como já foi mencionado, no entanto, a maioria das pessoas experimenta algum nível de separação entre os corpos físico e extrafísico durante a noite, enquanto está dormindo. Se o corpo extrafísico não estiver apenas flutuando acima do corpo físico, mas estiver a alguma distância e, por qualquer uma das muitas razões possíveis, o cordão de prata puxar o corpo extrafísico de volta de repente, geralmente a pessoa volta a uma grande velocidade. Quando o corpo extrafísico volta a entrar no corpo físico muito de repente, o "impacto" da aterrissagem pode fazer com que a pessoa acorde com um sobressalto. Creio que a maioria das pessoas já passou por essa experiência.

Outro exemplo de experiência pela qual você pode ter passado é um fenômeno conhecido como paralisia do sono (ou, mais tecnicamente, catalepsia projetiva). Tal como foi explicado num artigo escrito pela minha colega Nanci Trivellato e eu, esse é um fenômeno que ocorre tanto no início do sono quanto ao acordar, ocasião em que você se torna consciente num momento em que seus corpos físico e extrafísico não estão totalmente alinhados. Você sente que está dentro do corpo, mas, como há uma descoincidência entre os dois corpos de manifestação, o cérebro físico não responde aos seus comandos. Em tais casos, a paralisia que se experimenta é a sensação de incapacidade de se mover, e não uma incapacidade real para se fazer isso, então não há nada a temer.

Para você realinhar totalmente o corpo extrafísico com o físico, basta relaxar e se concentrar em fazer um pequeno movimento, como respirar fundo e expandir os pulmões ou mover um dedo do pé ou da mão, e a sensação de paralisia desaparecerá.

Como mencionamos no artigo, "a maneira ideal de se controlar a catalepsia projetiva e uma gama de fenômenos psíquicos associados com os sonhos e a EFC é ser capaz de controlar sua própria energia sutil, também conhecida como bioenergia, *chi* ou *prana*" (Trivellato e Gustus, 2003). A bioenergia e as técnicas para controlá-la são discutidas em profundidade no Capítulo 4.

A História tem registrado muitas incidências de pessoas manifestando-se em seu corpo mental durante a projeção mental da consciência. Outros termos utilizados para descrever a projeção do corpo mental incluem consciência cósmica, *nirvana* (Budismo), *satori* (Zen), *samadhi* (ioga), êxtase (místicos) e exaltação (mediunidade).

Como conceito, a projeção do corpo mental é incompreensível para aqueles que nunca passaram pela experiência e só pode ser devidamente compreendida por aqueles que a vivenciam. Ainda assim, muitos que passaram pela experiência acham as palavras inadequadas para descrever esse estado de ser, pois ele está muito distante da nossa compreensão da realidade.

Waldo Vieira fornece as seguintes informações sobre sua experiência pessoal do fenômeno no livro *Projeções da Consciência*:

Ali, num lugar inexistente, não existia nada, mas estava existindo tudo. No entanto, as ideias me assomavam palpáveis, as certezas indiscutíveis, as emoções serenas indescritíveis, o bem-estar nunca sentido, sonhado ou dimensionado.

Embora minhas experiências anteriores nos campos da psicografia, psicofonia, vidência, precognição, efeitos físicos e até mesmo centenas e centenas de outras projeções conscientes de muitas naturezas, nada existiu antes nesta encarnação para comparar com o deslumbramento da "visão sem enxergar" e da "emoção da paz estrutural", "vista" e "sentida" nesse desprendimento de consciência plena após o despertar. (Vieira, 1997)

Aqueles que são capazes de produzir uma projeção lúcida completa com o seu corpo mental também podem experimentar a cosmoconsciência, um estado intangível e praticamente indescritível de consciência expandida, de onisciência, que permite uma visão global em que a totalidade de todas as coisas é percebida, compreendida e apreciada como um único todo. A experiência em que a consciência transcende o espaço, o tempo e a forma é comumente relatada como a promoção de uma profunda sensação de paz e harmonia com tudo e com todos.

William Bulhman, autor de vários livros sobre EFCs, cita em *The Secret of the Soul* o seguinte relato de um participante de sua pesquisa internacional acerca de uma experiência assim:

> Minha consciência foi expandida até atingir todo o universo. Palavras não podem descrever nada disso, pois eu estava muito além da forma e da substância. De repente eu estava num oceano incrível de pura luz viva. Tudo existia ali – todo conhecimento, toda consciência e todas as respostas. Eu fazia parte de tudo isso. Eu não queria sair dali nunca mais. (Robert J., York Beach, Maine. *The Secret of the Soul*, William Bulhman de 2001, HarperCollins Publishers)

A cosmoconsciência tem sido estudada por muitas religiões tradicionais e não tradicionais do mundo e é uma referência de iluminação com base na qual todas as outras experiências espirituais são mensuradas. É importante ressaltar aqui que, embora a experiência ofusque até mesmo o estado mais elevado de consciência disponível para a consciência manifesta na forma humana, não é um evento místico. Eu defino um evento místico como aquele que literalmente não pode ser explicado. Mas eu compreendo que muitas pessoas usem a palavra "místico" para descrever qualquer experiência que ocorra além da realidade física normal.

***Os pontos de referência que moldam nossa compreensão da existência são geralmente baseados em influências culturais; educação; sistemas de crenças; os dogmas da maioria das religiões e a subjetividade, os***

*condicionamentos, os pressupostos, as limitações, os medos e os equívocos inerentes a todos esses fatores.* **Como essas influências nos moldam desde o dia em que nascemos, para aprender mais sobre a verdadeira natureza do que realmente somos, primeiro temos que desfazer algumas crenças profundamente arraigadas em preparação para descobrir o que não somos.**

**Nós não somos apenas o corpo físico.**

Capítulo Dois

# Dimensões não físicas

O mais comum dos erros é considerar que o limite do nosso
poder de percepção é também o limite de tudo o que existe
para se perceber.

*– C. W. Leadbeater*

D e todos os fatos e informações fascinantes relatados pelo trabalho
clássico de Waldo Vieira, *Projeciologia: Panorama das Experiências
da Consciência Fora do Corpo Humano*, um dos mais reveladores
descreve o impressionante reconhecimento, por parte da humanidade, da
estrutura multidimensional da existência. Waldo Vieira cita os estudos do
pesquisador chinês Solon Wang, que classificou as catorze mais importantes
escolas de pensamento do mundo da seguinte maneira:

Religiões ocidentais – Cristianismo, Islamismo e Judaísmo
Filosofias ocidentais – Espiritualismo Europeu, Filosofia Grega e
    Materialismo
Religiões orientais – Budismo, Hinduísmo e o Zoroastrismo
Filosofias orientais – Confucionismo, Taoismo e Ioga
Ciências – Natural (antiga) e Nova (psíquica)

Apenas duas das catorze (materialismo e ciência antiga) aceitam apenas a dimensão física. As outras doze reconhecem que a dimensão física é

apenas uma das várias dimensões que compõem a verdadeira conformação da existência (Vieira, 2002).

Em face de tais evidências, é um paradoxo que muitos seguidores dessas escolas de conhecimento aceitem as dimensões não físicas como uma realidade dentro do contexto de seus sistemas de crenças e credos, mas não dentro do contexto das suas vidas cotidianas, comuns. Por exemplo, muitas pessoas aceitam totalmente o conceito de vida após a morte, mas, em completa contradição com essa crença, são totalmente céticas quanto à possibilidade de sermos capazes de agir com consciência independentemente do corpo físico.

*Dimensões e camadas extrafísicas são frequentemente caracterizadas de acordo com seus níveis de frequência, vibração ou sutileza. Para expandir esse entendimento, distritos extrafísicos podem ser descritos como diferentes níveis de realidade determinados pela densidade das energias, o nível de lucidez e a qualidade de pensamentos, ideias e emoções das consciências que residem ou transitam ali. Isso faz sentido quando se leva em conta o princípio mais essencial da geografia não física, segundo o qual os ambientes extrafísicos não são lugares com localização geográfica, mas estados de consciência.*

Esse não é um conceito de tão fácil compreensão no início, mas, se você está interessado em entender as diversas realidades do mundo extrafísico, é preciso que tenha uma boa dose de neofilia (abertura a novas ideias), pois as dimensões extrafísicas não são regidas pelas leis da nossa existência material.

Podemos, no entanto, traçar alguns paralelos para facilitar a compreensão das realidades não físicas.

Por exemplo, quando pensamos em onde ficam as dimensões extrafísicas, podemos dizer que muitas delas coexistem e compartilham espaço com a dimensão física. Elas estão à nossa volta. Estão bem aqui, agora. Esse fato é muito mais fácil de entender quando nos lembramos de que também estamos dividindo espaço com inúmeras ondas eletromagnéticas artificiais invisíveis, tais como aquelas usadas em transmissões de TV e rádio e de dados através de redes de telefonia móvel e entre aeronaves e instalações militares. As ondas de rádio por si sós são transmitidas num raio de centenas de diferentes frequências e bandas. Para falar com rigor, existe um número infinito de frequências em todo o espectro eletromagnético.

Quando você escolhe uma estação e a sintoniza, por um breve período essa é a sua experiência e sua realidade. Mas isso não significa que as outras estações não existam. Assim como existe um número infinito de frequências em todo o espectro eletromagnético, existe também um número infinito de dimensões ou camadas extrafísicas que compõem a nossa existência. Falando de modo geral, é correto dizer que nossa existência compõe-se de dimensão física, dimensão extrafísica e dimensão mental, sendo que a extrafísica tem várias camadas, muitas das quais divididas em distritos ou zonas.

Vamos analisar em mais detalhes as semelhanças, diferenças e particularidades das camadas extrafísicas, começando com a camada mais densa e mais estreitamente ligada e associada à dimensão física.

## A esfera extrafísica de energia

Se um projetor conseguir decolar e distanciar o corpo extrafísico do corpo físico com plena consciência, a esfera extrafísica de energia é o primeiro lugar em que ele provável se encontrará. Esse campo de força extrafísico envolve o corpo humano e se estende por quatro metros em todas as direções (sendo a cabeça física o seu centro). Como esse campo de força se sobrepõe à dimensão física, suas energias são relativamente densas em comparação com outras camadas extrafísicas. Como tal, a esfera extrafísica de energia atua como uma interface entre as dimensões física e extrafísica.

Quando o corpo extrafísico está flutuando dentro da esfera extrafísica de energia, em estreita proximidade com o corpo físico, o corpo de energia passa por uma transformação à medida que parte dele assume a forma do cordão de prata. Antes de essa transformação estar totalmente concluída, o cordão de prata pode facilmente se retrair para se remodelar o corpo de energia, puxando vigorosamente o corpo extrafísico com ele. Portanto, para aqueles que desejam passar períodos prolongados fora do corpo, a meta seria se afastar do corpo humano o mais rapidamente possível. A influência da gravidade terrestre na esfera extrafísica de energia também é notável e faz com que o corpo extrafísico pareça mais pesado do que quando ele está fora dessa esfera.

Vários fenômenos também ocorrem com mais intensidade aqui devido à densidade do campo energético, por exemplo:

- instabilidade do corpo extrafísico – caracterizada como um balanço ou oscilação.
- consciência extrafísica dupla – a sensação que pode acompanhar a transição da consciência do cérebro do corpo físico para o (para)cérebro do corpo extrafísico, em que o projetor experimenta sua lucidez nos corpos físico e extrafísico ao mesmo tempo. Note, porém, que a consciência não se divide; ela só pode estar presente na sua totalidade num único corpo de manifestação por vez.
- visão extrafísica dupla – quando parte da visão de uma pessoa está no corpo físico e parte está no corpo extrafísico; em outras palavras, quando a visão física normal e a clarividência operam simultaneamente.
- movimento extrafísico em câmera lenta – muitas vezes descrito como a sensação de andar na lama ou na água.

Como a esfera extrafísica de energia é um novo ambiente para a maioria de nós e exibe muitas características únicas com as quais a maioria de nós não está familiarizada, pode demorar um pouco para nos adaptarmos às sensações e fenômenos que normalmente são experimentados ali.

## A dimensão ou esfera crostal (paratroposfera)

Um pouco menos densa energeticamente do que a esfera extrafísica de energia é a dimensão crostal da Terra (ou paratroposfera), que se encontra dentro da atmosfera da Terra. Como os ambientes da paratroposfera estão intimamente ligados à Terra, eles são uma duplicata dos ambientes terrestres e a vida ali coexiste com a vida humana e se sobrepõe a ela. Essa esfera extrafísica tem recebido muitos nomes ao longo da História e é comumente conhecida como crosta, plano crosta a crosta, plano astral, mundo pós-morte e mundo espiritual... o lugar em que espíritos ou almas perdidas permanecem ligados à Terra.

*Devido à indoutrinação do homem com relação à sua existência material, física, e a falta generalizada de abertura e preparação para as realidades não físicas verdadeiras da vida após a morte, quando a maioria das pessoas morre, sua lucidez diminui drasticamente. Resumindo, elas não entendem o que está acontecendo. Sua tendência natural, então, é gravitar para a familiaridade das comunidades paratroposféricas, que coincidem com a área de influência da Terra. A paratroposfera é, como tal, densamente povoada, do mesmo modo que o nosso planeta.*

## Habitantes da paratroposfera

Embora um nível inferior de lucidez caracterize a maioria dos habitantes da paratroposfera da Terra, muitos deles estão *completamente* inconscientes do seu estado extrafísico... Não fazem ideia de que estão mortos. Uma das causas dessa condição é um apego excessivo à vida física. Muitas pessoas acreditam que a vida física é tudo; nada mais existe, e que, quando morrerem, deixarão de existir. Essa atitude não muda só porque elas morrem, por isso, enquanto têm essa consciência, acham que ainda estão vivas no sentido físico. Isso explica por que os indivíduos nessa condição costumam permanecer presos à terra. Muitos ficam perto da família e dos amigos, tentando participar de suas vidas anteriores. Normalmente, acabam se degenerando até atingir um estado desequilibrado de desespero e confusão quando veem que os seus entes queridos físicos são incapazes de perceber ou interagir com eles, não conseguem dar sentido às suas experiências, e também são afetados pela confusão e sofrimento dos outros na sua proximidade. Muitos também ficam transtornados com uma fome literalmente insaciável por emoções derivadas de atividades físicas como dar e receber afeto, comer, beber, usar drogas e fazer sexo; atividades de que não podem mais participar, porque não têm os meios para fazê-lo (ou seja, um corpo humano).

Essa condição comum, muitas vezes caracterizada por um intenso olhar fixo, é conhecido como parapsicose *post mortem* (do latim *post mortem*, depois da morte; *para*, além do físico; e *psicose*, qualquer forma severa de distúrbio mental). Embora as camadas da crosta terrestre estejam repletas de consciências nessa condição, é mais comum ouvirmos sobre os poucos que são capazes de usar a energia densa conhecida como ectoplasma para realizar ações diretas na dimensão física... os poltergeists ou assombrações. Poltergeists podem mover objetos físicos ou fazê-los voar, produzir ruídos, cheiros, correntes de ar e aparições etc.

Mencionei anteriormente que os ambientes extrafísicos são estados de consciência, ao contrário de localizações geográficas que se encaixam na nossa atual compreensão do espaço. A mecânica de como um estado de espírito é a causa subjacente que dá origem à criação de um ambiente particular é demonstrada muito bem pelas comunidades extrafísicas paratroposféricas.

Entende-se na Conscienciologia que os pensamentos, as emoções e a energia de uma consciência estão inextricavelmente ligados; em outras palavras, que a qualidade da energia de um indivíduo é influenciada pela qualidade de seus pensamentos, intenções, ideias e sentimentos. Assim, quando grandes grupos de consciências extrafísicas afins refletem e se debruçam sobre o mesmo assunto, produzindo consistentemente ideias fixas que persistem ao longo de centenas de anos, as energias do grupo acabam por gerar poderosas formas-pensamento permanentes, expressões energéticas não físicas de ideias que parecem e se comportam como estruturas reais. As formas-pensamento a rigor não são permanentes, mas não precisam de gestão consciente direta por parte de qualquer pessoa para se sustentar. Elas tornam-se parte de um ambiente não físico porque são aceitas e, simplesmente por serem reconhecidas, energia é adicionada a elas.

Suponhamos, por exemplo, que muitos milhares de indivíduos extrafísicos cuja vida mais recente foi passada em Londres estão sofrendo de parapsicose *post mortem*. A forte influência do meio ambiente em que existem agora (e para a qual contribuem devido à sua lucidez diminuída) força-os a manter a fantasia de que estão levando uma existência física "normal". Em outras palavras, eles contribuem com as suas energias para a manutenção de formas-pensamento existentes que foram construídas por outras pessoas na mesma condição ao longo de muitos séculos. Ao longo do tempo, essas formas-pensamento têm moldado uma réplica extrafísica da cidade de Londres que possui aproximadamente as mesmas ruas, edifícios e marcos históricos. Esse processo é ainda mais intenso quando grandes grupos de pessoas passam pela primeira morte e vão juntos para o ambiente extrafísico ao mesmo tempo (ou quase ao mesmo tempo), como aconteceu durante a Blitz da Segunda Guerra Mundial.

Nesses tipos de ambiente, os próprios indivíduos criam a maneira como interagem com a sua realidade. Não há influência externa que imponha mudança (como muitas vezes acontece no ambiente físico, onde as pessoas são forçadas a mudar quando perdem um emprego ou são promovidas, perdem ou arranjam um parceiro, contraem uma doença grave etc.), de modo que, até que eles decidam fazer algo diferente, nada muda. Por causa disso, algumas pessoas, sem lucidez para compreender a própria situação, ficam presas e podem passar centenas de anos numa condição de pouquíssima consciência. Muitas vezes, a fim de serem reabilitadas, esclarecidas quanto ao seu estado e mudar para outro ambiente mais adequado (alguns projetores referem-se a essa atividade como um resgate ou socorro), elas ainda necessitam de recursos humanos, tais como energia densa, e isso é algo que os projetores conscientes podem fornecer quando o corpo extrafísico se retira do corpo físico transportando uma parte do corpo de energia com ele.

A maioria das grandes cidades humanas tem um equivalente extrafísico. Você consegue imaginar o que pode estar acontecendo na duplicata extrafísica de Jerusalém, o lugar sagrado de três grandes religiões, com a sua história longa e complicada? Isso mesmo. Há uma guerra na dimensão crostal. A maioria dos problemas humanos que vivenciamos na dimensão física se repete no mundo extrafísico. A natureza humana é a natureza humana em todos os lugares aonde vamos.

Quando as camadas extrafísicas se sobrepõem à vida física dessa maneira, muitas vezes as construções extrafísicas espelham a aparência exterior e a decoração interior das construções físicas reais e podem até mesmo ser temporariamente habitadas por uma pessoa falecida que residiu ali durante a sua última encarnação física. Essa característica das camadas da crosta terrestre provoca muita confusão entre projetores conscientes que, por vezes, encontram-se em ambientes que são intimamente familiares ainda que não exatamente os mesmos que aqueles que conhecem, pois pequenas modificações ou variações são comuns na duplicata extrafísica.

Por exemplo, Wagner Alegretti, o presidente da IAC, conta que, durante uma de suas primeiras projeções quando era adolescente, ele atravessou o telhado de sua casa e ficou olhando para baixo, na direção de um terreno baldio que havia ao lado. Mas, em vez de ver mato e uma árvore que ele sabia que existiam ali, ele viu uma construção que parecia um prédio de escritório. Tudo isso era muito confuso até que ele percebeu que, quando se está fora do corpo, ainda é possível distinguir alguns elementos da dimensão terrestre no momento em que se começa a ver fragmentos da dimensão extrafísica. É assim que as dimensões se sobrepõem.

Robert Monroe relatou várias visitas à dimensão crostal em seus três livros, descrevendo o seguinte no segundo, *Far Journeys*:

Mas eu conheci o anel[1] interno seguinte. Não foi agradável. Além disso, era vida física. Os dois estavam fortemente entrelaçados, o espesso anel apenas ligeiramente fora de sintonia com a matéria física. Era a interface entre um sistema de realidade e outro. Mesmo dessa perspectiva, era difícil para um novato distinguir instantaneamente as diferenças entre os dois. Mas eu podia.

Esse era o problema. Os habitantes desse círculo não podiam. Eles não percebiam ou não podiam perceber que já não eram físicos. Estavam fisicamente mortos. Não tinham mais corpo físico. Então continuaram tentando ser físicos, fazer e ser o mesmo que antes, para continuar a ser físicos de uma maneira ou de outra. Confusos, concentravam toda a sua atividade na tentativa de se comunicar com amigos e entes queridos ainda encarnados ou com qualquer outra pessoa com que cruzavam, tudo em vão. Outros eram atraídos para locais físicos aos quais tinham dado grande significado ou importância durante a sua vida humana anterior. (*Far Journeys*, Robert Monroe, Doubleday e Eleanor Friede Books)

O autor Bruce Moen, em *Voyage Beyond Doubt*, o segundo volume da série "Exploring the Afterlife", transmitiu ideias semelhantes ao descrever seu trabalho, durante viagens fora do corpo, de ajudar essas pessoas a se conscientizarem do fato de que estavam mortas.

> Durante experiências passadas fazendo resgates, eu descobri que as pessoas às vezes ficam "presas" depois que morrem. Muitas vezes, as circunstâncias de sua morte ou suas crenças sobre a vida após a morte são o que ocasionam esse "aprisionamento". (Moen, 1998)

Moen faz duas observações dignas de nota. A primeira é que, além de ter crenças equivocadas sobre a vida após a morte, as pessoas às vezes permanecem completamente inconscientes de que morreram devido às circunstâncias de sua morte. Isso pode incluir pessoas que morreram inesperadamente durante o sono, como as vítimas de desastres naturais imprevistos (deslizamentos de terra, terremotos etc.), ou vítimas de acidentes de trânsito. Moen também observa que as crenças das pessoas sobre a vida após a morte podem levá-las a ficarem "presas". Por exemplo, se uma pessoa tiver sido doutrinada num sistema de crença segundo o qual uma vida bem vivida (uma noção muito relativa) será recompensada com uma eternidade flutuando nas paragens exuberantes do paraíso e, então, a realidade não corresponder a isso, pode ser muito difícil reverter a espiral descendente para a parapsicose *post mortem*.

O fato de você estar aberto às informações contidas neste livro e disposto a considerar as diversas realidades da vida após a morte vai ajudá-lo a ficar mais preparado para o que o aguarda depois da morte. O ideal, no entanto, seria aproveitar as oportunidades oferecidas pelas experiências fora do corpo, usando-as como instrumento para visitar a paratroposfera da terra enquanto você está vivo, a fim de testemunhar e experimentar por si mesmo a condição daqueles que residem ali. Isso irá ajudá-lo a preencher qualquer expectativa que você tenha de passar o seu próximo período entre vidas consciente da sua condição extrafísica e de passar o seu tempo lá fazendo algo diferente, em vez de simplesmente imitar a sua atual existência.

## Comunidades paratroposféricas

Assim como o mundo físico, as camadas crostais são compostas de uma série extraordinariamente diversificada de comunidades. A maioria das consciências gravita em torno de colônias que refletem a mentalidade de grupos com os quais eles estavam associados nas vidas físicas pregressas. Existem, por exemplo, comunidades de indivíduos com uma mentalidade predominantemente masculina ou feminina, enquanto outras têm tendências predominantemente homossexuais. Algumas comunidades são definidas pela ex-profissão de seus habitantes. Existem colônias de ex-políticos, músicos, escritores, cientistas, militares, criminosos, mafiosos e aqueles que trabalhavam na indústria do sexo e continuam a levar existências promíscuas entre as vidas físicas.

Algumas zonas da dimensão crostal exibem a mesma miséria, sordidez e degeneração moral das favelas humanas, onde os desabrigados, a violência, o tráfico de drogas, a extorsão, as gangues e a delinquência são a ordem do dia. Outras, habitadas por consciências que sofrem de esquizofrenia e outras doenças mentais, são lugares caóticos desprovidos de qualquer sinal de organização, onde traumas passados são revividos continuamente. Alguns lugares são consideravelmente piores do que qualquer coisa encontrada na Terra. Cenas de filmes como *Amor Além da Vida* e, mais recentemente, *Constantine*, que retratam hordas de almas perdidas, em pânico, rastejando umas sobre as outras, são reflexos nada imprecisos de algumas realidades extrafísicas verdadeiramente lamentáveis.

É importante ressaltar que as comunidades da paratroposfera da Terra refletem a natureza humana, por isso encontramos tanto o bem quanto o mal e o feio ali. O que é comum a todas essas comunidades é o seu apego à dimensão física (em termos de afinidade, não de proximidade). Portanto, a qualidade de qualquer área extrafísica particular, do ponto de vista ético, pode ser influenciada pela qualidade do ambiente terrestre ou da comunidade à qual ela está vinculada. Existem, por exemplo, comunidades paratroposférica associadas aos escritórios e trabalhos de organizações humanitárias espalhadas por vários países ao redor do mundo. Igualmente, no entanto, pode-se argumentar que é a qualidade de uma área extrafísica especial que influencia a qualidade do ambiente terrestre ao qual ele está ligado. Como sempre, temos o cenário do ovo e da galinha. O que veio primeiro foi a comunidade física ou a comunidade extrafísica? Na verdade, ambos os cenários são possíveis.

Os distritos paratroposféricos menos evoluídos foram visitados por inúmeros projetores conscientes ao longo dos séculos e as suas características têm sido bem documentadas. Leitores dos livros de Robert Monroe conhecem essas áreas como Localidade II, enquanto outros podem conhecê-las por um dos vários outros nomes dados a elas por projetores ao longo da História, como Hades, Inferno, Kamaloka, Purgatório ou Umbral (Vieira, 2002).

## As dimensões extrafísicas

Afastando-se das regiões paratroposféricas que se encontram dentro da atmosfera da Terra, as energias das camadas extrafísicas tornam-se mais sutis. Essas camadas são inacessíveis aos indivíduos com residência fixa nas camadas da crosta que não passaram através da segunda morte e, portanto, ainda estão carregados com as densas energias do corpo de energia. Para eles, tentar aceder a dimensões mais sutis é o mesmo que misturar óleo com água.

*Em toda a dimensão extrafísica, vemos uma extraordinária diversidade e complexidade de existências, incluindo tudo que se encontra dentro dos parâmetros aceitos do que é real e muito do que não.*

Como acabamos de ver, nas camadas crostais, a maioria das consciências não está criando nada novo, está apenas copiando a vida física. Outras dimensões extrafísicas são habitadas por comunidades que estão presas a níveis não evoluídos de existência que lembram a nossa Idade Média e até mesmo as eras primitivas. Há zonas que coincidem com os nossos subterrâneos e com os abismos mais profundos do oceano, e outros que não são nada além de um vácuo. Nenhuma forma-pensamento é criada ali.

Por outro lado, em algumas camadas é possível interagir com o ambiente em muitos níveis diferentes. Você pode tocar, ver, perceber cheiros e sentir da mesma maneira que no plano físico. As coisas parecem sólidas.

Você pode levantá-las. No entanto, alguns objetos extrafísicos não podem ser quebrados nem riscados, porque a sua coesão interna é muito forte. Outros objetos não podem ser tirados do lugar. Isso significa que as pessoas que criaram essas formas-pensamento fizeram isso com grandes quantidades de energia, ou as formas-pensamento foram criadas e reforçadas durante um longo período de tempo.

Algumas regiões não físicas não têm um solo como o conhecemos. Elas são adaptadas às necessidades dos habitantes, que voam; portanto, em vez de haver pavimentos, estradas e autoestradas, as comunidades são verticais e os prédios se assemelham a torres de sinos, abertas de todos os lados para facilitar o ir e vir das consciências que vivem ali.

Há lugares onde o ar não é transparente como aqui. Ainda se pode ver a uma boa distância, mas tudo fica meio encoberto por um tipo de névoa fina ou neblina. Alguns ambientes não têm estrelas, planetas ou um sol, e a única luz é a luz própria do corpo extrafísico ou a luz que circunda a matéria extrafísica.

Projetores relataram visitas a zonas que têm condições semelhantes às meteorológicas e outras que apresentam períodos de calmaria intercalados com tempestades extrafísicas de um tipo de fogo em vez de água, o que obriga todos os moradores a procurarem abrigo. É possível ver a natureza extrafísica em alguns lugares... na flora e na fauna, que são muitas vezes bem diferentes das que conhecemos. Waldo Vieira certa vez se deparou com uma espécie de girafa em miniatura, enquanto estava fora do corpo. Ele conseguiu se comunicar com ela telepaticamente e a achou bem inteligente. Em termos de flora, existem alguns equivalentes de plantas. As folhas, nem sempre verdes, podem ser luminosas ou transparentes.

## Comunidades extrafísicas avançadas

Outro lugar, na grande dimensão extrafísica, que é tão ilimitado quanto o físico são as comunidades futuristas, que são significativamente mais avançadas do que a nossa e onde as consciências usam ferramentas e tecnologias ultramodernas e superiores a qualquer coisa que conhecemos. Algumas dessas áreas não têm absolutamente nenhuma semelhança com a dimensão física e podem ser descritas como o equivalente não físico a ambientes extraterrestres habitados por formas de vida extraterrestres (Alegretti, 2005).

Nas camadas energéticas mais sutis e rarefeitas da dimensão extrafísica, mais próximas da dimensão mental, estão as comunidades de seres não físicos mais lúcidos e evoluídos. Em geral, as pessoas apresentam as mesmas capacidades em suas existências físicas e extrafísicas. Assim, nem todas as consciências extrafísicas operam em plena capacidade. Por exemplo, alguns não conseguem voar ou atravessar objetos físicos sólidos, porque não acreditam que possam e são limitados por suas próprias limitações. Consciências mais lúcidas, por outro lado, compreendem o mecanismo da materialização de formas-pensamento como objetos e, limitadas apenas pela sua imaginação, criam ferramentas, tecnologias, moradias e outros edifícios para fabricar existências que rivalizam com os nossos melhores filmes de ficção científica.

Os habitantes das comunidades não físicas mais avançadas e organizadas geralmente se dedicam a uma destas duas tarefas: preparar indivíduos para a próxima vida física ou acolher e reabilitar aqueles que morreram há pouco tempo.

Essas consciências que estão lúcidas e se preparam para renascer normalmente passam por uma espécie de treinamento para a próxima vida física. Esse assunto é discutido em pormenores no Capítulo 10.

Uma parte muito maior de comunidades extrafísicas avançadas, no entanto, dedica-se ao trabalho contínuo e complexo de ajudar aqueles que morreram recentemente e chegam à dimensão extrafísica da vida física muitas vezes em estado de trauma, choque ou confusão. Indivíduos dessas camadas mais evoluídas trabalham em clínicas e hospitais extrafísicos com pessoas que estão precisando de ajuda e cura. O ambiente desses lugares de convalescença é desolador, em total contraste com os envolvidos na preparação de candidatos para a vida humana, que se caracterizam por sentimentos positivos de esperança, oportunidade a antecipação do cumprimento das metas planejadas.

Algumas comunidades avançadas não envolvidas nas diferentes funções já descritas podem ser habitadas por gênios, enquanto os residentes de outras camadas evoluídas podem ser exemplos de serenidade e ética. Se você se projetar para lugares como esses, encontrará beleza e ordem além da sua imaginação. Seres humanos projetados voltaram com muitas inspirações dessas comunidades extrafísicas, para várias formas de arte, como pintura e escultura, música e literatura. Pelo mesmo processo, no entanto, algumas pessoas têm elaborado representações precisas de ambientes extrafísicos reais para criar filmes de terror saídos dos nossos piores pesadelos. De modo semelhante, algumas das músicas que tocam no rádio da dimensão física são ecos da música de algumas colônias paratroposféricas não evoluídas.

*Então, qual é mais real, a dimensão física ou as dimensões extrafísicas? Qual delas é uma cópia da outra? Assim como tantas pessoas não acreditam em realidades extrafísicas, muitas consciências extrafísicas não acreditam na nossa realidade física e são totalmente céticas em relação a ela. Quando insistimos em que a estrutura da nossa existência material fornece pontos de referência fixos dentro dos quais tudo deve caber, limitamos muito a maneira pela qual experimentamos a nossa existência.*

## A dimensão mental

Para além da dimensão extrafísica reside a dimensão mental, que é a sede do corpo mental e o ambiente original da consciência *per se*.

Podemos dizer que a dimensão mental é o aqui e agora, assim como é a dimensão extrafísica. Nós não percebemos isso totalmente, mas existe uma interação entre a dimensão física e a mental, do mesmo modo que existe entre a física e a extrafísica. Mas, como vimos no Capítulo 1, a realidade da dimensão mental é tão sutil e diferente da nossa que precisamos de um tipo diferente de sensibilidade e uma quantidade significativa de maturidade, equilíbrio e abertura para percebê-la.

A melhor maneira de estudar a dimensão mental é fazer uma projeção mental. Quando estamos entre vidas, existindo na dimensão extrafísica, temos projeções na dimensão mental. Portanto, já temos alguma memória desses episódios na memória integral do nosso corpo mental.

## Características da dimensão mental

Mas como é a dimensão mental? As energias do nível da existência ali são tão sutis que nada tem forma. Na dimensão extrafísica, existe uma realidade que podemos ver, mas na dimensão mental não há energia suficiente nos pensamentos para moldar alguma coisa. Quando se pensa, nenhuma forma é criada. Tudo permanece no campo das ideias. Assim, na dimensão mental não há nada para ver.

Nem existe espaço do mesmo modo que existe aqui, portanto não há separação entre uma pessoa e outra lá, embora todos mantenham a individualidade. Se nos encontrássemos lá, eu não seria capaz de dizer se você está à minha esquerda ou se estou do seu lado direito. Não existe acima, abaixo, chão ou teto.

Da mesma forma, não existe tempo. Não existe nem antes nem depois. Às vezes, quando estamos projetados no corpo extrafísico, sem nenhuma restrição imposta pelo cérebro físico, podemos acessar memórias de nossas vidas passadas ou ter algumas precognições do futuro. Com o corpo mental, no entanto, quando estamos lidando puramente com ideias sem nenhum conceito de tempo, algo que aconteceu numa vida passada está simplesmente ali, impressa em nosso corpo mental. Essa informação pode ser facilmente acessada nessa dimensão.

Mesmo que não haja nenhuma forma na dimensão mental, podemos imediatamente perceber e reconhecer um ao outro num nível puramente parapsíquico com nossas memórias, pensamentos, emoções e energias. Nós temos toda a nossa existência para nos identificar lá. Nossa essência está à mostra, não é como na vida física, quando podemos facilmente esconder ou mascarar nossos verdadeiros pensamentos, opiniões e ideias por trás de nossas expressões faciais e palavras.

Mas como podemos nos comunicar ali? Como não podemos nem mesmo quantificar a distância entre nós, não há nenhuma distância entre você, suas ideias e eu. Assim, no momento em que você tem uma ideia, eu tomo conhecimento dela. No momento em que eu reajo à sua ideia, você sabe. As ideias são comunicadas em bloco através de uma forma sofisticada de telepatia não física que não tem palavras articuladas nem símbolos. Blocos inteiros de pensamentos e ideias de repente surgem na consciência. Por exemplo, se estivéssemos juntos na dimensão mental e eu quisesse comunicar o conteúdo deste livro para você, eu poderia transmitir as informações em bloco, em vez de palavra por palavra, como estamos fazendo aqui.

A consciência se manifestando na dimensão mental também pode adquirir novas informações que se apresentam na forma de um lampejo súbito. Conhecimentos profundos, estruturas intelectuais ou visões podem ser adquiridos dessa maneira. Tratam-se de lampejos de uma complexidade cuja magnitude excede em muito a visão mais esclarecida do ser humano mais capaz, mas restringido pelo seu cérebro físico, lampejos que claramente nunca ocorreram a essa mesma pessoa enquanto ela estava no estado da vigília físico comum. Alguns exemplos de aquisição de tais ideias originais incluem poesia, prosa, soluções para todos os tipos de problema, criatividade e descobertas científicas.

Assim, experimentar a dimensão mental é experimentar uma expansão da consciência e um nível de liberdade, riqueza e sofisticação de ideias, lembranças e informações não disponíveis em outras dimensões. Infelizmente, a natureza ilimitada da experiência não é tão fácil de lembrar por causa da restrição imposta pelo cérebro físico.

É interessante notar as semelhanças entre a Conscienciologia e algumas das maiores religiões do mundo em termos de diferentes "lugares" que existem na vida após a morte. De acordo com os relatos de experiências pessoais fornecidos por centenas de projetores conscientes ao longo da História, certamente há regiões nas dimensões extrafísicas que poderiam ser descritas como lugares parecidos com o paraíso ou o céu e outras que mais parecem o inferno. E também já mencionamos a dimensão crostal, em que muitas consciências estão presas a uma espécie de limbo onde nada nunca muda. Compartimentar as dimensões não físicas em três destinos de vida após a morte, no entanto, é simplificar excessivamente a complexidade e diversidade das realidades extrafísicas que podem ser experimentadas depois da morte.

Capítulo Três

# Seres não físicos: interações e relacionamentos transdimensionais

Os homens não atraem aquilo que querem, mas o que são.

— *James Allen*

Nós não mudamos quando morremos. A desativação do corpo físico significa simplesmente que a natureza da nossa *manifestação* se alterou, de modo que não podemos mais nos manifestar na dimensão física e o foco de nossa atenção volta a se deslocar para a dimensão extrafísica. Pense nisso como uma mudança de endereço!

O processo da morte física também não tem nenhuma relação com o seu nível real de evolução – para o bem ou para o mal. Quando descartamos o nosso corpo biológico, nossos pontos fracos, pontos fortes, inteligência, patologias, medos, crenças, atitudes e ideias nos acompanham. Em decorrência disso, o comportamento que vemos expressado nas dimensões extrafísicas ligadas à terra não é nada mais que a natureza humana... a mesma natureza humana com que lidamos todos os dias em nosso mundo físico.

É interessante testemunhar ao longo do tempo que a retratação dessa realidade na grande mídia de entretenimento torna-se cada vez mais precisa. Se um dia as consciências extrafísicas foram estereotipadas como poltergeists terríveis, agora somos expostos mais regularmente a produções que são tanto tecnicamente corretas quanto abrangentes em seu retrato de como seres extrafísicos lidam com a vida após a morte. Alguns bons exemplos de filmes do gênero são *Um Romance do Outro Mundo; Ghost; O Sexto Sentido; Os Outros; Campo dos Sonhos; Paixão Eterna* e *Amor Além da Vida*.

Os reinos extrafísicos, porém, não são habitados apenas por consciências que foram humanas em existências mais recentes. Algumas delas não têm uma existência física como ser humano há muitos séculos, enquanto outras nunca foram humanas, mas levaram existências físicas em planetas de outras partes do universo.

Isso pode parecer inacreditável, mas considere o seguinte: a reencarnação da consciência é um princípio básico não só da Conscienciologia, mas de muitas filosofias e religiões. Mas se a reencarnação está confinada ao renascimento de uma consciência que já viveu uma existência humana, então como podemos explicar o crescimento fenomenal da população da Terra a partir de uma estimativa de 300 milhões, 2 mil anos atrás, para a de 6,5 bilhões de hoje? Como afirma Peter e Elizabeth Fenwick em *Past Lives: An Investigation into Reincarnation Memories*, a sempre crescente população do planeta "faz com que seja um absurdo o argumento de que cada um de nós já viveu outra vida humana antes" (Peter e Elizabeth Fenwick, 1999).

Até a presente data, a ciência convencional teve pouco sucesso em detectar a presença de vida inteligente em outros planetas, mas vários projetores conscientes, incluindo Waldo Vieira, Wagner Alegretti e Robert Monroe, entre outros, visitaram planetas fora do nosso Sistema Solar, onde interagiram com uma variedade de formas de vida inteligente físicas e encontraram incontáveis consciências extrafísicas fora do corpo físico que tiveram encarnações físicas em outros planetas em vidas anteriores. Quando consideramos esses fatos, juntamente com o que já sabemos sobre a natureza humana, a escala da diversidade de consciências extrafísicas logo fica evidente.

Reconhecendo a complexidade das diversas áreas de pesquisa, a ciência da Conscienciologia utiliza regularmente categorizações básicas para facilitar a compreensão das matérias sob investigação. A Conscienciologia, nesse sentido, começa o processo de classificar consciências extrafísicas dividindo-as em três grupos, denominados amparadores, guias cegos e intrusos.

# Amparadores

*Amparador* é um termo nem místico nem religioso usado para descrever uma consciência extrafísica que atua como um benfeitor para um ou mais indivíduos físicos.

O amparador é suficientemente maduro e pessoalmente versado na realidade da vida física e no processo de crescimento individual, de modo que tem uma visão panorâmica da vida e das oportunidades disponíveis para as pessoas que ele está amparando.

*A tarefa do amparador não é ajudar uma pessoa a ter uma vida mais fácil e mais confortável, mas apoiá-la e assisti-la, de modo que tire o máximo proveito das oportunidades oferecidas pela atual vida física, para que se torne mais consciente das realidades multidimensionais, para crescer e evoluir ao longo da totalidade das suas existências físicas e extrafísicas e para, um dia, comprometer-se a ajudar outros a fazer o mesmo.*

Mais popularmente conhecidos como anjos, anjos da guarda, guias espirituais ou mentores, os amparadores não são seres místicos como se costuma pensar. Eles são como nós, somente em condição melhor, mais avançada ou evoluída. Eles tiveram vidas físicas e terão novamente. Algumas pessoas que atualmente vivem entre nós eram amparadores em períodos anteriores não físicos passados entre vidas.

## Características e comportamentos dos amparadores

Entre as características e comportamentos mais notáveis dos amparadores estão os seguintes:

- Eles estão plenamente conscientes de que descartaram o corpo físico (isto é, passaram pela primeira morte) e, portanto, descartaram o seu corpo de energia (isto é, passaram pela segunda morte).
- A sua *raison d'être*, como sugere o termo "amparador", é ajudar os outros. Assistência é a sua especialidade. Eles têm a intenção de ajudar

em todas as circunstâncias e condições e podem cumprir as suas intenções em muitos casos.

- Embora cuidem de nós, eles não dependem de nós nem criam situações para que nos tornemos dependentes deles. Uma das maneiras de fazer isso é não nos ajudando sempre que podem. Eles têm a capacidade de resolver a maioria dos nossos problemas, mas, se fossem fazer isso, nós nos tornaríamos dependentes deles. Eles entendem que só amadurecemos quando tomamos nossas próprias decisões e enfrentamos as consequências de nossas escolhas. Portanto, prestam assistência quando adequado e necessário, mas, caso contrário, dão um passo para trás e apenas nos monitoram.
- Eles agem com discrição. Não se mostram para nós, por exemplo. Se pudéssemos vê-los com facilidade, nós os chamaríamos para ajudar o tempo todo e não aprenderíamos a ajudar a nós mesmos.
- Eles não exigem nada de nós. Não exigem que melhoremos nem nos desenvolvamos. Isso é sempre uma escolha nossa.
- Eles respeitam o nosso livre-arbítrio, sem pressionar, forçar ou impor qualquer coisa sobre nós.
- Eles nos analisam, mas não nos julgam.
- Eles manifestam um nível elevado de consciência – o que significa que vêm usando deliberadamente mais seu corpo mental ao longo de muitas vidas físicas e extrafísicas para buscar e ter novas experiências a partir das quais aprenderam e se desenvolveram como consciências.
- O contato com amparadores gera um aumento na nossa lucidez e racionalidade. Por exemplo, você pode estar prestes a tomar uma decisão importante e muitas ideias e sugestões vêm até você. Imagine que você esteja trabalhando com uma organização de ajuda humanitária num país de terceiro mundo e acha que não tem medicamento e comida suficientes para atender a todos, então você tem que decidir quem receberá assistência e quem não receberá. Os amparadores irão ajudá-lo a pensar com racionalidade e considerar todas as consequências das possíveis decisões ou podem lhe dar uma intuição sobre soluções alternativas para o problema.

- Eles têm habilidades específicas. Por exemplo, se você quiser ajudar moradores de rua, um amparador que tenha experiência com isso virá para ajudá-lo. Se quiser fazer uma pesquisa médica para encontrar a cura de uma doença, um amparador que tenha experiência nesse campo virá trabalhar com você.
- O comportamento dele é sempre cosmoético – ou seja, está em sintonia com os princípios morais mais evoluídos, que não são subjetivos ou específicos de uma cultura ou religião, mas aplicáveis e apropriados a todas as circunstâncias, culturas, países, continentes e dimensões. (O tema da cosmoética é tratado em profundidade no Capítulo 11.)
- Eles nunca nos ajudam a fazer algo que não seja cosmoético.
- Eles não nos ajudam caso isso possa prejudicar outra pessoa.
- Eles sabem qual é o nosso propósito específico na vida. Eles nos dão dicas sobre a nossa tarefa na vida e nos fornecem oportunidades para aumentar a nossa consciência desse aspecto importante da nossa vida até que saibamos o que temos que fazer.
- Nós quase sempre temos uma ligação cármica com os nossos amparadores.

Nem todo mundo tem amparadores. Essa realidade está em conflito com a noção mística de que todos temos o nosso próprio anjo da guarda pessoal zelando por nós. Mas assassinos seriais, ditadores que cometem genocídio, terroristas, pedófilos e traficantes de drogas, por exemplo, não têm amparadores. No entanto, se chega um momento na vida dessas pessoas em que elas começam a refletir, se voltam para dentro e passam a trabalhar em seu autoaperfeiçoamento com algum empenho e perseverança, elas começam a atrair a atenção dos amparadores.

Os amparadores não estão conosco o tempo todo, mas estão presentes sempre que precisamos ou nos dedicamos a algo relacionado ao nosso desenvolvimento e crescimento. Eles estão sempre dando assistência, por isso, quando estamos apenas relaxando ou praticando atividades que não sejam cosmoéticas, eles estão ocupados, aproveitando melhor seu tempo ajudando outras pessoas.

Nós nem sempre temos o mesmo amparador conosco ao longo de toda a vida. Há várias razões para isso. Alguns amparadores especializam-se, por exemplo, na proteção de crianças. Outros se especializam em campos como a Projeciologia (auxiliando indivíduos cosmoéticos interessados em deixar o corpo com lucidez), evolução, pesquisa ou difusão de ideias. À medida que nos desenvolvemos e evoluímos, podemos precisar de amparadores mais avançados ou simplesmente amparadores com diferentes áreas de especialização. Às vezes os amparadores nos deixam para voltar a encarnar.

É possível aprender a perceber a presença dos amparadores, caso você já não seja capaz disso. Dicas e técnicas para o desenvolvimento de suas capacidades parapsíquicas a ponto de poder discernir com precisão quem está ao seu redor extrafisicamente são discutidas em detalhes no próximo capítulo.

## Como posso ter mais amparadores em torno de mim?

Mas e se você perceber que não tem muitos amparadores por perto? Se esse for o seu caso e você quiser melhorar e aumentar a frequência das suas interações com os amparadores, saiba que pode atraí-los se for mais parecido com eles. Lembre-se, as pessoas que temos ao nosso redor, tanto física quanto extrafisicamente, estão conosco por questão de afinidade – semelhante atrai semelhante. Então, se passarmos mais tempo tentando melhorar e desenvolver a nós mesmos, e ajudar outras pessoas devotando alegremente tempo, atenção, amor, energia, sabedoria, dinheiro (quando apropriado) e qualquer um dos muitos outros recursos que temos à nossa disposição, atrairemos amparadores para nós. Quando ajudamos os outros, criamos uma atmosfera em torno de nós com os nossos pensamentos e intenções positivas que permitem que os amparadores estejam perto de nós. Se, por outro lado, nós nos cercamos de consciências físicas e extrafísicas cujas atitudes, intenções e comportamentos são negativos, os amparadores não podem chegar perto de nós. Uma coisa importante a lembrar sobre os amparadores é que, como eles são especialistas em assistência, conhecem o seu trabalho muito melhor do que nós. Assim, podemos pedir aos nossos amparadores para ajudar outra pessoa, mas, se pedimos para eles nos ajudarem, estamos, na verdade, dizendo que não sabem fazer o seu trabalho. Isso mostra falta de gratidão. Não devemos constantemente fazer exigências a eles. Eles não são nossos empregados e merecem respeito.

## Mecanismos pelos quais os amparadores se comunicam conosco

Os amparadores utilizam uma variedade de mecanismos para intervir na nossa vida e se comunicar conosco. Eis aqui alguns exemplos.

## Sincronicidade

Não são incomuns os relatos de uma força invisível que assiste pessoas num momento decisivo da vida. Meu bom amigo Sam, por exemplo, estava de férias com a família em Phuket, na Tailândia, quando o tsunami atingiu o país no dia 26 de dezembro de 2004, e, graças a uma longa sequência de sincronicidades improváveis, todos eles escaparam com vida. Em primeiro lugar, como haviam decidido passar o Natal na Tailândia na última hora, todos os hotéis à beira-mar estavam lotados, por isso eles tiveram que se hospedar no Club Med, que era afastado da praia e ficava no alto de uma colina. Em segundo lugar, depois de passar todo o dia de Natal na praia, decidiram passar o dia seguinte lá também. Quando estavam a caminho da praia, a filha de Sam pulou dentro da piscina do hotel, para brincar. Então ele ficou com ela. Alguns minutos depois a primeira onda atingiu a praia. Em terceiro lugar, a piscina do hotel não ficava no térreo, mas no primeiro andar. A namorada de Sam, logo depois de terminar uma aula de ioga no piso térreo, subiu as escadas para a piscina quando a onda chegou e não correu nenhum perigo. Em quarto lugar, e para seu imenso crédito, o Club Med tinha procedimentos rigorosos de evacuação de emergência e não abandonou os hóspedes à própria sorte, pois os funcionários colocaram em prática esses procedimentos. Os sobreviventes foram guiados para a segurança de um mosteiro no alto de uma colina e, logo que a primeira onda diminuiu, uma busca pelos passaportes dos hóspedes foi organizada durante a noite e quatro aeronaves Air France foram enviadas especialmente de Paris para Bangkok e então para Phuket, logo depois que o aeroporto foi reaberto. Os hóspedes do Club Med embarcaram no primeiro avião para fora do país no dia seguinte.

Os amparadores trabalharam duro nos dias que antecederam e sucederam o desastre, e durante o desastre, para manter meus amigos seguros? Infelizmente, num acontecimento de tamanha magnitude seria impossível que os amparadores protegessem a todos.

Embora algumas pessoas tenham algum nível de consciência da intervenção direta de um amparador num momento de necessidade ou crise, a maioria das pessoas interpreta as sincronicidades que provocam resultados positivos em suas vidas como um sinal de sorte.

Os amparadores também podem usar as sincronicidades como um meio de nos proporcionar algumas ideias e inspirações.

## Mensageiro secundário

Talvez você tenha tido uma experiência em que uma pessoa agiu como um "mensageiro secundário" dos amparadores, transmitindo-lhe uma mensagem que não fazia nenhum sentido para ela, mas fazia todo sentido e foi muito útil para você.

Isso aconteceu comigo vários anos atrás, quando saí para jantar fora com um homem que mais tarde se tornou meu companheiro. Naquela época não estávamos envolvidos, mas apenas desfrutando de um agradável jantar e um ótimo bate-papo. No fim da noite, o grupo de pessoas da mesa ao lado da nossa, com quem conversamos um pouco ao longo da noite, levantou-se para ir embora. Um dos homens do grupo, então, se aproximou da nossa mesa, ficando entre nós dois, e disse: "Vocês têm uma conexão fantástica". Ele olhou para cada um de nós bem nos olhos e disse: "Se ao menos percebessem isso!". Nós três ficamos atordoados com o que ele disse, considerando que era um completo estranho e não tinha como saber qual era a natureza do nosso relacionamento. Mas, junto com todas as outras peças do complicado quebra-cabeças dos relacionamentos, ele colaborou com a nossa união.

## Intuição

Você já foi atingido por uma intuição tão forte que se sentiu compelido a segui-la? Às vezes, os amparadores usam esse mecanismo de comunicação para fazer coisas como prevenir acidentes, grandes ou pequenos, e até mesmo para salvar vidas. Wagner Alegretti foi beneficiado por uma intervenção assim quando era bebê. Ele estava dormindo em seu berço ao lado de um conjunto de armários de cozinha quando de repente sua mãe, que tinha ido passar roupa do outro lado do cômodo, foi atingida por uma poderosa intuição para que corresse até o berço e o tirasse de lá; foi o que ela fez. Segundos mais tarde, todas as prateleiras caíram com o peso das louças, panelas e frigideiras, e outro pesado equipamento de cozinha se desprendeu da parede, esmagando o berço.

O filme *Tocando o Vazio* também retrata um excelente exemplo de como um amparador pode intervir através do mecanismo da intuição. O filme narra a história real de dois alpinistas e a traiçoeira subida pela face oeste do Siula Grande, nos Andes peruanos, em 1985. O inglês Simon Yates teve de sacrificar a vida do amigo, Joe Simpson, para se salvar quando uma tempestade os atingiu logo após a descida do cume.

Durante a descida, Joe escorregou quando tentava descer uma parede de gelo e quebrou a perna, mas seu amigo Simon decidiu ajudá-lo, descendo-o através de cordas enquanto ele próprio servia de âncora. Numa dessas descidas, Joe ficou suspenso no vazio, sobre uma imensa fenda, sem conseguir avisar Simon sobre a situação e impossibilitado de fazer qualquer manobra para se salvar. Depois de algumas horas segurando a corda, castigado pela neve e por rajadas de vento, Simon sentiu que seria arrastado para baixo e se viu obrigado a cortar a corda, deixando Joe despencar dentro da fenda.

Como isso ocorreu à noite e durante o fenômeno da "ofuscação branca" (quando tudo que se enxerga é literalmente um branco total),

Simon não tinha como saber se Joe realmente tinha sobrevivido depois de cair do penhasco.

Quando Simon finalmente chegou ao acampamento base, que nada mais era do que o acampamento de um mochileiro que eles tinham encontrado em suas viagens, e que aguardava com uma barraca e um pouco de comida, ele se sentiu estranhamente compelido a descansar. Foi o que ele e o mochileiro Richard Hawking fizeram durante quatro dias. Isso pareceu incongruente à luz da provação pela qual tinha passado e ia contra os desejos de Richard. Na quarta noite, no entanto, os dois homens acordaram ao ouvir Joe, que tinha conseguido sair de uma ravina profunda, apesar de gravemente ferido na perna, descido centenas de metros montanha abaixo e depois se arrastado por vários quilômetros sobre a rocha, com uma dor excruciante e desidratação grave, fome, queimaduras e, por fim, delírios, para chegar ao acampamento, apesar de achar que não haveria ninguém ali esperando por ele.

O que foi que obrigou Simon a permanecer no acampamento? O que foi que levou Joe a superar a desesperança e vencer a distância montanha abaixo? No caso de Joe, como ele mais tarde admitiu que detestava ser derrotado e tinha uma incrível força de vontade, parece-me que os amparadores aproveitaram esses pontos fortes da sua personalidade amplificando-os com sugestões para continuar seguindo em frente, um passo doloroso por vez.

Num capítulo de *Projeções da Consciência* intitulado "Assistência Ideal", Waldo Vieira descreve uma projeção para um bairro do Rio de Janeiro onde ele conheceu um homem extrafísico, um amparador, que parecia um médico. Por meio do processo de telepatia, o amparador explicou que seu trabalho em geral consistia em auxiliar consciências que precisavam de ajuda e falou de seus planos para ampliar a equipe que ele na época coordenava para incorporar regularmente indivíduos projetados cujas energias densas facilitariam muito seu trabalho. (Quando os amparadores passam pela segunda morte e descartam o corpo de energia, precisam utilizar as energias densas de projetores a fim de realizar determinados tipos de assistência.)

O amparador disse a Waldo Vieira que a sua equipe, que era mais ativa à noite, das seis horas da tarde em diante, quando o sofrimento humano tende a ser mais agudo, era especializada em problemas oriundos de relacionamentos desestruturados típicos das grandes cidades, como solidão e tristeza, depressão e desespero, dúvidas, carências e ressentimentos.

Antes de deixar Waldo Vieira, o amparador transmitiu a ele uma mensagem relacionada à assistência ideal. Waldo relatou-a em *Projeções da Consciência* e eu acho que é pertinente citá-la aqui:

> Todo ato de assistência social, não importa o quanto seja pequeno, significa fraternidade, é produtivo e merece louvor. Melhor qualquer tipo de assistência humana do que nenhum. Contudo, a assistência social ideal tem características universalistas próprias inconfundíveis.
>
> Não apresenta caráter oficial, uma vez que é espontânea.
> Não é uma doação que vise dedução de impostos.
> Não tem um rótulo profissional.
> Não tem segundas intenções ou intenções políticas.
> Não defende a imagem pessoal nem cultiva mitos.
> Não incentiva a segregação de espécie alguma.
> Não restringe por preconceito nenhum.
> Não espera gratidão nem aspira entendimento público.
> Não divulga o ato assistencial, seja qual for a circunstância.
>
> É a doação do espírito – simples, pura e direta – sem mediação, exigências nem condições. E que todos podem praticar em silêncio. (Vieira, 2007)

## Guias cegos

Guias cegos são consciências não físicas que nos conhecem de vidas anteriores. Eles podem ter sido os nossos cônjuges, parceiros, amantes, irmãos, filhos, pais, amigos, vizinhos ou colegas. Talvez tenhamos até mesmo sido seguidores deles um dia, ou vice-versa. Nossos guias cegos não conseguem ver com objetividade seu relacionamento conosco por causa das fortes conexões, associações e ligações que têm conosco e que se originaram de histórias, afinidades, emoções e carmas que compartilhamos. Guias cegos são pessoas como nós, com um nível de evolução semelhante ao nosso.

## Características e comportamentos de guias cegos

Entre as características e comportamentos dos guias cegos, destacam-se os seguintes:

- Alguns passaram somente pela primeira morte, ou seja, não sabem que não estão mais vivos no sentido físico e, consequentemente, não descartaram o seu corpo de energia denso. Outros já passaram pela segunda morte, e estão conscientes de sua condição não física.
- Suas intenções não são nem intrinsecamente positivas nem negativas. Embora em sua própria mente as suas intenções sejam boas, eles não mostram nenhum discernimento.
- Eles gostam de nós, mas muitas vezes desconsideram o nosso livre-arbítrio.
- Seu comportamento nem sempre é cosmoético.
- Eles não sabem qual é o nosso propósito específico na vida.
- Têm aproximadamente o mesmo nível de evolução que nós.

Os guias cegos, portanto, pode ser mais bem descritos como seres extrafísicos com pouca lucidez e objetividade, que não são muito evoluídos nem maduros. Eles são cegos em termos de evolução.

Normalmente, guias cegos querem o que é melhor para nós, mas, devido à natureza pessoal de sua relação conosco, não são capazes de analisar objetivamente o que é melhor. Usam qualquer recurso que esteja à sua disposição para produzir resultados em nossa vida com base na sua própria opinião subjetiva do que significa ajudar, e isso nem sempre é o melhor para nós ou o que queremos.

Por exemplo, às vezes ex-membros da nossa família (desta vida ou de vidas passadas) não aprovam a escolha do nosso parceiro, por isso tentam criar situações que parecem ser coincidências ou sincronicidades de modo a inviabilizar o relacionamento.

Para fazer uma outra analogia com a vida física, imagine uma pessoa que tenha boas intenções e queira ajudar um amigo doente fazendo uma cirurgia nele, mas sem ter formação médica. Ele certamente vai acabar prejudicando o amigo. Guias cegos são assim.

Se percebermos que temos guias cegos "ao nosso lado", por assim dizer, nos dando seu "apoio", devemos ter cuidado com o que desejamos às outras pessoas, porque esses guias cegos podem tentar realizar nossos desejos. Aqueles que foram líderes em vidas anteriores são particularmente propensos a notar algumas "coincidências" pelas quais seus ressentimentos não admitidos por outras pessoas são "vingados". Isso porque provavelmente tinham guias cegos em torno deles que eram seus seguidores em vidas anteriores e estavam acostumados a obedecer às suas ordens.

Guias cegos também podem prestar ajuda, mas, ao contrário dos amparadores, são incapazes de se desvencilhar das circunstâncias em que se encontram e geralmente agem de acordo com suas preferências pessoais. Assim, a assistência que prestam é mais uma doutrinação, enquanto a verdadeira assistência respeita a individualidade e o livre-arbítrio da pessoa que está sendo ajudada.

## Intrusos

Começo esta seção agradecendo às pesquisas adicionais e significativas realizadas por Wagner Alegretti e Nanci Trivellato sobre o tema da instrusão na obra de Waldo Vieira. Alegretti e Trivellato oferecem um curso de 40 horas em que ensinam como nos tornamos total e permanentemente livres de intrusões, e muitas das suas ideias são discutidas neste capítulo.

Dei mais ênfase a essa categoria de consciência extrafísica, os intrusos, por isso você vai perceber que essa seção é mais longa do que as demais. Se conseguirmos desenvolver uma sólida compreensão do processo de intrusão e do modo como ele pode desestabilizar a nossa vida e até mesmo de como permitimos que isso aconteça, podemos descobrir muitas oportunidades únicas e inestimáveis para exercer mais controle sobre a nossa experiência diária. Tudo isso ficará claro à medida que você prosseguir a leitura.

O termo "intruso", que se aplica igualmente a consciências físicas e extrafísicas, é usado para descrever alguém que, intencionalmente ou não, influencia negativamente outra pessoa através da transferência de uma combinação de pensamentos, emoções e energias. Essa transferência ocorre quando duas consciências são atraídas por causa de sentimentos subjacentes e se unem do ponto de vista áurico através da fusão de seus campos energéticos, um conceito que será descrito no próximo capítulo sobre bioenergias.

A intrusão pode ocorrer nas seguintes combinações:

- Intrusão de uma consciência física sobre outra consciência física.
- Intrusão de uma consciência extrafísica sobre uma consciência física, e vice-versa.
- Intrusão entre duas consciências extrafísicas.

Como este capítulo é sobre seres não físicos, o que nos interessa aqui são os intrusos extrafísicos e as formas pelas quais eles se relacionam com os seres humanos. Mas é interessante observar também as outras combinações de intrusão, pois elas nos ajudam a ver que a intrusão ocorre naturalmente dentro e entre as dimensões e também faz parte da condição humana.

Para dar apenas alguns exemplos, como seres humanos nós somos intrusos na vida das outras pessoas quando competimos por poder, forçamos os outros a aceitarem as nossas deficiências e limitações; somos manipuladores, gananciosos, exigentes, insistentes, intrometidos e egoístas; quando fazemos fofocas, impomos as nossas ideias sobre os outros, tentamos mudar os outros, priorizamos a nossa própria gratificação e roubamos a energia dos outros. No caso de intrusos extrafísicos, não podemos vê-los nem mesmo percebê-los, mas eles são capazes de exercer uma influência negativa sobre nós e roubar nossa energia como seres humanos.

*A intrusão, física e extrafísica, faz parte da natureza humana, é uma realidade com que lidamos todos os dias. Por essa razão, sem querer banalizar a gravidade dela, a intrusão não deve nos assustar nem nos preocupar excessivamente. Da mesma forma que os amparadores são como nós, só que mais evoluídos, os intrusos também o são, só que mais patológicos.*

## Características e comportamentos dos intrusos

Entre as características dos intrusos extrafísicos, as seguintes se destacam:

- Apenas uma pequena minoria está lúcida com relação à sua condição não física e sabe que passou pela segunda morte (descartou o corpo de energia).
- Como a maioria dos intrusos ainda conserva o seu corpo de energia, eles são "energívoros", ou seja, falta-lhes energia densa, que precisam extrair do ambiente físico. Eles tomam dos seres vivos a energia de que necessitam.
- Devido a isso, a maioria deles habita na dimensão crostal que se sobrepõe à terra.
- A maioria deles não é má, apenas necessitada.
- Como eles só podem se conectar conosco quando compartilhamos afinidades com eles, são particularmente competentes em amplificar as emoções e os pensamentos que já temos.

## Por que os intrusos interferem na nossa vida?

Então por que consciências extrafísicas interferem na nossa vida? Na grande maioria dos casos, os intrusos não sabem que não estão mais vivos no sentido físico; eles ainda carregam seu corpo de energia denso e vivem dentro da paratroposfera da Terra. Embora as energias sejam relativamente densas à medida que penetramos os ambientes extrafísicos, são muito sutis em comparação à dimensão física. Esses intrusos não são capazes de absorver a energia da paratroposfera e por isso precisam tirar dos seres humanos a energia de que precisam, energia essa que pré-processamos e tornamos prontamente disponíveis, visto que a maioria não tem noção dessas realidades e, portanto, nenhum conhecimento de como evitar que sua energia seja roubada. Embora esse tipo de intrusão não seja intencional, quando intrusos roubam nossa energia, eles nos prejudicam em maior ou menor grau.

Sei que isso pode parecer alarmante para alguns de vocês. Por favor, lembre-se de que muitos intrusos extrafísicos foram vivos um dia e caminhavam entre nós, e que também existem intrusos físicos em torno de nós em nossa vida normal, cotidiana. O medo de entrar em contato com intrusos extrafísicos é, portanto, o mesmo que ter medo de entrar em contato com seres humanos. Por exemplo, você por acaso tem "amigos" que ligam para você quando estão deprimidos ou em dificuldade e se sentem mais aliviados "descarregando" seus problemas em cima de você? Esse alívio, no entanto, é unilateral. Não há reciprocidade. Essas pessoas só estão exigindo seu tempo e sua atenção, seu apoio, simpatia e energia. Então, estão roubando sua energia. Mas você tem medo delas? Não. Do mesmo modo, não há nada a temer com relação a esse mesmo processo quando ele ocorre entre as dimensões. No entanto, como eu disse antes, quando intrusos roubam nossa energia, eles estão levando de nós algo que não estamos oferecendo voluntariamente, por isso há muito a ganhar com a aprendizagem de como prevenir esse roubo. Existem várias técnicas eficazes para lidar com a intrusão que serão apresentadas mais adiante neste capítulo, mas primeiro vamos analisar outras formas de intrusão.

Em alguns casos, os intrusos estão cientes da sua condição e sabem exatamente o que estão fazendo. Eles interferem na vida dos seres humanos para satisfazer sua avidez e desejo por sensações, pensamentos e emoções específicas. Por exemplo, se um intruso extrafísico era viciado em sexo nas vidas físicas anteriores e não conseguiu superar esse vício, ele ainda estará numa condição na qual só conseguirá pensar em sexo. Então ele interfere na vida de seres humanos que sentem essa mesma avidez alimentando sua necessidade psicológica insaciável por energia sexual e pelas sensações que acompanham a atividade sexual. Garotas e garotos de programa e pessoas promíscuas são alvos prováveis desse tipo de intrusão.

Nesse contexto, qualquer coisa em que somos viciados é um problema, seja amor, dinheiro, uma casa, uma pessoa, álcool ou drogas, porque atraímos para nós intrusos que têm essa mesma dependência.

Por exemplo, o amor patológico é uma causa bastante comum de intrusão. Às vezes, quando uma pessoa morre, ela anseia pelas energias e afeição de um ex-amante em quem era patologicamente ligada ou viciada. A separação faz com que ela fique em tal estado de desespero que interfere na vida do ex-parceiro, roubando sua energia e informação emocional e mental que carrega.

A possessividade é outra causa relativamente comum de intrusão. Parapsicóticos *post mortem*, que não sabem que estão mortos e se sentem muito ligados aos lugares onde viviam anteriormente, podem ficar extremamente agitados e ressentidos quando novos proprietários se mudam para suas antigas casas. Se eles conseguem ter acesso à energia densa a ponto de conseguir produzir resultados no ambiente físico (psicocinesia ou PK) com a intenção de afugentar os "intrusos" humanos, eles se tornam o que conhecemos como poltergeists. O filme *Os Outros* demonstra muito bem as motivações por trás desse fenômeno poltergeist.

Em outros casos, os nossos intrusos podem tentar nos pressionar a fazer coisas que gostávamos muito de fazer com eles numa vida anterior, como nos embriagar, controlar ou manipular o sexo oposto ou ser detestável e arrogante. Intrusos um pouco mais lúcidos também podem nos pressionar a produzir emoções e pensamentos intensos, pois a energia que geramos quando experimentamos certas emoções podem ser extremamente inebriantes e atraentes para eles em sua condição patológica.

Alguns intrusos têm um senso de humor negro e brincam com os seres humanos por nenhuma razão que não seja se divertir, da mesma forma que os valentões provocam crianças menores, são cruéis com animais ou vandalizam a propriedade alheia.

## Os sintomas comuns de intrusão

Muitos sintomas ou efeitos podem indicar que estamos sofrendo uma intrusão, mas já esclareço que esses mesmos sintomas podem ter outras causas que não estejam relacionadas particularmente a intrusos. Nem todo problema, erro ou acidente humano é causado por intrusão.

Os sintomas mais comuns da intrusão incluem:

- Sentir-se fraco ou energeticamente exaurido
- Cansaço ou exaustão inexplicável (que pode se manifestar com o hábito de dormir a qualquer hora, em qualquer lugar)
- Insônia
- Sensação de peso sobre os ombros
- Mudança brusca e/ou extrema de humor
- Explosões emocionais súbitas
- Ideias fixas ou lembranças que não saem da cabeça
- Ansiedade
- Confusão mental
- Irritabilidade injustificada
- Algumas dores de cabeça
- Propensão a acidentes
- Raiva, ira e mau humor
- Rir ou chorar sem motivo
- Vontade persistente de aborrecer outras pessoas
- Provocar discussões inúteis
- Alguns pesadelos
- Medo
- Preguiça
- Extrema falta de motivação
- Sensação de que algo está errado quando não está
- Falar sozinho
- Sensação de apreensão ou catástrofe iminente
- Mau humor e sarcasmo
- Pessimismo
- Perda de perspectiva
- Agressividade ou violência
- Pensamentos despropositados repentinos (Trivellato e Alegretti, 2003-2004)

Temos de aprender a distinguir quando esses sintomas não têm nada a ver com intrusão e possuem explicações perfeitamente racionais, e quando são resultado de intrusão. Por exemplo, se estamos irritados talvez seja porque um contratempo menor ocorreu em nosso local de trabalho e nos incomodou. Um intruso então se une a nós energicamente, nos contamina com seus pensamentos e aumenta essa irritação até que ela fique desproporcional ao acontecimento que a causou. Ele então se apossa da energia carregada com a irritação que nós produzimos, se for dessa energia que ele gosta. Ou talvez nós estejamos irritados porque estamos com fome, cansados, com frio ou com cólicas menstruais. Assim, embora precisemos estar cientes de que a intrusão é uma realidade, temos que ter equilíbrio, discernimento e consciência para saber que nem tudo é intrusão.

## Como detectar intrusões

Waldo Vieira durante muitos anos se interessou em estimar, com maior ou menor precisão, a proporção entre consciências extrafísicas e pessoas físicas. Após discussões com amparadores de alto nível sobre esse tema ao longo de várias décadas e com base na sua extensa experiência fora do corpo, ele estimou que, para cada pessoa física neste planeta, existem nove seres extrafísicos. Eu repito – esses números são estimativas de cunho didático. Ninguém encontrou ainda uma maneira de fazer um censo da população extrafísica. Isso é o melhor que sabemos por enquanto.

Mas, se por ora considerarmos que a população extrafísica é significativamente maior do que a população humana e que nós sempre temos seres extrafísicos em torno de nós, alguns aproximadamente do nosso nível (guias cegos), alguns mais avançados (amparadores) e outros patológicos (intrusos), então precisamos aprender a distinguir quem está conosco em qualquer dado instante, para que sejamos capazes de reconhecer quando estamos sendo assediados por intrusos – o primeiro passo importante para que isso pare de acontecer.

Uma maneira de se tornar mais perceptivo a quem está em torno de você é prestar atenção às sensações, pensamentos e emoções que está experimentando

Estejamos conscientes disso ou não, nunca estamos sozinhos.

no momento e dali a cinco minutos e, mais tarde, vinte minutos depois. Pergunte a si mesmo como você se sente. Se há um amparador perto de você, você pode sentir calma, serenidade e bem-estar; você se sente mais relaxado e tudo parece bem. Do mesmo modo, seus pensamentos e emoções se mostram mais equilibrados e positivos. Se você estiver se sentindo desanimado ou negativo e experimentar qualquer um dos sintomas de intrusão relacionados na seção anterior, saiba que intrusos ou guias cegos podem estar com você.

## O mecanismo por trás da intrusão

Para entender melhor o mecanismo da intrusão, pense que, assim como atraímos amparadores para nós quando nos comportamos como eles, intrusos interferem na nossa vida quando nos comportamos, pensamos ou sentimos como eles. Em outras palavras, os intrusos não podem produzir uma determinada resposta ou reação a partir do nada. O que eles podem é ampliar os pensamentos e sentimentos que já temos ou nos pressionar a exagerá-los.

Se considerarmos o fato de que as consciências de ambas as dimensões entram em sintonia umas com as outras quando trocam, consciente ou inconscientemente, pensamentos, sentimentos, intenções, ideias, crenças, atitudes, energia etc., então esses são os pontos de conexão que nos ligam às nossas companhias extrafísicas e as determinam. Como Waldo Vieira explica em *Projeções da Consciência*, "Não pode haver influenciação direta sobre um cérebro vazio" (Vieira, 1997). Assim, podemos dizer, portanto, que toda intrusão começa como uma autointrusão. Esse é o primeiro problema. Nós temos uma predisposição para um certo tipo de energia. Nós estamos abertos a isso. O segundo problema é que o intruso com uma afinidade semelhante liga-se a nós energeticamente. Então, nunca somos completamente, cem por cento, vítimas. Somos uma parte da equação com base nas afinidades mentais, emocionais e energéticas que temos com as nossas companhias extrafísicas.

Veja um exemplo de como isso pode acontecer num nível prático: você está tendo um dia normal, como todos os outros, quando de repente tem um pensamento passageiro que faz com que se sinta meio desanimado. Um intruso com uma tendência para a depressão se acopla a você energicamente, exagera seus sentimentos e de repente você se sente irritado, melancólico e deprimido... mas você não sabe por quê.

## Dicas e técnicas para prevenir a intrusão

A boa notícia é que existem técnicas – exercícios energéticos – que podemos aplicar para perceber e identificar as nossas companhias extrafísicas e nos defender contra a intrusão. São elas a irradiação (exteriorização) das nossas energias e o estado vibracional. Instruções detalhadas sobre como aplicar essas técnicas e os inúmeros benefícios desses instrumentos poderosos de autodefesa energética são apresentados no próximo capítulo.

Outros meios eficazes para lidarmos com a intrusão incluem:

- Identificar as nossas deficiências, ou seja, os pontos de ligação que permitem que os intrusos se aproximem de nós, e, então, desenvolver uma estratégia de longo prazo para superá-las – para mudar. A estratégia a curto prazo é o estado vibracional. A intrusão desencadeada pelas nossas próprias deficiências pode acontecer, por exemplo, quando permitimos que intrusos interfiram no nosso relacionamento com nosso parceiro porque preferimos permanecer com a intrusão (na forma de manipulação, maus-tratos físicos ou verbais, abuso etc.) do que ficarmos sem o parceiro. A estratégia de longo prazo para lidar com essa intrusão seria, antes de tudo, superar a deficiência que a permitiu.

- Aplicando o que é conhecido como "higiene mental", o que significa tomar consciência dos próprios pensamentos. Quando você se vir preso a uma linha de pensamentos negativa, que desperte a sua raiva, frustração ou a sensação de estar sendo tratado injustamente, por exemplo, obrigue-se a pensar em outra coisa. Faça o que for necessário. Vá assistir a um filme, jogar um jogo de computador que prenda a sua atenção ou comer no seu restaurante favorito com amigos. Com a mudança dos seus pensamentos, você rompe o vínculo que mantém os intrusos conectados a você e se liberta da sua influência.

- Reagindo e tomando uma atitude contra os intrusos físicos da sua vida. Quanto mais formos capazes de nos defender fisicamente contra a intrusão, mais capazes nos tornamos de fazer isso extrafisicamente. Por exemplo, a maioria de nós conhece alguém que fica constantemente "alugando o nosso ouvido", alguém que fala sem nenhuma consciência ou preocupação se temos tempo ou vontade de ouvir as suas trivialidades. Pessoas assim também estão roubando nossa energia. Por que aceitamos isso? Alguns de nós não querem ser desagradáveis ou acham que, se não as ouvirmos, essas pessoas não vão mais gostar de nós. No entanto, podemos apenas dizer com firmeza e educação: "Desculpe, mas agora estou ocupado". Se não conseguimos impedir alguém de "alugar o nosso ouvido" em frente ao filtro de água do escritório, que esperança podemos ter de nos livrar de um intruso extrafísico que foi nosso amante numa vida anterior?

- Não justifique os traços de personalidade que ligam você ao intruso. Se você sabe que tem um impulso particular que não está correto, não o justifique dizendo a si mesmo: "É assim que eu sou. Esta é a minha personalidade". Seja sincero com você mesmo.
- O outro lado dessa moeda é desenvolver conscientemente traços e hábitos que o liguem aos amparadores. Por exemplo, tentar cultivar uma atitude otimista e positiva; avaliar a qualidade de seus pensamentos – por exemplo, você vê o melhor nas pessoas em primeiro lugar e, só depois, vê os seus pontos fracos, ou você só vê suas falhas? Pratique isso permitindo que sua racionalidade domine a sua emotividade, seja sincero com você mesmo e com outros, e persevere com os seus esforços. (Trivellato e Alegretti, 2003-2004)

Precisamos nos acostumar com a ideia de que somos mestres da nossa própria realidade e temos todo o poder de que precisamos para mudar muitas coisas na nossa vida com que não estamos satisfeitos. Basicamente, o que isso significa é que, se sofremos uma intrusão, é porque permitimos, e colocar um fim nela é, em grande parte, uma questão de força de vontade.

Acima de tudo, para ficarmos livres da intrusão, precisamos conhecer e aplicar o mais elevado nível de cosmoética em cada um dos nossos pensamentos, emoções e atitudes.

Capítulo Quatro

# Bioenergia

Nenhum homem é livre se não é dono de si mesmo.

*— Epiteto*

No capítulo anterior, começamos a ver como nossos pensamentos e sentimentos modelam a qualidade e a orientação das nossas energias, e como a qualidade das nossas energias, por sua vez, determina quem temos à nossa volta física e extrafisicamente. Em outras palavras, nós só nos conectamos com as energias que têm uma certa semelhança com a nossa. Assim, podemos ver que a energia desempenha um papel decisivo nas interações e relações transdimensionais que temos tanto com os seres físicos quanto com os não físicos.

Neste capítulo, vamos ver com mais detalhes as propriedades e características da energia, e analisar mais a fundo o papel fundamental que ela desempenha na nossa existência multidimensional e saber como podemos melhorar a nossa sensibilidade, capacidades e autodefesa energética.

## Bioenergia — uma retrospectiva histórica

Na Conscienciologia, o termo "bioenergia" é usado para descrever a base do campo energético que emana do indivíduo e engloba todos os seres vivos.

Embora a bioenergia não possa ser detectada por meio dos sentidos físicos, a sua existência foi reconhecida por quase todas as tradições espirituais.

Os autores John White (que fundou o Institute of Noetic Science com o astronauta Edgar Mitchell) e Stanley Krippner afirmam, em *Future Science: Life Energies and the Physics of Paranormal Phenomena,* que é possível encontrar referências aos campos de energia humanos ou à aura do corpo em 97 diferentes culturas (Branco e Krippner, 1977).

Entre os sinônimos normalmente usados para descrever esse tipo de energia estão *qi/chi* (China), *prana* (Índia), energia sutil, energia vital, fluido vital (Espiritismo), energia vital universal (Reiki), energia astral e energia cósmica. Mas existem muitos outros (Vieira, 2002).

Cinco mil anos atrás, a bioenergia já era reconhecida pela tradição espiritual indiana como a fonte universal de toda a vida. Ela era chamada de "prana". Foram os iogues que propuseram o sistema de chacras e nadis como pontos ao longo do corpo de energia (duplo etérico), através do qual a energia é intercambiada entre o corpo extrafísico e o corpo físico. Esses são também os canais através dos quais nós absorvemos energia do ambiente e a enviamos para fora (a exteriorizamos). Ambos os processos são necessários para a manutenção dos níveis de energia e sustentação da vitalidade, saúde, longevidade e, na verdade, a própria vida.

Praticantes de Qigong descobriram numerosos benefícios relacionados a um certo nível de proficiência ou domínio do *chi,* incluindo a melhora das capacidades psíquicas, como a telepatia e a clarividência, e geralmente uma consciência elevada (psíquica) do que está acontecendo ao nosso redor extrafisicamente em tempo real. Essas consequências ajudam, por sua vez, a promover a cura em geral e o desenvolvimento espiritual.

De acordo com *The Oxford Dictionary of World Religions,* todas as religiões têm uma visão mais ou menos holística da cura, colocando-a no contexto mais amplo da vida e reconhecendo a estreita relação com a "unidade psicossomática da entidade humana" (Bowker, 1997), que inclui o corpo de energia.

Muitos cientistas têm tentado inventar equipamentos para detecção e registo da bioenergia. Na fotografia Kirlian, descoberta por acaso pelo russo Semyon Kirlian em 1939, aplica-se um campo elétrico de alta tensão a um objeto colocado numa placa fotográfica, produzindo-se uma imagem dos sinais emitidos que supostamente representa o campo bioenergético do objeto (Trivellato e Gustus, 2003). Um desenvolvimento mais recente é o escâner PIP (sigla em inglês para Fotografia de Policontraste por Interferência), concebido pelo cientista britânico Harry Oldfield. Esse sistema utiliza uma câmera de vídeo digital e um programa de computador para analisar a maneira pela qual o campo bioenergético de uma pessoa interage com a luz e gera uma imagem em movimento da sua aura.

Entre outros experimentos realizados pelos cientistas nesse campo, muitas investigações notáveis, tais como a investigação sobre o Campo da Energia Humana (CEH), realizada pelo doutor Victor Inyushin na Universidade do Cazaquistão, na Rússia (Alvino, 1996), confirmaram uma relação entre o equilíbrio do campo de energia e uma boa saúde. A investigação dos fenômenos parapsíquicos também demonstra que a bioenergia é um componente intrínseco de numerosos fenômenos, como dobrar metais com a mente, mover um objeto sem tocá-lo e desmaterializações e rematerializações, ectoplasmia (quando a bioenergia se condensa para se manifestar na condição de composto numa substância chamada ectoplasma) (Vieira, 2002), homeopatia, atividades de poltergeist, teletransporte, telepatia e cirurgia psíquica (Trivellato e Gustus, 2003).

*Apesar desse reconhecimento constante ao longo da História, por diferentes culturas, religiões e campos da ciência, a bioenergia é um elemento praticamente imperceptível no mundo ocidental materialista de hoje, e do qual muito poucas pessoas têm consciência direta, o que torna a seguinte citação de Winston Churchill particularmente oportuna: "O homem pode ocasionalmente tropeçar na verdade, mas na maioria das vezes se levanta, passa por cima dela ou a contorna, e segue em frente".*

Quer estejamos conscientes disso ou não, a bioenergia tem um papel fundamental na vida cotidiana de todas as pessoas comuns, assim como nas mais sensíveis energeticamente. Eis aqui como ela funciona.

## Bioenergia – propriedades e características

Grande parte do conteúdo desta seção foi extraída de um artigo escrito em coautoria com Nanci Trivellato intitulado "Bioenergia: Um Componente

Vital da Existência Humana", publicado pela primeira vez na revista *Paradigm Shift* em 2003.

Seu campo bioenergético é uma parte de você que está em constante estado de fluxo; adaptando-se, reagindo, alterando-se, reagindo e trocando energias, através dos chacras e nadis, com outros seres vivos e com o ambiente.

Em si e por si mesma, a bioenergia é neutra. No caso de seres humanos, no entanto, ela nunca existe isoladamente, pois sempre está intrinsecamente ligada aos pensamentos (sejam eles conscientes, subconscientes ou inconscientes) e emoções da pessoa. Então, se o campo bioenergético pessoal de uma pessoa está positivo, isso ocorre porque os fatores que impulsionam os seus pensamentos e sentimentos, como suas ideias, intenções, ética, interesses e objetivos, são positivos. Todas essas informações sobre ela são transportadas em suas energias. Igualmente, é claro, pensamentos e sentimentos negativos produzem energias negativas. Em suma, a qualidade das energias de uma pessoa é determinada pela qualidade dos seus pensamentos e emoções.

Como poucas pessoas estão numa condição de completa autoconsciência, poucos de nós controlam totalmente a qualidade do seu campo energético. Como se afirma no artigo mencionado anteriormente, "como nosso campo energético é aberto, flexível e 'poroso', a menos que tenhamos uma boa consciência e controle das nossas energias, estamos sujeitos à influência das energias das pessoas e ambientes à nossa volta. Por outro lado, independentemente do nosso nível de consciência, nós também afetamos, em graus variados, o campo de energia das pessoas e lugares que encontramos em nosso cotidiano" (Trivellato e Gustus, 2003). Um exemplo que ilustra esses processos e com o qual muitos de nós se familiarizarão são as ocasiões em que nossa disposição física, psicológica ou mental muda quando entramos em contato com outra pessoa (Ibid.). O simples fato de estar no mesmo cômodo que uma determinada pessoa faz com que o seu couro cabeludo formigue, a sua motivação aumente ou a sua racionalidade diminua, por exemplo?

Isso também explica por que podemos sentir instintivamente uma sensação de *rapport* ou familiaridade com pessoas que compartilham nossa visão da vida, mas podemos nos sentir inquietos, irritados ou mesmo desconfortáveis perto de pessoas com quem não temos nada em comum. Outro exemplo de uma reação inconsciente à bioenergia de outras pessoas ocorre quando nos acoplamos energicamente a alguém com quem passamos tanto tempo que assimilamos suas emoções ou doenças físicas e começamos a experimentar o que estão sentindo; por exemplo, calma, euforia, tristeza, depressão, ou até mesmo uma dor física, como, por exemplo, uma dor de cabeça (Ibid.). O acoplamento energético ocorre quando os campos bioenergéticos de duas pessoas se sobrepõem e se misturam, como é mostrado na imagem abaixo.

Assim como a qualidade da energia das pessoas varia, a maneira pela qual elas trocam energia umas com as outras e com o ambiente também varia. Quando nos sentimos bem com nós mesmos, relaxados, confiantes e receptivos, as nossas energias ficam geralmente mais abertas e fluem de forma mais intensa e rápida. Por outro lado, quando reprimimos nossas emoções ou remoemos coisas, como quando estamos magoados, sentimos que alguém agiu mal conosco ou não conseguimos nos perdoar por um erro, as nossas energias podem ficar bloqueadas. Muitos tratamentos

Podemos assimilar a disposição dos que nos rodeiam através do processo de acoplamento energético.

complementares não só reconhecem o efeito que os bloqueios energéticos têm sobre nosso bem-estar físico, como também a relação entre a localização do bloqueio e a natureza específica da doença. Por exemplo, quando você não expõe seus verdadeiros pensamentos por medo do que as pessoas vão pensar de você, depois de algum tempo isso pode causar um bloqueio no laringochacra (chacra da garganta), o que pode causar problemas na tireoide; não lidar com a causa de um estresse que provoca em você um nó no estômago pode, por fim, levar a um bloqueio no umbilicochacra, que, por sua vez, pode causar distúrbios digestivos, como hipocloridia gástrica (diminuição na produção de ácido clorídrico no estômago), gastrite, úlceras ou câncer no estômago.

## A sutil influência e os efeitos poderosos dos campos bioenergéticos

Vimos como a presença e o campo energético de uma pessoa podem afetar ou influenciar outro indivíduo, num nível pessoal. Mas o mesmo processo também pode ocorrer numa escala muito maior. Quando os pensamentos, emoções e energias de um grupo de pessoas estão em sintonia, a força da influência do grupo pode ser suficiente para mudar a forma como elas pensam, se sentem ou se comportam. Isso pode acontecer de maneiras óbvias ou tão sutis que elas podem não ter total consciência do que está acontecendo. Às vezes, quando as pessoas dizem: "Eu me deixei contagiar pela empolgação geral", ou "Eu me deixei levar pelo calor do momento", elas estão se referindo a esse processo.

Em seu livro *Feeling Safe*, o autor e agente de cura William Bloom fornece um convincente exemplo que ilustra quanto os efeitos das energias de massa podem ser poderosos. Ele escreve:

Em todo o mundo, você pode ver indivíduos e grupos de pessoas serem influenciados de repente por um movimento de massa e passar a se comportar de uma maneira que nunca pensaram ser possível. Você talvez se lembre das fotografias de mulheres ruandesas com facões e facas

– inclusive mães, profissionais e mulheres de elevado nível de instrução –, esbravejando, num rompante para matar e mutilar membros de outro grupo étnico. Existe ali, evidentemente, um campo de energia de massa contendo violência e agressividade. Nesse caso, essas mulheres normalmente benevolentes foram subjugadas pelas energias do instinto de rebanho e levadas a adotar um comportamento psicopata. (Bloom, 2002)

O vandalismo e as brigas violentas entre torcidas em jogos de futebol é outro exemplo desse processo. O fanatismo comum e o vandalismo normalmente começam com alguns indivíduos radicais. Seus pensamentos fanáticos, baseados no ato de separar os torcedores entre os que estão "do lado deles" daqueles que não estão, são combinados com as emoções alimentadas pela hostilidade e antagonismo. Assim como um bordão ou uma "onda" podem ser repetidos por dezenas de milhares de pessoas num jogo de futebol, energias transportando os pensamentos, emoções e intenções de arruaceiros também podem passar através de uma multidão, num tipo de contágio bioenergético, afetando aqueles que tenham alguma afinidade com essas ideias e ganhando força à medida que mais pessoas aderem a elas. A tensão desse tipo de campo de energia aumenta como numa panela de pressão até que baste apenas um soco para causar um tumulto perigoso.

O campo bioenergético não se relaciona apenas a indivíduos ou grupos de pessoas. Ele também pode definir as características de um lugar específico. Pense nas luxuosas lojas de departamento que existem ao longo da Oxford Street, em Londres, por exemplo. Quase todos os dias, todos os anos, centenas de mulheres as visitam e compram freneticamente as novidades da moda. A música é animada, os vendedores parecem todos elegantes nos seus uniformes de marca, os pensamentos dos compradores estão focados em sua aparência, e milhares de dólares em transações ocorrem a cada hora. Reforçadas diariamente, as energias dessas lojas são tão carregadas com uma mistura inebriante de diversão, flerte, emoção, sexualidade, ansiedade, sentimento de superioridade, euforia e a sensação viciante de abundância que algumas pessoas recorrem à "compraterapia", quando se sentem insatisfeitas em outras áreas da vida. Experimente passar meia hora numa loja assim e sair de lá sem ao menos se sentir tentado a comprar alguma coisa e você conseguirá observar uma sutil influência sobre você.

O campo bioenergético de um lugar específico pode, com a mesma facilidade, exercer sua influência numa escala muito maior. O poder inegável das energias coletivas de um país inteiro foi muito bem retratado em *Tiros em Columbine*. O documentário de Michael Moore, que ganhou o Oscar de 2003, trata da obsessão dos norte-americanos por armas e mostra como, ao longo de muitas décadas, políticos norte-americanos e a mídia produziram uma cultura de medo e paranoia com relação a crimes violentos entre os americanos. Os objetos do medo e da paranoia são, em sua maior parte, afro-americanos e árabes e, em sua maioria, os americanos realmente acreditam que correm algum risco. Para se defender contra essa aparente ameaça constante, eles apoiam as leis que facilitam a aquisição de armas e munições, e ironicamente fomentam grande parte da violência e do crime que temem. As estatísticas assustadoras a seguir demonstram até que ponto um campo bioenergético pode ser influente quando as pessoas se permitem se contagiar por ele coletivamente:

- Aproximadamente 30 mil americanos morrem todos os anos vítimas de armas de fogo. Destes, cerca de 1.250 em resultado de disparos não intencionais. (Coalizão para Acabar com a Violência Armada)
- A taxa de morte por armas de fogo entre crianças com idade inferior a 15 anos é quase 12 vezes maior nos Estados Unidos do que em todos os outros 25 países industrializados. (Centros de Controle e Prevenção de Doenças)
- As crianças americanas estão 16 vezes mais propensas a ser assassinadas por arma de fogo, 11 vezes mais propensas a cometer suicídio com uma arma de fogo, e nove vezes mais propensas a morrer em resultado de um acidente com arma de fogo do que as crianças dos 25 outros países industrializados combinados. (Centros de Controle e Prevenção de Doenças)

Sem saber, Michael Moore está na verdade se referindo a campos bioenergéticos quando compara as muito diferentes incidências de mortes por arma de fogo, apesar de níveis comparáveis de posse de armas em cidades canadenses na fronteira com os Estados Unidos e separadas apenas por um rio. Do mesmo modo, ele questiona se o tiroteio na Columbine High School, em Denver, Colorado, poderia ter alguma relação com o fato de que a maior fábrica de armas dos Estados Unidos está localizada na cidade vizinha de Littleton.

Pode um campo bioenergético se estender além das fronteiras de um país? Sim. Pense nas energias das regiões da Ásia afetadas pelos tsunamis do dia 26 de dezembro de 2004. Uma série de tragédias envolvendo centenas de milhares de pessoas ocorreu na mesma região, na mesma época; maremotos, inundações, naufrágios, choque entre trens, deslizamentos, desmoronamentos de terra, desmoronamento de edifícios e incêndios. As energias dessas regiões estão provavelmente carregadas com o terror emocional daqueles que morreram; com o medo, a confusão, a perda e a dor dos que sobreviveram e com o imenso sofrimento causado pela fome, sede, falta de abrigo, doença e crimes que se seguiram ao desastre.

Essas catástrofes naturais, bem como os atos de terror provocados pelo homem, têm um profundo impacto sobre os ambientes humanos afetados. O trauma fica integrado à lembrança viva das zonas de desastre, afetando, de maneiras óbvias e sutis, aqueles que vivem ou passam por lá.

Continuando a falar sobre a escala, a qualidade (ou falta dela) de determinados campos bioenergéticos pode até mesmo caracterizar todo um continente. Qualquer pessoa que tenha vivido na África, por exemplo, sabe que os pensamentos e as intenções predominantes entre os habitantes de muitas das nações africanas foram moldados pela sua longa história de luta pela sobrevivência em face da seca, da fome, das epidemias, da guerra civil e do genocídio. A História tem produzido um campo bioenergético continental carregado de uma competição feroz que aparentemente se alimenta de si mesmo – uma competição em que a corrupção, a violência e o crime tornaram-se o próprio tecido da vida cotidiana. .

Esses são, portanto, diferentes exemplos de como um campo bioenergético produzido por um grupo específico de pessoas ou inerente a um lugar específico pode nos influenciar ou afetar de alguma forma.

Na Conscienciologia, um novo termo foi cunhado para descrever tal campo bioenergético... "holopensene"... *Holos*, do grego, significa "todo"; e *pensene* combina *pen*, de "pensamento", *sen*, de "sentimento" (ou "emoção") e *ene* de "energia".

O doutor Rupert Sheldrake, biólogo e diretor do revolucionário Projeto Perrott-Warrick para a pesquisa de capacidades humanas inexplicáveis, financiado pelo Trinity College, em Cambridge, apresenta uma visão semelhante do que ele chama de "um universo vivo em desenvolvimento, com sua própria memória inerente", por meio da sua teoria dos Campos Mórficos e da Ressonância Mórfica.

## Sensibilidade, consciência e controle energéticos

É importante para nós que tenhamos controle sobre as nossas próprias energias e pensamentos para não sermos influenciados pelas energias coletivas presentes em certos grupos de pessoas ou lugares. Somos independentes em nossos pensamentos? Será que questionamos, analisamos e aplicamos o nosso julgamento crítico e discernimento sempre que vemos TV, lemos jornais e ouvimos rádio? Permitimos que os nossos pensamentos sejam influenciados pela mentalidade de um grupo dominante?

As pessoas sensíveis às energias percebem certos campos bioenergéticos de maneiras diferentes. Elas podem experimentar as emoções impregnadas no ambiente. Podem, por exemplo, entrar numa funerária e perceber no ar um sentimento de perda, entrar num matadouro e sentir terror, entrar numa prisão e ter uma sensação de degradação. Também podem sentir náuseas, vertigens ou dores de estômago, dependendo da intensidade do campo bioenergético e seu nível de sensibilidade para isso (Trivellato e Gustus, 2003).

O campo bioenergético de lugares específicos também pode nos afetar positivamente. Podemos, por exemplo, nos sentir mais compelidos a estudar ou pesquisar e descobrir o que procuramos com muito mais facilidade e concentração numa biblioteca do que em casa. As pessoas muitas vezes esperam que o renovado entusiasmo para atividades intelectuais que sentem quando visitam um lugar inspirador como uma biblioteca perdure, mas elas são, no entanto, incapazes de manter a motivação quando retornam para os campos bioenergéticos bem estabelecidos gerados pelas rotinas e distrações de suas vidas diárias.

Se as pessoas, porém, forem capazes de perceber os efeitos dos campos bioenergéticos e ter algum controle sobre suas próprias energias, podem manter ativamente o seu equilíbrio energético e não ser afetadas pelas influências reinantes, ao mesmo tempo que têm consciência da qualidade e da natureza das energias dos ambientes em torno delas.

A maioria das pessoas, no entanto, não tem sensibilidade ou percepção suficiente para conseguir "ler" as bioenergias específicas de um aglomerado de pessoas ou de um determinado lugar, por isso ou não é afetada ou não tem consciência de como é afetada. Elas podem simplesmente se sentir de repente inspiradas, mal-humoradas, alegres, irritadas ou esgotadas, por exemplo (dependendo da qualidade do campo), mas não ter ideia do porquê.

Como se afirma no artigo, às vezes "males sutis sem causa aparente são resultado exatamente desses tipos de intrusões energéticas que não são compatíveis com as nossas, em nosso próprio campo de energia através de um dos nossos chacras" (Ibid.).

## Exercícios para melhorar a sensibilidade, as capacidades e a autodefesa energéticas

A boa notícia é que todos nós podemos aprender a tomar consciência da qualidade da nossa energia e avaliá-la, controlá-la e realizar um autodiagnóstico e terapia quando necessário.

Com a prática, também podemos atingir um nível de controle das nossas bioenergias que nos permita aumentar nossas percepções extrassensoriais até o ponto de podemos ler as energias positivas ou negativas de um ambiente em particular e perceber as nossas companhias não físicas, sejam elas amparadores, guias cegos ou intrusos, e interagir e nos comunicar com elas. A importância do desenvolvimento desse nível de percepção não pode ser subestimada. Esse é o primeiro passo fundamental que nos permitirá identificar os pontos fortes e as fissuras em nossa personalidade que permitem aos amparadores e intrusos, respectivamente, se conectarem a nós. Então precisamos fortalecer as conexões que temos com os amparadores e tomar providências contra as incontáveis variedades de intrusão que sofremos regularmente. Ao fazer isso, assumimos um nível de responsabilidade e controle sobre a nossa vida muito maior.

Waldo Vieira nos aconselha e recomenda três exercícios energéticos que, com a prática regular e treinamento, pode nos ajudar a desenvolver e/ou melhorar o controle da bioenergia e a nossa sensibilidade com relação a ela.

Antes de descrevê-los, eu gostaria de enfatizar que a bioenergia é um recurso poderoso, que *realmente* existe, e que a movimentação das energias é um esforço muito real. Nenhuma prática de visualização ou imaginação vai ser suficiente para executar qualquer um desses exercícios, por isso eu não vou aconselhá-lo a empregar esses métodos. A chave para o sucesso do trabalho com energias é permanecer fisicamente relaxado, bloquear qualquer interferência do ambiente externo e se concentrar ativamente em movimentar sua bioenergia, através da aplicação de uma vontade persistente. A maioria das pessoas que não está familiarizada com o trabalho energético a princípio tem pouca ou nenhuma percepção do movimento das energias. Mas a simples tentativa de fazer isso geralmente produz alguns pequenos resultados, mesmo que a pessoa não tenha conhecimento delas, por isso não desista, persista. A prática regular traz resultados tangíveis e cada vez melhores em quase todos os casos.

## Absorção de energias

*Definição:* O ato de absorver ou interiorizar energias
*Comentários:*

Realize este exercício num lugar em que você saiba que as energias são positivas. O ideal seria fazê-lo num ambiente natural, pois as energias da natureza não carregam nenhuma informação (em termos de pensamentos ou emoções), por isso se possível procure um lugar como um parque ou jardim, floresta, montanha, mar ou rio.

## Como eu faço?

Relaxe como você faria num dia qualquer, respire normalmente e, usando sua vontade e concentração, tente ficar consciente das energias do ambiente ao seu redor. Tente entrar em sintonia com elas, senti-las, perceber se são positivas e se fazem com que se sinta bem. Agora procure absorver essa energia positiva através de seus chacras. Pode ser preciso alguma prática antes que você comece a tomar consciência das sensações que acompanham essa ação e tenha certeza de que você está realmente colocando a energia em movimento, por isso não desanime se não conseguir resultados imediatos. Persevere.

No início, você talvez se sinta tentado a absorver a energia enquanto a inspira. Mas procure com o tempo estabelecer um ritmo independente da respiração. Isso porque não convém se tornar dependente da sua capacidade de respirar num determinado ritmo ou de qualquer outra coisa, a fim de ser capaz de absorver energia.

## Como é?

As sensações comuns incluem uma mudança na temperatura (por exemplo, sentir o ambiente mais quente ou mais frio), "arrepios" energéticos em partes do corpo ou nele inteiro ou uma sensação de formigamento. Algumas pessoas podem experimentar a clarividência (ou seja, a percepção da dimensão extrafísica).

## Quais são os benefícios?

A principal razão para absorver energia é reabastecer suas reservas energéticas e revigorar seu campo bioenergético quando você está se sentindo energicamente esgotado ou drenado. Os sintomas desse esgotamento que todos conhecemos são cansaço, letargia, falta de motivação e sensação de peso.

## Doação consciente (exteriorização) de energias

*Definição:* a transmissão de energia
*Comentários:*

Antes de exteriorizar energias, verifique seus pensamentos e emoções. Se você estiver preocupado ou não se sentir em boas condições, espere até que seus pensamentos estejam equilibrados e suas emoções positivas, de modo que só irradie energia positiva para os seus arredores ou para o ambiente.

## Como eu faço?

Relaxe e concentre a atenção no que você está prestes a fazer. Talvez, no início, até se acostumar a movimentar sua energia, você possa se concentrar em acumular energia nas mãos. Como nossas mãos estão muito ligadas ao "sentir" e são utilizadas para "fazer" coisas, muitas vezes é mais fácil perceber a energia fluindo através delas. Então, pense que está acumulando energia nas mãos e, em seguida, use a sua vontade para fazer isso. Quando você conseguir sentir a sua energia nas mãos, concentre-se em fazê-la fluir através dos chacras das palmas das mãos. A experiência tem mostrado que é mais fácil mover um volume maior de energia exteriorizando-a em pulsos regulares ou em ondas, em vez de num fluxo contínuo; portanto, tente fazer isso também. Depois de ter dominado essa etapa, pratique a exteriorização de energia por todo o corpo, através de todos os chacras simultaneamente.

## Como é?

As sensações são as mesmas de quando absorvemos energia – mais quente ou mais frio, "arrepios" energéticos, formigamento, a possibilidade de clarividência etc.

## Quais são os benefícios?

Quando exteriorizamos energia imbuída de pensamentos e emoções positivas, realizamos uma espécie de limpeza energética que melhora a qualidade energética do ambiente à nossa volta.

A bioenergia também é um recurso poderoso para ajudar outras pessoas nas dimensões física e extrafísica, incluindo animais e plantas. A assistência pode ser oferecida através da transferência direta de energia para a pessoa/animal/planta ou pode ser doada aos amparadores, que então a usam para ajudar outros (com o consentimento deles, é claro).

A transferência direta de energia pode ser utilizada, por exemplo, para acalmar alguém que esteja emocionalmente perturbado ou tenha sofrido um trauma, para aliviar ou prevenir doenças físicas, para injetar vida numa planta desvitalizada ou para acalmar um animal de estimação antes da temida visita ao veterinário. Na dimensão extrafísica, a bioenergia pode ser usada por projetores para acalmar e captar a atenção de pessoas recentemente falecidas e desorientadas ou para tratar consciências extrafísicas que possam manifestar toda uma variedade de doenças e patologias que vemos aqui na dimensão física, e muito além disso.

Eu tive uma experiência interessante alguns anos atrás em que doei bioenergia aos amparadores que, em seguida, a utilizaram para ajudar minha gata que havia desaparecido. Ela tinha passado a morar conosco já na idade adulta, apenas dois meses antes, e tinha, obviamente, decidido que era hora de sair para explorar seu novo território e provavelmente se perdido. Fui para a cama preocupada, depois da sua segunda noite na rua, pois era uma típica noite de inverno em Londres – chovia muito, o vento era cortante e estava muito frio. Então expliquei aos amparadores que a gatinha tinha uma boa percepção da dimensão extrafísica (algo que eu sabia graças a experiências anteriores com ela), por isso, se eles tivessem um tempinho, poderiam, por gentileza, tentar atrair a atenção dela e guiá-la para casa, e para isso poderiam recorrer a quanto precisassem da minha energia. Deitei-me na cama em silêncio e conscientemente doei energia por bem mais de uma hora, verificando regularmente se ela ainda estava fluindo e se eu me sentia bem e equilibrada. Por fim tive a intuição de parar, então me levantei, ali pelas duas da manhã, acendi as luzes do jardim de inverno e do jardim atrás de casa, e sentei-me para escrever um e-mail. Cinco minutos depois a pequena bola de pelo atravessou a portinhola, ilesa mas faminta, e claramente satisfeita por estar em casa. Que dia feliz! Graças aos amparadores.

Outro benefício de exteriorizar energia é usá-la como um meio de "corrigir" o seu dia. É uma boa prática, no final de cada dia, analisar o que aconteceu durante o dia e se perguntar "A quem eu prejudiquei? Quem deixei de ajudar? Quem eu não quis ajudar?". E, em seguida, envie para essas pessoas as melhores energias que você tem, como uma forma de reequilibrar os seus relacionamentos e o seu dia.

A exteriorização de energia também pode servir como uma precaução contra a intrusão. Você pode proteger seu quarto, sua casa ou seu escritório, por exemplo, exteriorizando energia para realizar uma limpeza enérgica durante cinco a dez minutos, diariamente. Com o tempo, isso produz um campo energético que servirá como um escudo protetor. Faz sentido que a intrusão não aconteça – se você exteriorizar energia quando estiver bem e positivo todos os dias, acabará estabelecendo um ambiente energético forte em sua casa com que os intrusos não sentirão afinidade. Isso irá impedi-los de entrar em sua casa. No entanto, não exteriorize energias no mesmo horário todos os dias enquanto estiver trabalhando para estabelecer a escudo energético. Lembre-se de que no último capítulo eu disse que a maioria dos intrusos não é capaz de absorver a energia sutil da paratroposfera e por isso tornam-se intrusos dos seres humanos para tirar deles a energia de que precisam? Se exteriorizar energia no mesmo horário todos os dias isso atrairá a atenção dos intrusos, de modo que é melhor variar ao máximo o horário. Uma vez que o campo é estabelecido, você pode exteriorizar energia com menos frequência, pois você só estará trabalhando para manter o campo. O ideal seria começar no seu quarto e criar o escudo energético em torno dele primeiro, pois esse é o cômodo em que você dorme e do qual se projeta. Depois, gradualmente, faça o mesmo nos outros cômodos até que toda a sua casa seja um oásis energético.

Saber exteriorizar energias também é uma ótima ferramenta de autodefesa quando você está fora do corpo. Como você ainda tem acesso às suas energias densas através do cordão de prata (além das energias do próprio corpo extrafísico), se houver consciências extrafísicas incomodando-o enquanto você estiver projetado, exteriorize energia na direção delas com suas melhores intenções, mas também com o sinal muito claro de que você não quer nada com elas e que devem deixá-lo em paz. Na grande maioria dos casos, um pulso único de energia enviado na direção dessas consciências é o suficiente para afastar a maioria dos intrusos.

## Estado vibracional

*Definição:* "Condição de dinamização máxima e simultânea dos chacras, promovida pela mobilização consciente das energias do indivíduo para cima e para baixo no corpo". (Trivellato e Gustus, 2003) Também pode ocorrer espontaneamente.

*Comentários:*

Ao contrário dos exercícios de absorção e de exteriorização, não há restrições quanto ao local ou horário em que você deve instalar um estado vibracional, pois essa é a ferramenta mais poderosa que temos à nossa disposição para a autodefesa energética.

## Como eu faço?

Fique relaxado, sentado, ou deitado se preferir, e se concentre em acumular e sentir suas energias na cabeça. Então, lentamente, comece a movimentar a energia para baixo através do núcleo interno de seu corpo (em oposição a sentir as sensações na sua pele ou do lado de fora do corpo), em direção aos pés. Preste atenção nos lugares em que você consegue ou não perceber a energia. Se você não conseguir sentir a energia numa determinada área do corpo, pode ser que seja porque ali existe um bloqueio energético. Mantenha a energia em movimento, faça-a voltar para a cabeça e em seguida conduza-a para baixo novamente, na direção dos pés, e assim por diante. Lembre-se de que a maioria das pessoas não familiarizada com esses exercícios no início tem pouca ou nenhuma percepção do movimento da energia. No entanto, a mera tentativa geralmente produz alguns pequenos resultados, mesmo que você não tenha conhecimento deles, por isso não desista. Persista. Aos poucos, vá aumentando tanto a intensidade quanto a velocidade do fluxo energético, mova a energia mais rápido para cima e para baixo, até que você "perca de vista" o fluxo da energia e atinja o estado vibracional.

## Como é?

Os autores a seguir oferecem estas descrições:

O estado vibracional caracteriza-se pelo movimento de ondas internas semelhantes a vibrações elétricas, pulsantes e indolores, cujas ocorrências, frequência e intensidade podem ser comandadas pela vontade, indo ritmadamente, aceleradas ou vigorosas, fortes ou fracas; varrendo o corpo imobilizado da cabeça até as mãos e os pés, e retornando-o ao cérebro, num circuito constante de breves segundos. O fato às vezes parece uma "tocha de fogo", indo e vindo, ou uma "bola de eletricidade suportável", guiada pelo controle da mente. Não raro as vibrações se assemelham à sensação de balonamento, comum na psicofonia (canalização vocal), com dilatação, estufamento e inchaço aparentes de mãos, pés, lábios, bochechas, queixo e área do plexo solar. (Waldo Vieira, *Projeções da Consciência*)

Apesar de ser muito exótica e intensa, a sensação de vibração é bastante agradável, e às vezes a sua intensificação produz uma espécie de "clímax energético". (Wagner Alegretti, *Retrocognitions: An Investigation into the Memory of Past Lives and the Period between Lives*)

É como se uma onda de faíscas, ritmicamente pulsante, oscilante e sibilante, entrasse rugindo em sua cabeça. Dali, ela parece varrer todo o seu corpo, tornando-o rígido e imóvel. (Robert Monroe, *Journeys Out of the Body*)

De acordo com a minha própria experiência, só posso descrever o estado vibracional como uma condição na qual você está perfeitamente ciente de que cada célula do seu corpo, incluindo as células da sua pele, no seu sangue e órgãos internos, ossos, cérebro etc., está vibrando furiosamente contra a célula ao lado dela. A experiência promove uma profunda sensação de bem-estar.

## Quais são os benefícios?

Como explicado no artigo que escrevi com Trivellato, o uso correto do estado vibracional tem benefícios significativos. Quando instalamos o estado vibracional, estabelecemos um escudo de energia em torno de nós que impede qualquer pessoa de se acoplar auricamente (interfundir-se energicamente) a nós. Assim, o estado vibracional "nos permite neutralizar influências e impedir que intrusões indesejáveis, de que tenhamos consciência ou não, entrem em contato conosco, para que assim possamos desempenhar um papel mais ativo e decisivo em nossa própria vida. Isso, por sua vez, estimula o amadurecimento pessoal e o crescimento evolutivo (Trivellato e Gustus, 2003).

O estado vibracional deve ser usado com antecedência e em antecipação à intrusão; em outras palavras, antes de qualquer situação em que você possa prever que alguém vai tentar forçar as próprias energias sobre você ou roubar as suas. Da próxima vez que estiver prestes a entrar numa situação difícil em que você pode, por exemplo, ter que lidar com um cliente agressivo, participar de uma reunião cheia de animosidade, confrontar alguém pelo telefone ou lidar com qualquer outra situação desafiadora do ponto de vista energético, tente instalar o estado vibracional de antemão e veja quais são os resultados.

Do mesmo modo, instale o estado vibracional antes de entrar em qualquer área ou ambiente onde você suspeite que haja intrusos extrafísicos ou perceba sua presença. Se você tomar consciência de uma intrusão, simplesmente não a aceite. Faça o estado vibracional e livre-se dela, do contrário uma intrusão superficial pode se tornar uma intrusão profunda.

Quando a instalação do estado vibracional promove a flexibilidade e a frouxidão do corpo de energia, ela também facilita muito a desconexão do corpo extrafísico do corpo físico e, portanto, a promoção de experiências lúcidas fora do corpo. Algumas pessoas com frequência experimentam estados vibracionais espontâneos antes de projeções conscientes.

O estado vibracional e a exteriorização consciente da energia também são técnicas para eliminar bloqueios energéticos, e podem ser muito úteis como um meio de prevenir doenças de pouca gravidade. Se eu sinto que estou pegando um resfriado ou uma gripe, por exemplo, pratico o estado vibracional tanto quanto posso e exteriorizo energia através do meu chacra da garganta várias vezes ao dia. Muitas vezes, os sintomas desaparecem rapidamente. Tive poucos resfriados ou gripes desde que comecei a trabalhar conscientemente com energias, dessa maneira, há nove anos.

## Dicas para controlar sua bioenergia

É importante enfatizar aqui que todo mundo tem a capacidade de trabalhar conscientemente com as bioenergias de todas as maneiras que descrevi. Não é necessário ter qualquer aptidão particular ou ser especialmente sensível. A razão pela qual relativamente poucas pessoas trabalham conscientemente com a bioenergia em sua vida cotidiana é simplesmente o fato de que a maioria de nós nunca foi ensinada a fazer isso. E se, desde tenra idade, seus pais tivessem lhe mostrado como fazer esses exercícios e atividades energéticas, da mesma forma que o ensinaram a andar de bicicleta, você teria aprendido a controlar suas bioenergias antes de chegar à adolescência.

O fator mais importante para alcançar o domínio das bioenergias é a força de vontade. Melhorar o desempenho energético por meio de qualquer das três técnicas mencionadas pode parecer simples no papel, mas a quantidade de disciplina pessoal e de esforço necessária para produzir resultados satisfatórios não deve ser menosprezada (Ibid.).

O ideal é conseguir trabalhar com as energias em quaisquer condições e circunstâncias (internas ou externas), e não depender do fato de se estar sozinho, conseguir se deitar e relaxar ou realizar qualquer outro ritual desnecessário, uma vez que nem intrusos físicos nem extrafísicos vão esperar até que as condições sejam ideais para você conseguir se defender antes que eles se imponham. Embora a maioria dos indivíduos determinados consiga, com alguns meses de prática, alcançar bons resultados em termos de absorção e exteriorização de energia, sendo capazes de instalar um estado vibracional eficaz, em qualquer lugar e a qualquer hora – independentemente das circunstâncias –, esse é um esforço que pode exigir alguns anos de treino.

Muitos milhares de pessoas em todo o mundo já estão obtendo enormes benefícios da prática de controlar suas bioenergias. Muitas desenvolveram suas parapercepções a ponto de saber o que está acontecendo ao seu redor não fisicamente – sabem quem está presente e exatamente onde estão – e são capazes de manter seu equilíbrio independentemente disso. Em resultado, elas sentem mais autoconfiança e serenidade, fortalecidas na certeza de que o controle sobre a própria vida está em grande parte nas mãos delas, e desfrutando de muitos benefícios exclusivos do fato de estarem em contato direto com amparadores extrafísicos avançados. O controle das bioenergias também permite que os praticantes sintam e eliminem bloqueios energéticos, o que produz mais equilíbrio e bem-estar, de modo geral, e uma melhoria na saúde; promovam a flexibilidade do corpo de energia, que por sua vez desencadeia o alinhamento dos veículos de manifestação do indivíduo e leva à projeção lúcida; e aumentem o nível global de lucidez em relação à realidade multidimensional.

Assim, embora o nível de compromisso e disciplina necessário para conseguir o controle das suas bioenergias pareça alto, as recompensas e benefícios para você em termos de desenvolvimento pessoal a curto, médio e longo prazo (ou seja, nas suas vidas futuras) será incomensuravelmente maior.

# PARTE DOIS

# Serialidade: a Série de Vidas Sucessivas

A reencarnação não é um conceito exclusivamente
budista ou hinduísta, mas uma parte da história
da origem da humanidade.

— *Dalai Lama*

Capítulo Cinco

# O carma e o ciclo multiexistencial

Destino não é uma questão de sorte, mas uma questão de escolha; não é algo que se espera, mas que se busca.

*— William Jennings Bryan*

## A alternância das existências física e extrafísica

Outro princípio básico da Conscienciologia é o de que a consciência passa por uma série de vidas sucessivas em que as vidas físicas se alternam com períodos extrafísicos passados entre vidas. Esse processo é mais popularmente conhecido como reencarnação. Na Conscienciologia, o intervalo entre vidas é chamado de período ou intervalo intermissivo. A alternância entre existências físicas e extrafísicas é conhecida como ciclo multiexistencial.

O estado natural, básico, da consciência é extrafísico, com os períodos passados dentro do veículo de matéria/energia densa do corpo humano correspondendo a fases temporárias que oferecem, como veremos na Parte 3, oportunidades únicas para amadurecermos e evoluirmos. O suporte para essa afirmação é evidente no fato de que, durante o sono noturno da maioria das formas de vida avançadas (ou seja, os seres humanos e animais), a consciência retorna várias vezes à dimensão extrafísica, normalmente de forma inconsciente, para descansar e se recompor em seu estado mais natural (Alegretti, 2004).

Quando a consciência está prestes a começar uma nova vida física, o corpo extrafísico se aproxima da dimensão física e absorve as energias mais densas que formam o corpo de energia (caso ele tenha passado pela segunda morte e descartado o corpo de energia anterior). A consciência começa a estabelecer uma conexão energética com seus novos pais, especialmente a mãe – uma conexão que é fortalecida pelas energias naturais do ambiente – e no momento em que o óvulo da mãe é fertilizado, estabelecem-se as primeiras conexões do cordão de prata, que liga a consciência ao feto em desenvolvimento (Ibid.).

Um ponto importante a compreender sobre esse processo é o fato de que a consciência, por ser acompanhada pelos corpos extrafísico e mental ao longo de sua longa série de vidas (como explicado no Capítulo 1), é capaz de conservar muito de sua personalidade de uma vida para a seguinte, incluindo alguns comportamentos, habilidades, conhecimentos, capacidades e atributos que aprendeu em vidas anteriores. Quanto de seus "fatores inatos" uma consciência recupera à medida que amadurece ao longo da nova vida física depende de muitos fatores, mas principalmente da medida de percepção da sua realidade multiexistencial mais ampla que ela consegue recuperar, supondo, é claro, que já tivesse alguma.

Na Conscienciologia, estudamos e pesquisamos somente o ciclo multiexistencial da consciência, que representa um ponto na evolução mais ampla da consciência. Apesar de não sabermos o que aconteceu antes da primeira manifestação física da consciência, nós sabemos que a série de vidas físicas sucessivas terminará no momento em que passarmos pela terceira morte (ver Capítulo 1).

O ciclo multiexistencial

Este diagrama mostra os três estados em que existimos durante o ciclo multiexistencial: o estado físico, o estado extrafísico e o estado projetado (como ocorre durante uma EFC). Quanto mais lúcidas as EFCs que temos e recordamos, e quanto mais aprendemos sobre a nossa realidade mais ampla com essas experiências, mais preparados estaremos para os nossos períodos intermissivos e para o tempo em que ficaremos permanentemente sem um corpo físico. Essas experiências de aprendizado, portanto, desempenham um papel importante por servir como ponte entre as diferentes dimensões e nos levar para mais perto do ponto de conclusão do ciclo multiexistencial.

Então, responda a estas perguntas para si mesmo:

*Qual é o meu atual nível de consciência da minha serialidade existencial?*
*Qual o valor que atribuo à minha serialidade existencial?*

Essas perguntas merecem realmente uma reflexão séria, porque, quando tem a compreensão e a consciência de sua serialidade existencial, você compreende que é muito mais do que a sua encarnação física atual, que é apenas uma vida entre muitas que você teve e ainda terá, e que é apenas uma pessoa das muitas que já foi e ainda vai ser. Essa constatação é o primeiro passo decisivo para a compreensão de que sua vida física atual não é uma existência arbitrária, aleatória, mas uma existência com valor, propósito e inúmeras oportunidades para evoluir e influenciar a natureza e a qualidade do remanescente do seu ciclo multiexistencial.

Claro, essa constatação seria grandemente facilitada se pudéssemos nos lembrar de alguma de nossas vidas passadas. As principais razões que levam a maioria de nós a não se lembrar, assim como algumas dicas e técnicas para que isso aconteça, são discutidas no Capítulo 8.

## O período entre vidas

No que diz respeito ao período entre vidas, ou ao período intermissivo, é uma falácia comum pensar que esse momento é, para todos, uma existência comatosa inconsciente. Como já vimos nos capítulos anteriores, isso está longe de ser verdade. Certamente muitos de fato sofrem de parapsicose *post mortem* ou levam existências simples, irrefletidas e robotizadas. No entanto, uma pequena percentagem de consciências busca existências ocupadas, produtivas, altruístas durante a intermissão, que está cheia de oportunidades de aprendizagem, para assistir a outras pessoas e para participar da preparação da próxima vida física. E, é claro, como é o caso do mundo físico, entre esses dois extremos existe toda permutação e combinação da condição humana.

De todos os fatores que afetam a nossa serialidade existencial e como ela se desenrola, alguns influenciam especificamente a natureza do período intermissivo do indivíduo, incluindo a duração, que pode ser de poucas horas até vários séculos em alguns casos raros, e a localização extrafísica na qual uma consciência irá residir de forma mais permanente durante esse período.

## Duração

Acredita-se que a duração do período intermissivo de uma consciência humana média normal em qualquer sentido, positivo ou negativo, é aproximadamente a mesma que a de uma vida humana média – aproximadamente setenta anos. Existem algumas notáveis exceções a isso. A maioria dos suicidas, por exemplo, nasce logo após o ato, por isso passa períodos muito breves entre vidas. Às vezes, eles renascem na mesma família, para que tenham mais oportunidade para corrigir eventuais desequilíbrios cármicos que possam ter com esse grupo particular de pessoas. Na outra extremidade do espectro, quando uma pessoa planeja o trabalho que se propõe a realizar numa vida física, o investimento necessário no período de intermissão às vezes torna-se maior, dependendo da natureza específica da tarefa prevista, e o período entre vidas pode durar mais tempo. Por exemplo, uma vida de liderança humana avançada às vezes exige uma preparação intensa e prolongada ao longo de vários períodos intermissivos.

## Comunidade natal extrafísica

O fator-chave para determinar as características do período intermissivo de um indivíduo, porém, é se ele ganha lucidez extrafísica ou não, ou seja, se tem consciência de sua condição não física depois da morte e, portanto, descarta as energias densas do corpo de energia (segunda morte). A maioria das pessoas não realiza a segunda morte, enquanto algumas só realizam parcialmente o descarte do corpo de energia. Nesses casos, o corpo extrafísico continua carregado com diferentes proporções do corpo de energia e um efeito filtro entra em ação, limitando essa consciência e impedindo-a de acessar certas camadas da dimensão extrafísica em que as energias são consideravelmente mais sutis e refinadas.

Dentro da gama de camadas extrafísicas que uma consciência pode acessar entre vidas encontra-se uma espécie de comunidade natal extrafísica para a qual ela normalmente regressa no final de cada uma de suas vidas físicas.

Quando estamos entre vidas na dimensão extrafísica, formamos grupos coesos com outras consciências não físicas com as quais quem temos uma afinidade natural em termos de nível de lucidez, pensamentos, ideias, interesses, comportamentos, intenções, hábitos, ideologias e sistemas de crença. Semelhante sempre atrai semelhante. Essas afinidades compartilhadas nos ligaram a esses indivíduos em vidas anteriores; portanto, nós também compartilhamos uma história e temos ligações cármicas com esse grupo. Assim, podemos ter certeza de calorosas boas-vindas dos membros do nosso grupo quando chegar a hora de regressarmos às nossas origens extrafísicas.

Incentivo você a verificar essa informação por si mesmo. Um das técnicas para a produção de experiências lúcidas fora do corpo descritas no Capítulo 16 é a do alvo mental. Você pode escolher a sua comunidade extrafísica como seu alvo e tentar fazer uma visita fora do corpo para se encontrar com os membros do seu grupo que estão atualmente entre vidas.

Embora uma gravitação natural para pessoas que pensam de modo semelhante também seja uma realidade observável na vida física, a segregação entre grupos é muito menos forte aqui do que na dimensão extrafísica. Para dar um exemplo, os indivíduos que estão completamente inconscientes de sua condição não física entre vidas não coexistem com consciências que estão lucidamente se preparando para sua próxima vida física. Na dimensão física, por outro lado, indivíduos de capacidades muito diferentes coexistem diariamente. É totalmente possível que um pedófilo em série esteja sentado num trem entre um punk e uma conservadora idosa. Consciências não se misturam dessa maneira na dimensão extrafísica. Essa é uma característica da dimensão física e um exemplo das muitas oportunidades de aprendizagem disponíveis exclusivamente na vida física.

## Holocarma

Outro fator que influencia significativamente a natureza dos nossos períodos intermissivos, assim como nossas vidas físicas, é o nosso holocarma (do grego *holos*, "inteiro" ou "todo") que incorpora nossos egocarma, grupocarma e policarma.

Para aqueles que não estão familiarizados com o conceito, carma é a palavra em sânscrito para "ação" ou "feito". Com o tempo, o significado da palavra evoluiu para incorporar os efeitos ou consequências de ações de um indivíduo.

Embora numerosos grupos de pessoas ao redor do mundo, como várias seitas muçulmanas xiitas da Ásia ocidental, tribos da África Ocidental (como os Igbo da Nigéria), e os Tlingit do sudeste do Alaska, não façam uma ligação entre o carma de uma pessoa e a moralidade dela, a maioria dos ocidentais que acreditam em reencarnação passou a adotar a mais predominante doutrina hindu-budista do carma, que se baseia numa punição ou retribuição apropriada para um comportamento causador e inclui a possibilidade de reencarnação em corpos de animais de espécies menos evoluídas (Stevenson, 2001).

De acordo com essas religiões, o carma é o catalisador que impulsiona o ciclo multiexistencial, ou seja, a conduta moral numa vida vai determinar as circunstâncias do futuro da pessoa. Extrapolando esse ponto e recuando no tempo, por assim dizer, o sofrimento é atribuído a ações negativas do passado.

Tal como o entendemos em Conscienciologia, carma é a lei da causa e efeito ou ação e reação. No entanto, nossa compreensão do conceito se desvia da doutrina hindu-budista sobre a questão da punição e recompensa, pois não acreditamos que as circunstâncias ou experiência de vida de uma pessoa seja um castigo ou recompensa, mas simplesmente a colheita de sementes plantadas no passado. Cada consciência, desde uma ameba unicelular simples até o mais avançado amparador extrafísico, está em processo de evolução, e cada um de nós está evoluindo para melhor. Isso, naturalmente, exclui a possibilidade de renascermos num estado menos evoluído. Você é, em grande parte, responsável pela criação das circunstâncias da sua vida. Digo "em grande parte" porque nem todo sofrimento, catástrofe, crime e desgraça é causado pelo carma. Não posso dar mais pormenores sobre esse assunto. Há sempre várias explicações possíveis para qualquer situação e devemos estar sempre conscientes desse fato. Algumas situações que parecem injustas podem ter sido planejadas por um amparador para nos dar a oportunidade de aprender uma habilidade que precisaremos numa vida futura. Outros podem ser acidentes não planejados, o resultado infeliz de estar no lugar errado na hora errada ou as consequências de um descuido ou desatenção.

Igualmente, nem todo carma é negativo. Pense no carma que você tem com seus amparadores, por exemplo.

*Tendo em conta que somos consciências multidimensionais, multisseriais, as consequências cármicas das nossas ações, decisões, escolhas, pensamentos, ética e intenções às vezes não são aparentes nesta vida; podem tomar forma apenas nas vidas físicas e nos períodos intermissivos futuros, e determinar até certo ponto a localização e a quantidade de tempo gasto em cada dimensão, as companhias que temos física e extrafisicamente, e a medida de liberdade que vivenciamos, entre outras coisas.*

O modo como isso funciona fica mais evidente quando compreendemos os três tipos de carma que formam o nosso holocarma.

## Egocarma

Egocarma é uma conta cármica pessoal em que suas ações e omissões têm consequências apenas para você. Por exemplo, se faz um esforço para melhorar, para realizar alguma autoanálise, para superar seus pontos fracos e fortalecer e desenvolver seus pontos fortes, você não vai sofrer as mesmas limitações pessoais em sua próxima vida. Esse seria o resultado cármico de suas ações.

# Grupocarma

O grupocarma é a conta cármica que temos com as pessoas que estão mais próximas de nós, com as pessoas que conhecemos ou que foram mais conhecidas intimamente nesta vida e em vidas anteriores, algumas das quais atualmente extrafísicas, como mencionado anteriormente. O grupocarma é inevitável durante a nossa existência na terra, porque os seres humanos dependem uns dos outros para sobreviver, particularmente até os 5 anos de idade.

O nosso grupo cármico é composto por todos que já conhecemos e com quem já tivemos algum nível de relacionamento (não incluindo conhecidos passageiros). O seu grupo, portanto, é composto das consciências que são, ou que já foram em vidas anteriores, membros de sua família imediata e estendida, amigos, amantes, colegas, professores, alunos, colegas de trabalho, vizinhos e outras pessoas com quem você está, talvez, trabalhando em seu desenvolvimento pessoal.

Devido à afinidade natural, à afeição mútua, às afinidades energéticas e ao passado histórico que temos com aqueles do nosso grupo, os vínculos que compartilhamos tornam-se mais fortes e mais profundos ao longo de muitas vidas, criando, por sua vez, algumas sincronicidades interessantes e aumentando nossas chances de reencontrar essas pessoas em vidas futuras. Isso é conhecido, na Conscienciologia, como inseparabilidade grupocármica. Não reencontramos todos do nosso grupo em cada vida, no entanto. Alguns podemos reencontrar apenas uma vez a cada milênio.

Para você ter uma ideia de quantas pessoas estão no seu grupo, suponha que uma pessoa média tenha ligações com centenas de milhares de consciências, tanto físicas quanto extrafísicas. Tendo em mente a estimativa de Waldo Vieira de que existem até nove consciências extrafísicas para cada consciência física, podemos concluir que temos muito mais consciências extrafísicas próximas a nós do que físicas. A força das ligações que temos com vários indivíduos do nosso grupo varia. Talvez vários milhares de anos atrás, uma pessoa em especial tenha sido um membro da sua família em todas as vidas durante uma série de dez ou mais vidas sucessivas. Então você ficou muito envolvido com essa pessoa nessa época, mas, se não a reencontrou por três mil anos, nem durante suas vidas físicas nem nos períodos intermissivos, você terá laços mais estreitos com os indivíduos com quem compartilhou mais vidas mais recentemente.

Nós também temos algum nível de ligação cármica com um grupo muito mais amplo que consiste em milhões de consciências físicas e extrafísicas.

## As fases do grupocarma

O tipo de carma que exerce mais influência sobre as voltas e reviravoltas do ciclo multiexistencial é o grupocarma. Tendo em vista que a maioria de nós provavelmente já viveu muitas centenas de vidas e fazendo uma retrospectiva à condição incivilizada da humanidade milhares de anos atrás, é lógico concluir que, em algum ponto do passado, muitos de nós participamos de atividades de grupo de um tipo ou de outro das quais não sentiríamos nenhum orgulho hoje. Será que travamos guerras com o nosso grupo, invadindo outros países sem provocação e oprimindo os conquistados? Será que um dia sacrificamos crianças para reverenciar nossos deuses ou queimamos "bruxas" e sodomitas na fogueira? Nós já fomos piratas ou traficantes de escravos? Todos já cometemos erros no passado. Nenhum de nós é perfeito.

Nesse contexto, vale ressaltar novamente que adquirimos carma através das nossas omissões, bem como das nossas ações. Para dar um exemplo, um dos casos mais graves de inação grupal do século passado foi o fracasso dos governos de muitos países do primeiro mundo e de vários organismos internacionais para intervir no genocídio ruandês de 1994, no qual, em cem dias, um milhão de vítimas tutsis e hútus moderados foi assassinado por extremistas hútus. Esse genocídio foi planejado. Apurou-se que informações secretas foram transmitidas à comunidade internacional antes que os assassinatos tivessem início, e uma cobertura global das notícias refletindo a escala das atrocidades foi transmitida pelo mundo todo enquanto elas ocorriam. E ninguém interveio. Portanto, certamente há consequências cármicas para os grupos de pessoas que deixaram de atuar como grupo quando deveriam. Mas a responsabilidade por combater e prevenir crimes de guerra, a pobreza, epidemias e outras crises não pode ser apenas dos governos.

Nós também temos responsabilidades como sociedade. Você sabia que 30 milhões de pessoas que pertencem à sociedade global colocaram seu nome na lista do LIVE 8, apresentada a Tony Blair no encontro do G8 em 2005, em apoio ao combate da pobreza na África, e que três bilhões de pessoas assistiram ao concerto LIVE 8 aquele ano? Essa é a pressão que nós, como sociedade, podemos exercer sobre os políticos do nosso tempo para incitá-los à ação.

O carma que criamos com o nosso grupo, seja através de nossas ações ou omissões, não é tão facilmente resolvido ou resgatado. Até o mais moderado e benigno dos casos exige, pelo menos, sete séculos e meio de vida física e esforço, em média, para progredir pelos vários estágios que culminam no acerto de contas entre a pessoa e o seu grupo (por falta de expressão melhor) e a libertação da consciência de seu grupocarma. Esse valor representa um tempo mínimo. Alguém responsável por um genocídio em massa, por exemplo, levaria muito mais tempo para se ver livre de seu grupocarma. Vamos dar uma olhada em como esse processo se desenrola.


## Interprisão

Às vezes, há situações em que uma pessoa não pode sair do seu grupo porque, se ela tentar escapar, será assassinada. Uma situação como essa pode até persistir ao longo de várias vidas. Alguns grupos envolvidos em atividades criminosas e antiéticas, tais como grupos de "extermínio" envolvendo limpeza étnica, máfias, terrorismo, redes de prostituição, narcotráfico e organizações envolvendo tráfico de seres humanos e trabalho escravo, aceitam esses códigos de comportamento como um meio de controlar e aprisionar indivíduos mais fracos ou vulneráveis. Em casos como esses, a condição não é apenas de inseparabilidade grupocármica natural, mas de interprisão, em que o indivíduo fica preso porque lucrou com as atividades antiéticas do grupo. Nessa primeira fase do grupocarma, a pessoa está muito bem adaptada ao seu grupo. Ela está no seu elemento de fato. Está totalmente confortável e entrosada com seus companheiros e não tem nenhum dilema moral ou conflito interior com relação às atividades do grupo.

Pelo contrário, tem certeza absoluta sobre o que está fazendo e não tolera críticas. Esse comportamento radical, extremista e menos maduro representa o início do desenvolvimento do grupo.

## Vitimização

De acordo com a lei do carma, porém, toda ação tem uma consequência. Assim, quando uma pessoa envolvida num grupo como esse por fim começa a questionar a *raison d'être* desse grupo e a se perguntar se é prudente se envolver com ele, finalmente conseguindo se libertar (talvez depois de várias vidas), ela se torna, numa vida posterior, uma vítima da mesma organização antissocial que ajudou a criar. Várias vidas passadas nessa fase de retribuição ou "vitimização" podem ser necessárias para liquidar uma conta de grupo cármico. Em poucas palavras, se você faz sujeira, tem que limpá-la.

Contrariamente ao entendimento popular bastante simplista de como esse aspecto do carma se desenvolve, há inúmeras maneiras, simples e complexas, diretas e indiretas, sutis e óbvias, pelas quais uma pessoa pode ser vítima do seu próprio grupo.

Por exemplo, um traficante de drogas responsável por tráfico de heroína ou cocaína numa vida pode sofrer indiretamente o resultado do consumo de drogas numa vida futura, devido ao seu carma. Ele pode, como um inocente transeunte e através de uma aparente sincronicidade, ser vítima de um crime na rua ou de outros tipos de violência relacionada com drogas e se ferir ou ser assassinado. Um filho seu pode se tornar um viciado em drogas numa vida futura. Ou ele pode experimentar drogas por via intravenosa uma vez somente, numa vida futura, e contrair o vírus da Aids.

Ou digamos que uma mulher tenha a sua própria casa de prostituição. Como parte de seu carma, ela pode nascer pobre, ignorante e sem nenhum talento numa vida futura, com cinco filhos para sustentar e sem marido. Assim, ela poderia encontrar-se numa situação em que seu único meio de ganhar a vida e sustentar sua família seja tornar-se uma prostituta. Ou talvez ela resida ao lado de um movimentado bordel e seja atormentada dia e noite pelos intrusos extrafísicos das prostitutas e dos seus clientes, ignorando a verdadeira causa de seu estresse. Se ela for mais lúcida, poderá trabalhar para uma instituição de caridade ou ONG que dê apoio às mulheres que querem parar de se prostituir, mas ela pode ter uma vida de trabalho duro e ser perseguida pelas pessoas que dirigem a casa de prostituição – um tipo nem um pouco agradável, mas mais construtivo, de vitimização, no entanto.

Portanto, há muitas maneiras pelas quais uma pessoa pode reequilibrar seus débitos cármicos.

## Reconstrução

O período de vitimização um dia vai acabar e o indivíduo vai, então, entrar numa fase em que começará a ter lucidez e equilíbrio suficientes para ajudar suas ex-vítimas, membros de seu grupo cuja vida ele destruiu e que ainda estão presos nas fases de interprisão e vitimização. Esse estágio representa a "reconstrução" da conta holocármica. Por exemplo, talvez alguém seja um alcoólatra crônico numa vida e tenha causado à família muita dor e angústia. Numa vida posterior, quando a fase de vitimização tenha chegado ao fim, ele pode trabalhar num campo no qual aconselhe e ajude as pessoas a superar seus vícios, ou ser um benfeitor de uma organização que oferece assistência e apoio a pessoas vítimas de abuso.

## Liberdade

Depois de passar algum tempo reconstruindo seu grupocarma, o que talvez leve mais de uma vida, a pessoa vai se libertar de suas ligações cármicas negativas. Ela começa a viver a experiência real de liberdade pela primeira vez e a ter uma qualidade de vida que se caracterize por um nível maior de controle sobre suas circunstâncias presentes e futuras. Ela tem escolhas e opções que não tinha antes e não sofre mais tantas intrusões. Alguém que tenha a liberdade de escolher sua profissão, talvez seguir uma carreira em outro campo completamente diferente, que tenha meios e recursos para viver em muitos países diferentes e levar uma vida cheia de oportunidades para o crescimento pessoal e contato com outras pessoas, estaria pelo menos nessa fase do grupocarma. Alguém que luta diariamente para cumprir os requisitos básicos necessários para a sobrevivência não experimenta esse nível de liberdade.

## Policarma

A fase final do grupocarma (e o terceiro tipo de carma que compõe um holocarma) ocorre quando uma pessoa devota-se ao desenvolvimento do seu corpo mental. Dedica-se ao autoconhecimento, a melhorar e a evoluir como consciência e a ajudar um grande número de pessoas a fazer o mesmo, incluindo pessoas que ela não conhece. Esse é o policarma. Nesse nível, a pessoa não pede mais nada para si mesma; ela tem uma visão universalista da vida, aplica conscientemente o seu discernimento, maturidade e cosmoética (ver Capítulo 13) e se empenha para ficar livre da intrusão.

Líderes como Mahatma Gandhi e Nelson Mandela agiram sobre seu policarma com ações positivas que aliviaram o sofrimento e melhoraram a vida de muitos milhares de pessoas, desmantelando e incapacitando mecanismos bem estabelecidos de intrusão física e extrafísica no processo. Terroristas como Osama bin Laden e líderes nefastos como Saddam Hussein, Slobodan Milosevic e Adolf Hitler acrescentaram policarma negativo às suas contas cármicas, cada um desempenhando o papel de ponto focal físico de um mecanismo multidimensional de intrusão muito maior.

O carma é sempre de natureza multidimensional, o que significa que as ações da pessoa sempre têm consequências ou repercussões extrafísicas. As implicações multidimensionais do policarma são maiores do que as do egocarma e do grupocarma, e remetem a questões mais complexas, como a evolução.

Toda pessoa tem suas contas egocármicas e grupocármica abertas a partir do momento em que respira pela primeira vez na terra, mas apenas uma pequena minoria vai abrir sua conta policármica.

■ ■ ■

A frequência do renascimento da consciência e a duração dos períodos intermissivos dependem de muitas centenas de anos de egocarma pessoal e dos débitos cármicos de seu grupo. Outros aspectos relacionados com o grupocarma que podem afetar nossa serialidade existencial incluem a serialidade existencial daqueles que são ou foram nossos parentes de sangue, e o nível de individualidade de uma consciência, pois geralmente uma consciência à qual falte individualidade é governada pelo seu grupocarma. Esses fatores podem ter alguma influência sobre onde e com quem vamos renascer.

Quando começamos a compreender a dinâmica e os mecanismos do holocarma, podemos começar a pensar nos passos práticos que podemos dar para melhorar o nosso holocarma e, ao fazer isso, podemos exercer mais controle sobre nossas vidas futuras e os períodos entre vidas. Por exemplo, no nível egocármico, cuide bem de si mesmo, garantindo que todas as suas necessidades físicas, emocionais e mentais sejam atendidas, sem ser egoísta ou egocêntrico. Para melhorar seu grupocarma, esforce-se para ter uma consciência clara no que diz respeito a todos os seus relacionamentos. Tome providências para eliminar qualquer mal-entendido e ressentimento com franqueza e sinceridade e evite causar tristeza ou dor. Não vitime os outros e não se faça de vítima. Para ativar sua conta policármica, faça bons trabalhos assistenciais para ajudar não só os seus amigos e familiares, mas estranhos – pessoas que você não conhece – e o maior número possível.

Dessa maneira, começamos a assumir a responsabilidade por nosso holocarma e a aceitá-lo como uma influência importante em nossa vida e sobre o qual temos algum controle e não como uma força invisível de que somos apenas vítimas aleatórias.

# Capítulo Seis

# Indícios de vidas passadas

Você sabe quem você é?

*— Dostoievsky*

Muitos anos atrás, eu costumava mergulhar regularmente com alguns mergulhadores muito experientes. Um instrutor em particular costumava fazer uma espécie de show de mágica submarino que era simplesmente fabuloso. Enquanto nadava ao lado dos recifes, examinando os corais, perscrutando rochas e cavernas e mostrando cores vívidas sob a luz de nossas lanternas, ele usava seu conhecimento para expor camuflagens inteligentes, transformando ambientes aparentemente sem vida em cenários de atividade febril.

De modo semelhante, as indicações de nossas vidas passadas estão à nossa volta. É apenas uma questão de saber como e onde procurar. Quando desenvolvemos uma compreensão de alguns assuntos que podem ser novos para muitas pessoas, como a memória completa ou *holo*memória da consciência, a paragenética (genética que transmitimos para nós mesmos de uma vida para outra), patologias do corpo mental, a tendência para imitar vidas passadas, lembranças semiconscientes de vidas passadas e afinidades energéticas, podemos começar a perceber indícios de existências anteriores que estão discretamente entrelaçados na trama de nossa vida cotidiana.

O conceito de serialidade (a série de vidas sucessivas) ajuda a lançar luz sobre algumas peculiaridades da natureza humana que são amplamente aceitas como sendo reais, mas são mal compreendidas, como "amor à primeira vista" e várias aversões e distúrbios que não têm uma base aparente. Mais importante ainda, graças à meticulosa investigação científica, nomeadamente a do falecido Dr. Ian Stevenson, ex-chefe do Departamento de Psiquiatria e fundador e diretor da Divisão de Estudos da Personalidade da University of Virginia, nos Estados Unidos, a serialidade tem demonstrado ser um fator determinante plausível em alguns enigmas físicos e psicológicos que há muito tempo intrigam a medicina moderna, como algumas marcas de nascença, deficiências de nascimento e fobias.

Graças ao sucesso do trabalho do doutor Stevenson, a questão que naturalmente se coloca é: que outros enigmas podem se beneficiar de uma perspectiva científica que reconheça que a consciência sobrevive à morte do corpo físico e está sujeita a uma longa série de vidas sucessivas? Que teorias existentes que impossibilitam esse ponto de vista podem explicar adequadamente todos os casos da síndrome de savant, de gênio, criança prodígio e talento excepcional; xenoglossia (língua não aprendida) ou disforia de gênero, por exemplo?

Neste capítulo, examinarei alguns indícios de vidas passadas, alguns que parecem resultado da investigação científica e outros que podem ser corroborados pela experiência pessoal. No próximo capítulo, ofereço uma explicação dos mecanismos que permitem que experiências, habilidades e conhecimentos de vidas passadas possam se manifestar numa existência física posterior.

## Fobias

No contexto das experiências de vidas passadas, parece mais lógico examinar fobias infantis, pois, devido à sua tenra idade, há consideravelmente menor probabilidade de que a fobia possa estar ligada a uma experiência atual de vida.

No caso de crianças com fobias, os psiquiatras infantis normalmente tentam tratar fobias que nem eles nem os pais das crianças podem explicar e não são resultado de nenhum acontecimento ou trauma conhecido nem correspondem a um medo similar num membro da família. Tendo isso em mente, a hipótese de que algumas fobias estão relacionadas com traumas de vidas passadas torna-se ainda mais atraente à luz de uma tentativa de classificação de fobias infantis elaboradas com base em pesquisas e experiências clínicas, proposta por Miller, Barret e Hampe (como citado por A. Davids, 1974).

Entre as fobias propostas, havia muitas que se poderia entender racionalmente numa criança em desenvolvimento, tais como fobias de cobras e aranhas, lugares altos, viagens aéreas, águas profundas, ser vista nua, interações sociais, tomar uma injeção, falar em voz alta na classe e ser criticada. Mas também havia várias que pareciam desafiar qualquer explicação lógica no contexto da vida presente de uma criança e, além disso, poderia ser considerada mais relevante nas sociedades do passado do que nas contemporâneas. Entre elas estão as fobias relacionadas com comida envenenada, germes, guerras e motins, membros de outra raça, quebra de uma lei religiosa, ser sequestrado e enlouquecer (A. Davids, 1974).[2] Naturalmente, um estudo consciencioso de casos individuais teria que verificar se as raízes de qualquer fobia presente em crianças na verdade derivam de experiências de vidas passadas.

Isso é precisamente o que Ian Stevenson fez há quatro décadas, ao entrevistar e investigar mais de 2.600 casos de reencarnação relatados, fundamentando cientificamente muitas lembranças de vidas passadas ao distinguir metodicamente experiências verídicas de meras intuições, afirmações e crenças. A abordagem dele foi construir uma história de caso de cada indivíduo, cruzando a vida da personalidade lembrada com dados históricos existentes, tais como registros médicos e civis, e entrevistando pessoas ainda vivas que se lembravam da personalidade anterior e que foram capazes de confirmar as histórias que a criança alegou ter vivido.

Os sujeitos da pesquisa de Stevenson eram em sua maioria crianças, a maior parte de países e culturas que acreditam em reencarnação, que afirmavam se lembrar de vidas anteriores. Num estudo particular de 387 crianças, descobriu-se que essas fobias ocorreram em 141 crianças (36%). Algumas delas apresentavam a fobia antes de aprender a falar e por isso não podiam explicar para a família a fobia no contexto da vida lembrada. Comumente, as fobias correspondiam à causa de morte da personalidade anterior. Um dos sujeitos da pesquisa, uma menina do Sri Lanka chamada Shamlinie Prema, por exemplo, apresentava duas fobias quando criança; uma de água, a outra de ônibus. Os pais dela não sabiam explicá-las. Ao longo do tempo, à medida que Shamlinie aprendia a falar, ela começou a descrever uma vida anterior em que morreu com a idade de 11 anos. Disse que tinha saído para comprar pão uma manhã e a rua estava cheia de água. Um ônibus que passava jogou água em cima dela e, quando ela deu um passo para trás, para não se molhar, caiu num campo de arroz e se afogou (Stevenson, 2001).

Em muitos casos, as fobias infantis estão relacionadas especificamente com o instrumento responsável pela morte da personalidade anterior, tais como armas, facas e espadas, enquanto alguns dos indivíduos tinham fobias do local onde ocorreu a morte.

Em geral, o estudo de Stevenson produziu resultados que apontavam fortemente para a possibilidade de vidas passadas. De 47 casos em que a personalidade anterior havia se afogado, 30 (64%) apresentavam uma fobia relacionada a estar submerso na água. De 30 casos em que a personalidade anterior tinha morrido de picada de cobra, em 43% ocorria uma fobia de cobras (Stevenson, 2001).

Embora a incidência real de fobias infantis na população em geral seja difícil de quantificar, de acordo com um estudo realizado por King, Hamilton e Ollendik (1994), supõe-se que seja de apenas 3% a 8%, tornando-se consideravelmente mais difícil descartar essas conexões como pura coincidência.

## Marcas e deficiências de nascença

Da mesma maneira, existem muitos casos registrados de pessoas com marcas ou deficiências de nascença que não têm genética conhecida ou causa pré-natal.

Stevenson investigou 210 casos em que tais sujeitos exibiam deficiências físicas e marcas de nascença, e outras anomalias que, segundo ele, estavam relacionadas com acontecimentos vividos numa vida anterior. Registros médicos existentes, frequentemente relatórios *post mortem*, comprovavam as lembranças de muitos sujeitos, provando em 43 dos 210 casos que a marca distintiva ou característica no corpo físico atual estava ligada a um ferimento, muitas vezes fatal, sofrido pelo indivíduo numa existência anterior (Stevenson, 2001).

Um desses arquivos conta a história de Haşim Köybaşı, um homem turco que tinha morrido num tumulto pós-eleitoral na Turquia em 1963. Um relatório pós-morte de Haşim mostrou que ele tinha morrido devido a uma bala que tinha penetrado em seu crânio por trás da orelha esquerda. A bala quase saiu pelo lado direito do pescoço, e o patologista teve que fazer uma pequena incisão para extraí-la. Muitos meses depois, um parente do sexo feminino deu à luz um filho, Metin Köybaşı, que nasceu com marcas de nascença correspondentes à entrada e saída dos ferimentos a bala que mataram Haşim. Desenvolvendo uma tendência comum em outras crianças do estudo de Stevenson, à medida que ficava mais velho, Metin tornou-se extremamente vingativo com relação ao homem que havia atirado em Haşim. Uma vez, ele até tentou tomar a arma do pai com a intenção de atirar nesse homem (Stevenson, 1997).

Deficiências de nascença podem ser definidas como grandes deformidades e são geralmente caracterizadas pela ausência parcial ou total de dedos, pés, braços, pernas, orelhas ou outros órgãos. Como citado por Stevenson (1997), as três causas conhecidas das deficiências de nascença são fatores genéticos, tais como anomalias cromossômicas; certas doenças infecciosas, drogas e outras toxinas; e condições que ocorrem no útero quando o feto está se desenvolvendo, tal como falta de espaço durante gravidezes múltiplas. No entanto, quando essas causas conhecidas são excluídas, um grande número de deficiências congênitas permanece sem explicação, com alguns estudos mostrando que essa incidência pode chegar a 65-79% (Wilson, 1973).

Em seu livro *Reincarnation and Biology: A Contribution to the Etiology of Birthmarks and Birth Defects,* vol. 2, Stevenson apresenta 25 estudos de caso de indivíduos que tinham grandes deficiências congênitas nas extremidades, ou seja, faltavam dedos, mãos ou pés. Todos, com exceção de dois sujeitos, afirmavam que a personalidade anterior tinha sofrido uma morte violenta, mais da metade delas ocorrida em Mianmar (antiga Birmânia).

Entre os sujeitos birmaneses, alguns se lembravam de vidas passadas na época em que a Birmânia estava sob domínio britânico, outros tinham lembranças relativas ao período conturbado que se seguiu à derrota do exército japonês em 1945, e quatro alegaram ter sido soldados japoneses que lutaram e morreram na Birmânia durante a Segunda Guerra Mundial. As lembranças dos sujeitos eram consistentes com os fatos relativos a esses períodos da história da Birmânia.

Todas as personalidades anteriores dos sujeitos birmaneses tinham morrido com golpes de espada, com exceção de uma, que morreu na explosão de uma bomba. Cinco dos sujeitos afirmavam ter sido torturados antes de morrer, quando alguns de seus dedos das mãos e dos pés tinham sido decepados. Essa era uma forma de tortura muito conhecida, praticada pelos birmaneses contra os retardatários japoneses separados de seu exército. Três dos sujeitos disseram que tinham perdido dedos quando levantaram suas mãos em autodefesa ou para implorar misericórdia. Ao contrário dos outros, esses três sujeitos manifestavam deficiências congênitas nas mãos, mas não nos dedos dos pés.

Ao considerar qualquer probabilidade de que uma marca ou deficiência de nascença esteja ligada a um trauma sofrido por um indivíduo numa vida anterior, é importante ter em mente que, em comparação com casos de marcas de nascença, a maioria das deficiências congênitas é rara (Stevenson, 1997).

## Xenoglossia e glossolalia

Outro fenômeno que muitas vezes intriga a ciência moderna, mas pode fazer sentido no contexto de vidas passadas, é a xenoglossia, a capacidade de falar numa língua não aprendida na vida atual. Em alguns casos, a pessoa também sabe escrever nessa língua (xenografia).

A literatura religiosa, especialmente a do espiritismo, é prolífica em relatos do fenômeno relacionado à glossolalia ou "falar em línguas", que é a capacidade de proferir palavras ou sons de uma língua desconhecida do falante, geralmente como uma expressão de êxtase religioso. Os casos a seguir aparecem no Novo Testamento, por exemplo, "Todos ficaram cheios do Espírito Santo e começaram a falar noutras línguas, conforme o Espírito os capacitava" (Atos 2:4). No Cristianismo, a capacidade sobrenatural de falar em línguas desconhecidas foi interpretada como um dom concedido pelo Espírito Santo.

Casos autênticos de xenoglossia, em que uma pessoa fala uma língua que de fato existe, mas é completamente desconhecida para ela em seu estado normal de consciência, são muito raros, e casos devidamente documentados são ainda mais raros. A maioria dos casos de aparente xenoglossia pode na realidade ser descartada, por se tratar de uma pessoa que fala palavras sem sentido, um jargão inventado pela mente subconsciente, como casos de possessão ou comunicação telepática que envolvem mediunidade, ou por ser fraude.

Existem dois tipos de xenoglossia, a recitativa e a responsiva. Na xenoglossia recitativa, a pessoa é incapaz de conversar na língua estrangeira, mas pode falar algumas palavras ou frases em estilo repetitivo, sem entender o que necessariamente significam. Na xenoglossia responsiva, a pessoa é capaz de se comunicar na língua estrangeira de forma inteligente. Casos autênticos de xenoglossia responsiva são muito mais raros do que os do tipo recitativo (Stevenson, 1974).

O exemplo a seguir de xenoglossia recitativa foi citado pelo pesquisador, autor e fundador da revista *Spiritism*, o francês Gabriel Delanne, em 1924.

Uma família italiana de sobrenome Battista, da região de Roma, perdeu a sua jovem filha Blanche em 1902. Três anos depois a *Signora* Battista, que estava grávida, teve uma experiência em que a filha falecida apareceu-lhe dizendo que ela estava para voltar para a família, por isso, quando a *Signora* Battista deu à luz uma filha em 1906, ela e o marido (que relatou o caso) chamou-a de Blanche também.

Quando a primeira Blanche estava viva, a família tinha uma empregada doméstica suíça que só falava francês. Ela tinha ensinado Blanche a cantar uma canção de ninar francesa. Como a empregada havia deixado os Battista logo após a morte de Blanche, a família logo se esqueceu da canção de ninar, mas se surpreendeu um dia ao ouvir a segunda Blanche cantar a velha canção de ninar francesa quando tinha cerca de 5 anos de idade. Ela não era ouvida na família Battista havia nove anos. Quando perguntaram a Blanche quem tinha lhe ensinado a musiquinha, ela respondeu: "Ninguém, aprendi sozinha" (Stevenson, 1974). Como a criança não sabia falar francês, apenas a cantar a música, esse foi um exemplo de xenoglossia recitativo.

Um dos mais conhecidos casos de genuína xenoglossia responsiva é de "T. E.", uma dona de casa de 37 anos de idade, investigada por Stevenson, nascida e criada na Filadélfia. Os pais russos de T. E. tinham emigrado de Odessa, na Rússia, para os Estados Unidos. Nenhum deles jamais tinha ido à Escandinávia, nem conhecia quem soubesse falar qualquer um dos idiomas escandinavos. T. E. foi criada numa sociedade anglófona e sua família falava principalmente inglês quando estavam juntos.

Durante uma sessão de hipnose regressiva conduzida pelo marido dela, K. E., um médico da Filadélfia, descobriu-se que T. E. era capaz de entrar facilmente em transe profundo, então ele começou a fazer experimentos com a esposa de forma mais sistemática. Sob hipnose, logo depois que as sessões mais regulares tinham começado, T. E. anunciou que ela era um homem chamado Jensen Jacoby e, em seguida, descreveu brevemente sua vida como um camponês. Ela falava com uma voz masculina grave. Essa foi a primeira sessão de várias realizadas entre 1955 e 1956 em que Jensen apareceu. Na sexta, sétima e oitava sessões, Jensen comunicou-se quase exclusivamente numa forma coloquial de sueco falada antes da Revolução Industrial. Todas as sessões da quarta em diante foram registadas, exceto a oitava, em que notas detalhadas foram tomadas.

Depois de uma minuciosa investigação desse caso e de examinar tanto as gravações quanto as transcrições das sessões de hipnose, Stevenson foi capaz de comprovar a sua autenticidade como um exemplo de xenoglossia responsiva, descartando qualquer possibilidade de fraude ou criptomnésia (em que uma língua é aprendida em tenra idade, mas mais tarde esquecida). A percepção extrassensorial foi apontada como uma terceira causa possível quando intérpretes de língua sueca estiveram presentes nas sessões para testar o conhecimento de T. E. dessa língua, mas Stevenson argumentou que essa hipótese era muito improvável, pois o discurso de Jensen era marcado por um número considerável de palavras norueguesas, enquanto os intérpretes só falavam sueco.

O doutor Stevenson passou mais de oito anos trabalhando diretamente no caso Jensen, quando recrutou linguistas e outros especialistas e cientistas para que investigassem cuidadosamente cada alternativa de explicação. Em resumo, depois de ter descartado as três explicações mencionadas acima, Stevenson concluiu que era impossível compreender esse caso de xenoglossia responsiva sem supor que uma personalidade que tivesse aprendido sueco antes de 1956 tivesse sobrevivido à morte do seu corpo físico. Essa personalidade poderia ser uma consciência não física falando temporariamente através da T. E. hipnotizada ou poderia ser um aspecto da própria personalidade de T. E. Embora Stevenson não acreditasse que os dados fornecessem uma evidência mais forte para qualquer uma das duas possibilidades, nem fornecessem uma prova absoluta da reencarnação, ele supunha que a reencarnação era uma hipótese plausível, especialmente pelo fato de Jensen ser evocado somente por meio de sugestões de regressão (Stevenson, 1974).

Em tempos mais recentes, o professor Adrian Finkelstein, um autor e psiquiatra de Los Angeles, recontou, em *Your Past Lives and the Healing Process,* a história verídica de um menino que se lembrava de sua vida passada como monge tibetano. Robin falava muitas vezes numa linguagem que a mãe não conseguia entender. Quando uma amiga da mãe de Robin que acreditava em reencarnação ouviu a estranha língua, ela convidou outro amigo que era professor de línguas orientais para ir à casa de Robin. Por fim, o professor foi capaz de identificar a língua como um dialeto falado nas regiões do norte do Tibete. Quando ele perguntou ao garoto onde ele tinha aprendido a língua, o menino respondeu "na escola". Quando a mãe o lembrou de que ele não tinha entrado na escola ainda, Robin disse que ele tinha ido à escola muito tempo antes e então explicou que ele não gostava de falar sobre sua vida passada porque, na única vez em que tinha tentado, sua mãe o tinha ignorado. Com o incentivo do professor, Robin descreveu muito precisamente a sua vida passada como um monge tibetano, tão precisamente de fato que o professor decidiu sair em busca do lugar. Ele acabou encontrando nas montanhas Kuen Lun o mosteiro de que Robin falara (Finkelstein, 1996).

Se é possível mostrar através da pesquisa científica que alguns casos de fobias, marcas e deficiências de nascença e xenoglossia podem ser manifestações plausíveis de reencarnação, então pode haver outros indícios de vidas passadas, alguns mais comuns, que também sejam dignos de investigação. Veja a seguir alguns exemplos que parecem sugestivos, em diferentes graus, de uma existência anterior da personalidade.

## Prodígios, talentos excepcionais e crianças precoces

Um prodígio é definido como uma pessoa que manifesta excepcional talento ou competência numa idade precoce, exibindo proficiência de especialista num campo que normalmente é domínio exclusivo dos adultos. Um talento prodigioso, embora sempre notável, é ainda mais incrível quando se evidencia numa criança que não teve nem tempo nem oportunidade de adquirir tais conhecimentos altamente desenvolvidos na vida atual, nem herdou da sua família uma predisposição genética para a habilidade.

Algumas das razões dadas para o talento excepcional em crianças incluem um interesse e uma atenção particularmente fortes e positivos dos pais pela criança (talvez porque o filho fosse filho único, estivesse doente ou tivesse nascido no final da vida de um dos pais) ou o fato de a criança ter passado grande parte do seu tempo na companhia de adultos e imitando e sendo influenciada por pais excepcionais (Radford, 1990). A última razão é evidente nos casos de Mozart e Picasso, por exemplo, duas das crianças prodígios mais famosas do mundo. Essas três razões, no entanto, não explicam todos os casos de prodígios.

De acordo com a teoria da "natureza *versus* criação", todos somos produto de nossa herança genética e do nosso meio ambiente. Embora não haja respostas definitivas sobre o que faz um prodígio quebrar esse molde, o consenso geral entre os pesquisadores é o de que um prodígio é, sim, o produto do ambiente (que inclui fatores como nacionalidade, cultura, nível de educação, religião, condição socioeconômica e oportunidades para praticar a habilidade, além dos fatores mencionados no parágrafo anterior) e um talento inato. Mas o que é exatamente o talento inato? O psicólogo e autor britânico John Radford afirma que, embora talentos especiais sejam essencialmente inatos, o mecanismo genético por trás disso não é claro. Ele admite que "talentos especiais e precocidade são simplesmente casos incomuns de leis gerais que ainda têm de ser elucidadas" (Radford, 1990).

*De acordo com a ciência da Conscienciologia, talentos inatos são facilmente explicados como talentos que uma pessoa pode herdar (junto com muitas outras coisas) de si mesmo, através de sua holomemória (memória completa ou integral) e paragenética.* Esses mecanismos são explicados na íntegra no próximo capítulo.

Certamente não é difícil encontrar exemplos de crianças que exibem habilidades e fortes tendências que parecem indicar mais do que um comportamento de nível excepcional de maturidade e desenvolvimento, o que sugere, em alguns casos, uma "transmissão" de comportamentos habituais de vidas passadas. Em *Child Prodigies and Exceptional Early Achievers*, por exemplo, Radford descreve uma foto publicada no jornal *The Times* (Londres) de 29 de junho de 1988, da então primeira-ministra Margaret Thatcher verificando as credenciais de um jovem jornalista, na reunião de líderes europeus em Hanover, Alemanha. O jornalista era Alexander Blume, de 12 anos de idade, fazendo uma reportagem para o seu jornal de escola, *The Mole*.

Entre outros exemplos citados por Radford, do jornal *Early Times*, da Califórnia, datado de 27 de dezembro de 1988, havia a história de Tony Aliengena, de 9 anos, que se tornou o mais jovem piloto solo da Califórnia, decolando e pousando um avião ultraleve. No ano seguinte ele pilotou um avião ao redor do mundo.

E em 24 de agosto de 2001, o jornal britânico *The Guardian* publicou a história de Arran Fernandez que, aos 5 anos de idade, tornou-se a pessoa mais jovem a passar por um exame GCSE, em matemática. Um perfeito exemplo da hipótese ambiente/talento inato, Arran era apenas uma criança que tinha sido educada por seus pais em casa, em Surrey, mas que, no entanto, realizava façanhas que superavam em muito as expectativas com relação às vantagens do ensino domiciliar quando descobriu algumas sequências inteiras anteriormente desconhecidas dos matemáticos. Essas sequências foram mais tarde publicadas numa enciclopédia de pesquisa internacional.

Se as teorias relativas à holomemória e à paragenética propostas por Waldo Vieira estão corretas, então é aceitável que uma pessoa seja capaz de herdar comportamentos e tendências negativas, bem como positivas. Exemplos de tendências negativas extremas em crianças que não podem ser explicadas pelo ambiente da criança ou pela herança genética, mas parecem ser inatas, também não são difíceis de encontrar.

## Gênios

Um estudo sobre a genialidade também mostra numerosos exemplos de pessoas com capacidades intelectuais e criativas extraordinárias, que desafiam a teoria natureza/cultura, insinuando em vez disso capacidades e talentos que foram aprendidos, desenvolvidos, "lembrados" e aperfeiçoados pela consciência ao longo de muitas vidas.

De que outra maneira se pode explicar o caso do compositor clássico George Handel (1685-1759), por exemplo, que nasceu numa família sem nenhum talento musical e não recebeu formação musical formal além das aulas recebidas de uma organista de sua igreja quando criança? O pai dele era totalmente contra o seu interesse pela música e a mãe não lhe dava nenhum apoio (Stevenson, 2001). Contra todas essas probabilidades, Handel, no entanto, tornou-se, em vida, talvez o músico mais aclamado internacionalmente de todos os tempos.

## A síndrome de savant

A genialidade é ainda mais difícil de explicar dentro dos parâmetros limitados do paradigma convencional quando se manifesta em pessoas deficientes em quase todos os outros sentidos, como é o caso de algumas que sofrem da síndrome de savant. Será que a holomemória e a paragenética também desempenham um papel nesse paradoxo desconcertante de superabilidade e incapacidade?

Um *idiot savant* (do francês, *idiot*, "idiota", e *savant*, cujo significado original remete a uma pessoa culta ou erudita, como um estudioso, filósofo ou cientista) é uma condição extremamente rara em que uma pessoa deficiente mental, normalmente incapaz de aprender, ler e escrever, pode acessar com precisão conhecimentos altamente específicos e detalhados em campos precisos, tais como a matemática, a música e as artes. Dustin Hoffman aumentou a consciência da síndrome de savant no filme *Rain Man,* ao interpretar o papel de um autista *savant* capaz de memorizar um número impressionante de cartas numa mesa de *blackjack*, embora fosse incapaz de fazer escolhas simples, como o que comer ou vestir.

O que é mais desconcertante sobre os autistas *savants* é que eles não adquirem seu conhecimento especializado através da aprendizagem. Eles apenas "sabem" informações explícitas e precisas. Alguns, por exemplo, calculam calendários, como os gêmeos idênticos George e Charles, que foram exaustivamente estudados por Darold A. Treffert, um psiquiatra de Wisconsin que vem pesquisando a síndrome de savant há mais de quarenta anos.

Como citado por Treffert em *Extraordinary People*, a primeira obra abrangente sobre essa condição, George e Charles são capazes de dizer em que dia da semana caiu ou cairá qualquer data passada ou futura, dentro de um período de 40 mil anos. Eles também podem dizer todos os anos em que um aniversário caiu num determinado dia da semana. Mas não conseguem, contudo, realizar cálculos simples, como adição e subtração.

Outro caso estudado por Treffert que recebeu muita atenção da mídia nos Estados Unidos é o do *savant* prodigioso Leslie Lemke. É considerado um *savant* prodigioso o indivíduo deficiente com habilidades que seriam notáveis até mesmo para uma pessoa normal. Esse é certamente o caso de Leslie Lemke, que nunca tinha recebido nenhuma instrução formal em música quando ouviu pela primeira vez, na adolescência, o *Concerto para Piano nº 1* de Tchaikovsky. Tratava-se da trilha sonora de um filme que ele estava assistindo com a família. Mais tarde, naquela mesma noite, sua família foi acordada por Leslie tocando no piano, nota por nota, sem falhas nem hesitação, o *Concerto para Piano nº 1* de Tchaikovsky.

Leslie pode fazer isso com qualquer peça musical, por mais longa ou complexa que ela seja. Essa façanha por si só já é notável. Adicione a isso o fato de Leslie ser cego, ter paralisia cerebral e uma deficiência mental severa que não lhe permite sequer usar um talher para comer, e parece que algum tipo de explicação paranormal é necessário. A ciência convencional, pelo menos, não tem explicação para esse fenômeno (Treffert, 1989).

A *síndrome do idiot savant* foi estudada, desde o final do século XIX, pelo psicólogo francês Alfred Binet, que criou o conceito de quociente de inteligência (QI) como uma medida de inteligência. Mas a condição foi por muitos anos uma mera curiosidade. Só recentemente essa condição humana aparentemente anômala foi analisada com base no que é conhecido no jargão da psicologia como uma visão modular, segundo a qual, de acordo com o filósofo, psicólogo e autor Jerry A. Fodor, "muitos tipos diferentes de mecanismos psicológicos devem ser postulados, a fim de explicar os fatos da vida mental" (Radford, 1990). Pressuponho que alguns fatos da vida mental nunca serão totalmente explicados até que o reconhecimento das vidas passadas de uma consciência seja também incorporado a tal visão modular.

Todos os indícios de vidas passadas discutidos até aqui são condições muito raras, normalmente não encontradas na vida diária. Portanto, vamos agora verificar alguns outros indícios que você ou alguém que você conhece pode ter identificado na sua experiência pessoal direta.

## Amor à primeira vista

A maioria de nós já passou pela experiência de sentir uma atração "intuitiva" por alguém ao encontrar essa pessoa pela primeira vez. Um sentimento poderoso como esse, aparentemente sem fundamento, pode apontar para o seu passado. Quando você "reconhece" alguém dessa maneira, o que está muitas vezes reconhecendo, na verdade, é a assinatura bioenergética única dessa pessoa, a mistura e qualidade da energia, dos pensamentos e das emoções que são específicos dela, uma combinação que você já conhece bem graças ao passado que têm em comum. Portanto, essa sensação de familiaridade instantânea pode, na verdade, ser uma lembrança semiconsciente de uma vida passada. A maioria das pessoas desconhece essa possibilidade, todavia, e muitas vezes interpreta mal o "reconhecimento" de um estranho como amor à primeira vista. Logicamente, assim como podemos experimentar essa sensação de familiaridade com aqueles que foram nossos ex-cônjuges ou amantes, podemos também experimentá-la com outros que viveram particularmente próximos a nós em vidas anteriores, como aqueles que foram nossos pais, filhos, irmãos ou amigos.

## Aversões

Por outro lado, uma antipatia imediata ou repulsa por um estranho na primeira vez que o vemos pode igualmente ser uma lembrança semiconsciente de um antigo inimigo ou rival.

Menos intensa do que uma fobia e mais predominante na vida cotidiana, a aversão é definida como uma intensa antipatia ou repugnância; a evitação de uma coisa, situação ou comportamento pelo fato de estar associado a um estímulo desagradável ou doloroso. Em casos em que uma aversão não tem causa conhecida, a possibilidade de que o estímulo possa estar enraizado numa existência passada deve ser considerada.

Por exemplo, eu conheço um homem que é perfeitamente normal e simpático. Ele teve uma criação estável e amorosa, é atencioso, engraçado e despretensioso e se destaca em sua profissão. Paradoxalmente, ele aparentemente nunca teve um relacionamento íntimo, nem heterossexual, nem homossexual, apesar de agora estar com seus quarenta e poucos anos. Claramente, ele tem aversão à intimidade, embora não exista uma causa evidente para isso. Será que ele foi sexualmente violentado numa vida anterior? É possível. Ou talvez tenha passado muitas vidas consecutivas vivendo uma existência celibatária, talvez como sacerdote ou monge, cujo dogma era o de que sexo era errado. Ou talvez ele seja apenas terrivelmente tímido, mas esconda suas inibições muito bem. Como eu já disse, nunca devemos fazer suposições sobre qualquer coisa sem conhecer todos os fatos. Existem muitas explicações plausíveis para tais situações – o que eu quero dizer é que as explicações que têm suas origens numa vida passada são também plausíveis.

*Um breve olhar sobre os acontecimentos mundiais revela amplas potencialidades para o desenvolvimento de aversões numa vida futura, se não fobias, por parte de milhares de vítimas infelizes de catástrofes naturais provocadas pelo homem.*

Podemos supor, pela lógica, que alguns peregrinos Hajj pisoteados até a morte em tumultos em Meca podem desenvolver uma aversão a multidões em vidas futuras; que, em algumas das vítimas do tsunami de 2004, pode se manifestar uma aversão à água ou ao mar; ou que alguns dos onze milhões de judeus, ciganos, poloneses e outros grupos étnicos europeus exterminados durante o Holocausto da Segunda Guerra Mundial podem manifestar, em vidas futuras, uma aversão específica pela raça alemã.

## Disforia de gênero

Outra área em que poderíamos pressupor o impacto de vidas passadas numa consciência é a de disforia de gênero, ou transtorno de identidade de gênero.

Algumas pessoas experimentam diferentes graus de incongruência entre o gênero a que elas sentem pertencer e o gênero a que realmente pertencem. Enquanto alguns se contentam em "desempenhar um papel", como se fossem do sexo com que se identificam, numa relação homossexual, outros vão a extremos física, emocional, psicológica, social e financeiramente para viver uma vida que corresponda exteriormente ao seu entendimento com relação ao sexo a que pertencem. Isso pode incluir a incorporação, em seu estilo de vida, de comportamentos tais como vestir-se como o sexo oposto (travestismo) ou tomar a medida drástica de mudar de sexo através de uma intervenção cirúrgica (transexualismo).

Pesquisas mostram que não existe uma causa comprovada cientificamente para o transexualismo. Nem há nenhuma cura psicológica conhecida.

A incorporação de uma compreensão das realidades multisseriais no aconselhamento e tratamento da disforia de gênero poderia trazer bastante alívio para muitos que descrevem a si mesmos como tendo o corpo de um gênero e os desejos de outro.

Considere o seguinte, por exemplo. As pessoas geralmente vivem a vida física de acordo com uma série de rotinas seguras, que não apresentam nenhum risco ou desafio, rotinas de que elas gostam e com as quais se sentem confortáveis. Algumas pessoas são tão ligadas a essas rotinas que repetem indefinidamente uma variedade de aspectos da sua manifestação física ao longo de muitas vidas, coisas como profissão, nacionalidade, localização geográfica, tipo de parceiro e gênero. Isso é conhecido em Conscienciologia como automimetismo existencial, um tema que será analisado mais detalhadamente no Capítulo 9.

Considere então o caso de uma consciência que viveu dez vidas consecutivas como homem. Imagine que os amparadores um dia decidam que essa consciência precisa nascer como uma mulher na vida seguinte, a fim de que possa ter algumas novas experiências, aprender com elas e progredir como consciência, e por isso essa consciência experimenta a vida física como uma mulher pela primeira vez em mais de mil anos. Nesse contexto, não é tão difícil entender seu mal-estar com o novo sexo.

Da mesma maneira, dependendo do indivíduo, uma compreensão dessa realidade mais ampla pode ajudar a pessoa a tirar vantagem dessa experiência de ter nascido com um determinado gênero. Trata-se de uma oportunidade para ter empatia com os membros desse gênero através de uma experiência em primeira mão, para aprender algumas novas habilidades e capacidades que a experiência nesse sexo proporciona, e acima de tudo, para desenvolver os atributos positivos da flexibilidade e da adaptabilidade.

É importante ressaltar que o que estou propondo é apenas uma das muitas explicações possíveis para as condições de homossexualidade, travestismo e transexualidade.

## Afinidades ideológicas

Um último exemplo de indícios de vidas passadas ou de períodos intermissivos é aquele que tenho testemunhado regularmente em sala de aula como instrutora de Conscienciologia. Muitos alunos vêm aos nossos cursos sem uma experiência anterior, lúcida, de EFCs ou de qualquer outro fenômeno paranormal ou energético. Eles vêm porque estão procurando dar sentido à sua existência, ampliar sua visão da realidade e entender seu papel dentro dela.

Durante todo o nosso curso nuclear, o Programa de Desenvolvimento da Consciência (PDC), os alunos são expostos a todo tipo de assunto que poderia parecer fantástico ou simplesmente loucura aos olhos de uma pessoa comum – todas as coisas discutidas neste livro: domínio de energias, amparadores e intrusos, vidas passadas e períodos intermissivos, voos fora do corpo para outras dimensões e planetas etc. No entanto, é bastante evidente que, para a maioria dos nossos alunos, nada poderia ser mais lógico e racional. Muitas vezes isso é porque eles na verdade não estão aprendendo nada que já não saibam, pois já participaram de cursos de treinamento durante o seu último período intermissivo, em preparação para esta vida atual em que estudariam muitos dos tópicos que ensinamos no PDC. Nesse caso, as próprias aulas desencadeiam recordações semiconscientes de aulas frequentadas no período de intermissão, que, por sua vez, se traduzem num forte senso de concordância com as informações e as ideias que estão sendo discutidas.

As seguintes citações de alunos confirmam essa teoria:

Quando fui apresentado à ciência da Conscienciologia, a maior parte das informações apresentadas parecia muito intuitiva e lógica para mim. Na verdade, o maior desafio e foco do meu esforço mental foi compreender a terminologia conscienciológica usada para descrever as ideias, não as ideias em si. (Glenn Hitchman, Reino Unido)

Depois do meu primeiro curso na IAC, foi como se eu tivesse viajado por um país estrangeiro por um tempo muito longo e finalmente encontrado alguém cuja língua eu realmente entendia! Tudo parecia tão familiar e claro para mim! (Ines Rusteberg, Alemanha)

Outras afinidades com ideologias e religiões, culturas, línguas, costumes, hábitos e tradições, e até mesmo gostos e desejos por alimentos não pertencentes ao ambiente no qual o indivíduo nasceu, podem em alguns casos decorrer de conexões com experiências de vidas anteriores.

Capítulo Sete

# Mecanismos pelos quais as experiências de vidas passadas afetam nossa vida no presente

Hoje somos o resumo vivo do nosso passado, o resultado da soma das características genéticas e ambientais, bem como a expressão de tudo que já vivemos, pensamos, sentimos e fizemos.

*– Wagner Alegretti*

## Holomemória

Como já mencionamos, de acordo com as principais teorias da psicologia, todos somos produtos do nosso ambiente (criação) e da herança genética. No entanto, cada uma das categorias de indícios de vidas passadas discutidas nos capítulos anteriores tem exemplos que não podem ser adequadamente explicados por essa teoria.

De acordo com a Conscienciologia, todos somos produto do nosso ambiente, da nossa genética e de outro componente decisivo: nosso passado, que inclui tanto nossas vidas físicas passadas quanto os períodos intermissivos. Durante esses períodos, algumas pessoas recebem treinamento, educação, e são até mesmo submetidas a procedimentos específicos para alterar o corpo extrafísico. Digo isso porque a nossa tendência, quando pensamos no nosso passado, é geralmente pensar apenas em nossas vidas físicas, esquecendo que também acumulamos experiências, conhecimento e sabedoria durante o período entre vidas.

Os mecanismos pelos quais as lembranças e experiências do nosso passado podem surgir em nosso presente são a nossa holomemória e a nossa paragenética. Juntas, elas atuam como uma matriz ou molde da personalidade e do corpo físico da consciência. Deixe-me explicar.

Embora temporariamente esqueçamos muito do que acontece ao longo da nossa vida, cada experiência que já tivemos em todas as vidas físicas e períodos intermissivos, cada incidente, acontecimento, ocorrência, encontro e intercâmbio, não importa quanto seja pequeno ou insignificante, está registrado na holomemória da consciência, armazenada no corpo mental. Como nós somos a soma de nossas experiências, a holomemória é a fonte original da personalidade da consciência, que em grande parte determina a maneira como pensamos, nos comportamos e interagimos com os outros e permitimos que muitos hábitos, atitudes, atributos, patologias, tendências, predileções, habilidades, conhecimentos, capacidades, afinidades, valores e princípios que se formaram ao longo das vidas de experiências surjam e causem impacto em nosso presente.

Você pode acessar sua holomemória e qualquer detalhe do seu passado por meio de uma projeção do corpo mental (uma técnica para produzir tal projeção é descrita no Capítulo 16). Se você tiver sucesso nessa projeção, vai ver que as lembranças armazenadas no seu cérebro físico atual, pertencentes exclusivamente à sua vida física atual, representam na verdade uma porcentagem muito pequena da sua memória completa.

A holomemória também oferece uma explicação plausível para alguns casos não resolvidos de xenoglossia, crianças prodígios, talento excepcional, genialidade e síndrome de savant, tais como os descritos no capítulo anterior.

Uma explicação hipotética de como isso funciona, em conjunto com outros fatores determinantes, poderia ser a seguinte: no caso de alguns exemplos da savantismo bastante raros, poderia se dizer que a consciência em questão tenha sido um gênio em muitas vidas consecutivas passadas e que a habilidade específica da pessoa é tão altamente desenvolvida agora que a consciência, através de sua holomemória, "lembra-se" da habilidade na vida atual e a manifesta... No entanto, no período entre vidas, seus amparadores, talvez até mesmo em comum acordo com o indivíduo, podem ter decidido que, a fim de superar uma limitação em particular, seria melhor que a pessoa nascesse deficiente nesta vida. Ou talvez a sua deficiência tenha sido uma maneira de ajudá-la a aprender novas habilidades de que vai precisar em vidas futuras, como parte de sua evolução como consciência. É também possível que a limitação seja causada por um fator cármico.

## Paragenética

Outro meio através dos quais o nosso passado pode se manifestar em nosso presente é a paragenética, uma espécie de código genético que, diferentemente da genética, não é transmitida de um ser humano físico para outro, mas sim dos nossos corpos extrafísico e mental para o nosso novo corpo físico, ao renascer. Assim, transmitimos essa codificação para nós mesmos, de uma vida para a seguinte. Atuando em conjunto com a genética, a paragenética ajuda a moldar o corpo físico e pode, por isso, ser responsável por alguns aspectos de nossa aparência física.

Embora esses dois mecanismos não tenham sido claramente elucidados ainda, já foram reconhecidos. O filósofo grego Platão (c.428-347 a.C.), por exemplo, uma vez afirmou: "o conhecimento adquirido com facilidade é aquele que a alma imortal teve numa vida anterior, de modo que ele volta a fluir sem dificuldade". O renomado clarividente e agente de cura do século XX Edgar Cayce chegou à mesma conclusão, explicando que "você herdou mais de si mesmo, não da sua família. A família é apenas um rio através do qual a alma flui" (Kelly, 1997).

A proporção em que uma pessoa é influenciada pela holomemória e pela paragenética varia de acordo com o nível de maturidade e evolutivo da consciência.

Um ser humano médio que se identifica intensamente com a vida física e não tem nenhuma consciência real de sua existência mais ampla tende a ser mais influenciado e limitado pelos condicionamentos impostos pela sua genética e pelo ambiente. Seu comportamento é mais impulsionado pelos processos instintivos de sobrevivência e ele está mais propenso a repetir experiências de vidas passadas que não contribuem de forma nenhuma para sua evolução como consciência. Por exemplo, talvez a vida de uma pessoa se resuma à sua rotina de trabalho na linha de produção de uma fábrica, passar algumas horas no bar todas as noites depois do trabalho, ir a um jogo de futebol no sábado e almoçar com a família no domingo depois da igreja – a repetição de um estilo de vida transmitido de existências anteriores. Para essa pessoa, a influência da sua holomemória e paragenética seria mínima, ou seja, ela manifesta menos da fonte original de sua personalidade – menos do que ela realmente é.

Um indivíduo com um nível evolutivo mais avançado tende a manifestar mais características derivadas da sua holomemória e paragenética. Isso lhe permite superar muitas das limitações de seu ambiente e da sua genética, como aconteceu no caso de Handel, bem como se beneficiar dos aspectos mais positivos propiciados por esses dois fatores. Essa pessoa geralmente manifesta um nível mais elevado de consciência das realidades multidimensionais, é mais cosmoética e tem mais discernimento e melhor desempenho em termos evolutivos, graças à sua "bagagem" multiexistencial de qualidade superior. À medida que a influência da sua holomemória e da sua paragenética excede a do ambiente e da genética, ela manifesta mais da pessoa que realmente é.

Tenha em mente, contudo, que manifestar mais características derivadas da holomemória e da paragenética não é sempre um fator otimizador, como nos casos de fobias, marcas de nascença e deficiências de nascimento, por exemplo. Portanto, às vezes a predominância da genética sobre a paragenética pode ser uma vantagem.

*Se você está motivado a ser mais do que realmente é, saiba que mais níveis avançados de evolução e maturidade podem ser atingidos com esforço por meio da priorização lúcida e consciente do autoaprimoramento ao longo de várias vidas.*

## Patologias do corpo mental

Com relação às marcas de nascença, deficiências de nascimento e fobias, grande parte da pesquisa científica mencionada no último capítulo sugere que experiências profundas, tais como traumas, podem ficar de tal maneira impressas nos corpos mental e extrafísico que acabam por influenciar a paragenética da consciência, que, por sua vez, afeta a genética do próximo corpo físico.

Vamos usar o exemplo de um dos sujeitos birmaneses nascidos com dedos deformados e faltando, que tinha a recordação de que seus dedos tinham sido decepados na vida anterior, antes de ele ser executado. Podemos supor que o trauma da tortura tenha sido tão profundo que, ao morrer e começar uma existência na dimensão extrafísica, o corpo extrafísico (corpo emocional) desse homem também estava numa espécie de choque. O impacto foi tão grande, na verdade, que o corpo extrafísico se manifestou sem os dedos que tinham sido decepados durante a tortura. Em outras palavras, na imagem que essa consciência tinha de si mesmo, mesmo no corpo extrafísico, faltavam vários dedos.

Nesse caso em particular, essa imagem ficou tão forte que, durante o período intermissivo, o corpo mental dessa pessoa começou a aceitar que essa era a condição real da consciência e cultivou uma ideia fixa sobre isso, uma patologia que fez com que a deformidade se manifestasse de modo mais forte no corpo extrafísico e, por sua vez, reaparecesse no corpo físico da vida seguinte. Assim, uma patologia no corpo mental é outro mecanismo que permite que alguns aspectos do nosso passado surjam em nossa vida atual.

É preciso dizer que tais extremos são raros. É mais provável que uma patologia no corpo mental causada por um trauma de vida passada se manifeste antes como uma marca de nascença, uma fobia, uma aversão ou nada disso, do que como uma deformidade física real. Muitos tipos de fobias e aversões persistem durante todo o ciclo multiexistencial da consciência através desse processo, razão pela qual é importante que façamos um esforço para superar as nossas limitações.

Sincronicidades inusitadas são outra maneira pela qual uma patologia do corpo mental pode se manifestar na existência atual de uma pessoa. Por exemplo, digamos que um fazendeiro que esteja cultivando um campo montanhoso com seu trator caia, fique preso debaixo do veículo e sua perna seja decepada por acidente. Ele tem uma morte traumática devido à hemorragia. Essa experiência é tão emocionalmente devastadora que, após a morte, o corpo extrafísico se manifesta sem a perna e com o tempo o corpo mental imprime uma imagem de sua encarnação física sem uma perna. Numa vida futura, o agricultor terá um novo corpo com as duas pernas e vai restabelecer uma imagem de si mesmo como uma pessoa com duas pernas. Mas, como o corpo mental ainda carrega essa patologia e a imagem de não ter uma perna ainda é forte, sincronicidades podem começar a acontecer. Talvez ele quebre a mesma perna várias vezes ao longo da vida, por exemplo. Tais coincidências não são sempre o que parecem.

## Um bom exemplo

Para concluir este capítulo, eu gostaria de contar os detalhes de um caso particularmente notável investigado por Stevenson, em que uma vida passada produziu não uma, mas várias das consequências e repercussões discutidas no último capítulo em sua vida atual.

Ma Win Tar, uma menina birmanesa que se lembrava da sua vida anterior como soldado japonês, nasceu com deformidades acentuadas em ambas as mãos, com dedos faltando nas duas, e sulcos incomuns nos dedos e no pulso esquerdo.

Embora os detalhes que Ma Win Tar forneceu de sua última vida não tenham sido verificados, eles eram historicamente plausíveis. Ela se recordava de que sua personalidade anterior havia sido capturada, amarrada a uma árvore e queimada viva nas mãos de um grupo de birmaneses durante a Segunda Guerra Mundial. O soldado tinha implorado por misericórdia e por sua vida, inutilmente.

Stevenson sugeriu que as deformidades de Ma Win Tar combinavam com os ferimentos nos dedos que o soldado teria sofrido se tivesse mantido as mãos levantadas para se proteger de um golpe de espada ou implorar por misericórdia, embora também seja possível que, tal como outros soldados, ele tivesse sido torturado e seus dedos decepados antes da execução. O padrão de sulcos nos dedos e no pulso esquerdo de Ma Win estava supostamente relacionado com marcas da corda com a qual o soldado teria sido amarrado à árvore.

Quando tinha 3 anos de idade, Ma Win Tar foi acidentalmente escaldada com água fervente. Talvez isso tenha sido uma sincronicidade da variedade mencionada anteriormente ou talvez seja apenas uma coincidência. De qualquer maneira, ela desenvolveu posteriormente uma fobia de objetos quentes e de fogo.

Quando Ma Win Tar estava aprendendo a falar, os pais dela apontavam para um objeto e diziam o nome em birmanês, incentivando-a a repetir. Em vez disso, muitas vezes ela falava uma palavra estrangeira que os pais não conseguiam entender. Mais tarde, quando ainda pequena, ela cantava canções numa língua estranha, desconhecida da família. A música era também desconhecida para eles. Não se sabe se Ma Win estava falando e cantando em japonês.

Com relação a outros comportamentos, Ma Win Tar manifestou características masculinas, como preferência por se vestir como um menino, usar o cabelo curto e ser agressiva e violenta quando jovem. Notavelmente, ela tinha a tendência de bater em outras crianças no rosto, um comportamento característico dos soldados japoneses, mas muito raro entre os birmaneses.

Antes que ela se condicionasse ao estilo de vida birmanês, Ma Win Tar também exibiu uma série de outros traços inerentemente japoneses, expressando uma preferência por alimentos crus; por se sentar no chão, na postura tradicional japonesa; e uma aptidão para o trabalho braçal, por exemplo. Ela rejeitava muitos dos costumes birmaneses, recusando-se a executar o gesto de reverência ao cumprimentar um monge budista ou a adotar o ensinamento budista de evitar tirar a vida de animais e insetos.

Por fim, a mãe relatou que Ma Win Tar tinha um gosto por armas de fogo que foi considerado não convencional, para dizer o mínimo, entre as meninas birmanesas. Uma vez, quando seu irmão lhe mostrou parte de uma arma de fogo que havia trazido para casa, ela imediatamente entendeu como o mecanismo funcionava. Duas vezes ela expressou interesse em se tornar soldado (Ian Stevenson, 1997).

*Se continuarmos a limitar a busca de soluções para os enigmas da vida humana ao paradigma convencional aceito, materialista, para a existência, provavelmente continuaremos a não encontrá-los. Temos de começar a olhar cada vez mais para o contexto multidimensional mais amplo, multisserial da existência, no qual estão as chaves para compreender as complexidades mais elaboradas da nossa mentira existencial. Esse fato é amplamente demonstrado no caso de Ma Win Tar.*

Capítulo Oito

# Retrocognições

> Na Conscienciologia, assim como na arqueologia, nós não escavamos o passado com picaretas ou explosivos, mas com uma pinça, uma escova e paciência.
>
> — *Wagner Alegretti*

Mahatma Gandhi disse certa vez: "É a bondade da natureza que faz com que não nos lembremos dos nascimentos passados. A vida seria um fardo se continuássemos com uma carga tão pesada de lembranças". Por vários motivos, concordo com essa afirmação. Pense nas rixas, ressentimentos, brigas, disputas e rivalidades que iriam se reacender cada vez que você reencontrasse um inimigo do passado. Pense nos pesares, na culpa, na vergonha, nas obsessões e nas paixões que afligiriam você. Grande parte do carma que temos com as pessoas mais próximas nunca seria resolvida se carregássemos conosco bagagens trazidas do passado. A possibilidade de recomeçarmos cada vida física com a tábua da memória limpa, por assim dizer, nos dá a oportunidade de restabelecer relacionamentos antigos de uma nova perspectiva e de resolver algumas questões cármicas.

No entanto, há muito que se aprender com a lembrança de vidas passadas, e qualquer pessoa com interesse, autoconsciência multidimensional e disposição para dedicar o tempo e o esforço necessários para recuperar lembranças do seu passado será muito beneficiada com esse fenômeno fascinante.

Este capítulo resume a pesquisa sobre retrocognições do conscienciólogo e autor Wagner Alegretti, que desde 1980 tem pesquisado a experiência projetiva, os fenômenos associados a ela e suas implicações. Depois de conhecer Waldo Vieira em 1982, Alegretti tornou-se um dos membros fundadores do Instituto Internacional de Projeciologia e Conscienciologia (IIPC), em 1988. Vários anos depois, todos os escritórios do IIPC fora do Brasil formaram a International Academy of Consciousness (IAC), para a qual Alegretti foi nomeado presidente, cargo que mantém até a época da redação deste livro.

A recordação de vidas passadas, popularmente conhecida como regressão, é tecnicamente conhecida como retrocognição, do latim *retro*, "para trás", e *cognição*, que significa "conhecimento" ou "saber". A retrocognição, por conseguinte, é o processo pelo qual a memória de qualquer acontecimento de vidas passadas, incluindo os passados na dimensão extrafísica entre vidas, é transferida do corpo mental da consciência para o cérebro físico, entrando na área de percepção direta do indivíduo.

## O que define a verdadeira retrocognição?

Como as retrocognições são muitas vezes experimentadas durante um estado alterado de consciência, em que provavelmente há um certo nível de descoincidência entre o corpo extrafísico e o corpo físico, um dos aspectos mais desafiadores do fenômeno é saber como ter certeza de que você já teve de fato uma retrocognição. Em outras palavras, saber como distinguir a coisa real de um sonho, uma fantasia, ou um *flashback* de um momento da sua vida presente do qual você tinha se esquecido (por exemplo, um *flashback* de um filme que você viu quando criança, ambientado em determinado período histórico).

De acordo com Alegretti, para ter certeza de que uma retrocognição é genuína, você deve ter pelo menos dez retrocognições coerentes sobre a mesma experiência. Então, se você tem uma lembrança que acha que pode ser uma retrocognição, anote-a por escrito e arquive-a na pasta "a confirmar", para aguardar uma verificação posterior.

Em segundo lugar, numa retrocognição verdadeira é digna de nota a qualidade da experiência, em que os detalhes minuciosos do evento passado são amplificados até o ponto de você revivê-lo. Você está lá. Vê todos os elementos que compõem o cenário – a época, a cultura, a localização, o clima; sente as emoções; entende o seu relacionamento com as pessoas ao redor e percebe o efeito que elas têm sobre você; ouve os sons e a música, as vozes e as palavras. A retrocognição real, em que todos esses fatores estão presentes, não será uma experiência medíocre, ela exercerá algum impacto. Vai comovê-lo de alguma forma. É essa intensidade excepcional do fenômeno retrocognitivo que o diferencia de um sonho comum ou devaneio.

Também é importante notar as diferenças notáveis entre retrocognições e *flashbacks*. Nos *flashbacks*, você é um observador de uma cena em que está envolvido, enquanto na retrocognição você é um participante ativo. As pessoas também às vezes confundem retrocognições com o que elas acreditam ser uma viagem no tempo. Se você está envolvido numa cena em que experimenta as mesmas sensações de estar vivo no corpo físico, mas não pode mudar ou afetar seus pensamentos ou ações, você está vivenciando uma retrocognição.

Robert Monroe narra vários episódios em seu primeiro livro, *Journeys Out of Body*, em que ele "assumiu" a vida e "tomou temporariamente" a individualidade de outro homem, numa espécie de vida dupla, enquanto estava fora do corpo numa dimensão extrafísica. Nessa outra vida, ele tinha um relacionamento estável com uma mulher e seus filhos, um emprego e uma casa etc. e, embora estivesse ativamente envolvido nos acontecimentos que se passavam ali, não conseguia de maneira nenhuma influenciar ou mudar o que acontecia. Em decorrência disso, parece mais provável que Monroe tenha tido uma série de retrocognições relativas ao mesmo período do seu passado, em vez de uma vida dupla.

Em terceiro lugar, as retrocognições muitas vezes têm alguma ligação com a nossa vida presente, revelando por isso que temos uma limitação ou habilidade específica. Por exemplo, um homem que gosta de sair com várias mulheres ao mesmo tempo pode ter uma retrocognição que o coloca numa cultura que permite a poligamia. Uma mulher que é autoritária, presunçosa e acostumada a ser o centro das atenções deve se lembrar de uma vida privilegiada como uma mulher da nobreza ou realeza.

Retrocognições também costumam ser momentos profundamente emocionais. Tratam-se de ocasiões de que mais provavelmente nos lembraremos do nosso passado e da vida presente. Mas não espere que as lembranças venham ordenadas em sequência, com a vida mais recente em primeiro lugar. Elas vão vir em ordem aleatória e podem se referir a um período intermissivo, bem como a uma existência física.

## Os benefícios das retrocognições

Além de satisfazer a nossa curiosidade natural, as retrocognições podem nos fornecer importantes informações sobre por que somos da maneira que somos – por que sofremos de determinadas limitações, bloqueios, medos e fobias; por que temos um calcanhar de aquiles e outras fraquezas; por que temos notáveis pontos fortes que claramente não foram herdados de nossa família e por que às vezes temos intuições poderosas que são difíceis de racionalizar.

*Ao acessar nossos próprios arquivos históricos pessoais e descobrir onde vivemos, quem fomos e o que conseguimos ou não realizar em vidas passadas, deparamo-nos com oportunidades inestimáveis para resolver alguns dos problemas e dilemas que criamos para nós mesmos. Dessa maneira, as retrocognições podem ter um efeito terapêutico; curar ou aliviar alguns traumas e até mesmo doenças físicas.*

Por exemplo, talvez você tenha uma retrocognição em que se lembra de estar a bordo de um navio naufragando e constatar que o seu destino será uma morte horrível por afogamento depois de longos minutos sucumbindo à água fria ou aos tubarões. Isso explicaria uma fobia de água ou medo de nadar no mar. De modo semelhante, o trauma de uma morte por asfixia ou inalação de fumaça pode se manifestar nesta vida como uma doença respiratória.

Em casos como esses, o processo retrocognitivo permite à pessoa contextualizar e isolar o trauma, e analisá-lo com o equilíbrio emocional que a distância possibilita. Esse processo pode diminuir a intensidade dos efeitos do trauma, que por sua vez dificulta a aproximação de invasores extrafísicos (que são atraídos por essa variedade de energia que a memória subconsciente produz).

Outro benefício tangível das retrocognições é que elas revelam a verdade sobre a natureza das ligações ou associações do passado que tivemos com várias pessoas próximas a nós nesta vida, oferecendo oportunidades para "reciclarmos" as relações que mantemos ao longo de muitas vidas e que vão continuar no futuro devido à força das ligações cármicas. Em muitos casos, a retrocognição vai nos fazer escolher entre repetir certos padrões de comportamento em nossos relacionamentos ou fazer algo novo.

Por exemplo, talvez uma mãe solteira cujo filho possessivo nunca aprove os parceiros que ela escolhe, e sabote suas tentativas de encontrar um amor, tenha uma retrocognição e veja que ela também tolerava a possessividade e interferência dele em sua vida pessoal numa encarnação anterior, só que na época os papéis eram inversos – ele era o pai e ela era a filha. Se ela entende alguma coisa sobre carma, pode concluir que a sua conexão íntima provavelmente vai uni-los novamente numa futura vida e que, a menos que ela faça um esforço para mudar o *status quo* de seu relacionamento e afirmar-se agora, vai sofrer o domínio dele sobre ela novamente.

Para aqueles que têm maturidade para refletir sobre a natureza dos relacionamentos que tiveram no passado com as pessoas próximas na vida atual, uma boa dose de sinceridade é necessária para que tirem o melhor partido das oportunidades de crescimento apresentadas nas retrocognições. Precisamos ser sinceros sobre a qualidade das ligações que compartilhamos com algumas pessoas. Empatia e compreensão com relação aos outros, e sabedoria e graça para perdoar o passado também vão ajudar a dar espaço para a mudança e para algo novo crescer.

Embora a recordação de vidas passadas traga benefícios, o mais valioso deles é a lembrança do período mais recente entre vidas. Esses períodos são mais difíceis de recordar porque ocorrem na dimensão extrafísica, onde a existência é uma experiência radicalmente diferente da vida na Terra. Nós nem mesmo respiramos lá. Assim, até mesmo vidas físicas anteriores, que ocorreram 3 mil anos atrás, são mais fáceis de lembrar do que um período intermissivo passado há apenas algumas décadas.

A lembrança consciente do nosso último período entre vidas é uma ferramenta única para o autoconhecimento e deve ser priorizada, porque esse tipo de retrocognição pode nos permitir o acesso aos detalhes do plano feito naquele momento para esta nossa vida física. Alguns de nós até participaram da concepção desse plano e concordaram com ele, antes de nascer. Esse plano de vida, tarefa ou missão (em outras palavras, o nosso propósito na vida) é uma importante área da pesquisa conscienciológica e será examinado em profundidade no Capítulo 10. Lembre-se de que o que planejamos fazer nesta vida pode ter consequências de longo prazo. Esse plano nos permite ver como e onde desperdiçamos nosso tempo, e pode nos ajudar a rever as prioridades da nossa vida se necessário, para aplicarmos os nossos esforços, energia e recursos na realização de tarefas mais valiosas, relacionadas às nossas obrigações cármicas e ao nosso crescimento e evolução como consciência.

Podemos ver, portanto, que o fenômeno da retrocognição pode ser um catalisador para a mudança e o crescimento pessoal. Ele pode fornecer uma variedade de oportunidades para superarmos deficiências, dissiparmos bloqueios energéticos, curarmos cicatrizes psicossomáticas, amenizarmos doenças físicas, melhorarmos o nosso carma grupal e expandirmos a compreensão de nós mesmos.

## Fatores que bloqueiam e inibem as retrocognições

Considerando o valor evidente do fenômeno, é frustrante que ele seja uma experiência tão fugidia, com tantos fatores que bloqueiem e inibam o processo retrocognitivo.

O processo em si funciona da seguinte maneira. O cérebro físico, que só é adquirido pela consciência no início da sua vida física, não detém nenhuma memória das vidas passadas porque ele não existia na época. São os corpos mental e extrafísico que armazenam as lembranças da consciência, sendo essa holomemória armazenada no corpo mental. Então, para acessarmos essas informações, as lembranças têm de ser "baixadas" dos corpos mais sutis de manifestação para o cérebro físico.

## Baixa autopercepção multidimensional

Um dos fatores que bloqueiam esse processo, na maioria das pessoas, é um nível muito baixo de autopercepção multidimensional, o que significa que a maior parte delas não tem conhecimento, experiência direta ou interesse em suas próprias realidades não físicas e nenhuma motivação para aprender. Como pode uma mulher preocupada unicamente com os rigores da sobrevivência diária, que acredita que após a morte deixará de existir, recordar lucidamente seu mais recente período intermissivo? Como pode um homem preocupado apenas com o acúmulo de bens materiais descobrir o caminho multisserial intrincado da sua existência até a data de hoje? Isso não significa que qualquer um desses cenários seja impossível, mas são improváveis.

## Falta de maturidade

Outro fator que impede o *download* de lembranças de vidas passadas para o cérebro físico é a falta de maturidade. Quando olhamos em torno de nós, é fácil ver que muitas pessoas não conseguem sequer enfrentar sua vida atual e têm o hábito de fugir da decepção, do tédio ou do estresse da sua realidade através de drogas, álcool e medicamentos. Se os desafios e exigências desta vida já lhes parecem excessivos, como é que essas pessoas vão encarar a lembrança das culpas, injustiças, tristezas, medos e dificuldades de vidas anteriores?

## Algumas lembranças de vidas passadas são bloqueadas para nos poupar da dor

A descoberta da natureza dos relacionamentos do passado com pessoas próximas a nós também pode ser, em muitos casos, algo difícil de enfrentar.

Você conseguiria se manter equilibrado e positivo sabendo, por exemplo, que um de seus pais foi seu intruso por centenas de anos ou que você já teve um relacionamento sexual com um indivíduo que é membro de sua família imediata nesta vida? Assim como o mecanismo automático de repressão de memórias às vezes assume o controle para nos proteger de reviver nesta vida o trauma de eventos passados, a consciência bloqueia as lembranças de vidas passadas para nos poupar da dor. Às vezes os amparadores também intervêm para nos proteger do impacto de lembranças perturbadoras que teriam repercussões negativas e impedem a recordação de certas vidas ou períodos de nosso passado. Eles geralmente permitem a lembrança dos momentos mais suaves e trazem recordações numa ordem crescente de impacto para que a pessoa possa suportá-las.

## Bloqueios energéticos

Bloqueios energéticos, em particular no chacra frontal, localizado entre os olhos, e no chacra da coroa, localizado no topo da cabeça, também dificultam o fluxo de informações entre o cérebro não físico do corpo extrafísico e o cérebro humano. Os chacras também são responsáveis pelo intercâmbio de energia entre o corpo extrafísico e o corpo físico, assim, para que a informação flua livremente, os chacras precisam estar abertos. Uma boa técnica para melhorar o desempenho desses dois chacras é o chamado circuito de energias craniano. Trata-se da prática de exteriorizar a energia para fora através do chacra da coroa e, em seguida, absorver a energia através do chacra frontal, exteriorizando novamente através do chacra da coroa e assim por diante, até você perceber a energia fluindo num circuito. Pratique de 10 a 15 minutos e, em seguida, inverta o sentido do fluxo por mais 10 a 15 minutos. A prática regular e o domínio do estado vibracional também vão ajudar muito a reduzir os bloqueios energéticos nos chacras frontal e da coroa e facilitar o fluxo de informações do paracérebro para o cérebro físico.

## Memória física fraca

A memória física fraca também pode inibir as retrocognições lúcidas. Se você nem se lembra do que jantou ontem, como pode esperar se lembrar das projeções conscientes que fez para vidas passadas? Fatores como estresse, falta de nutrientes na alimentação e falta de sono, bem como o uso regular de drogas como álcool, tabaco e maconha, também não favorecem retrocognições conscientes.

## O choque do renascimento

Um dos principais fatores que impedem a recordação do nosso passado é o choque do renascimento, que, ao contrário da crença popular, é normalmente mais traumático do que o choque da morte. Quando o corpo físico morre, a consciência se liberta das limitações das energias mais densas e restritivas da dimensão física e entra numa fase da existência em que ela fica mais expandida e manifesta uma percentagem maior do seu verdadeiro eu.

Quando está se preparando para renascer novamente, em gestação no ventre da mãe, a consciência se liga a um corpo que nada mais é do que um conjunto de células. Quando a consciência nasce, são ativados processos automáticos para chorar, sugar o leite e sujar as fraldas, mas não muito além disso. Não há nem mesmo um fragmento de autoconsciência. A consciência tem que aprender tudo, como falar, andar, pensar, ser autoconsciente etc., a partir do zero. O processo de entrar num corpo físico cujo cérebro está vazio e precisa aprender tudo, faz com que a consciência sofra uma restrição maciça de lucidez. Essa interrupção abrupta na continuidade de lucidez é muito traumática e afeta profundamente a consciência, geralmente bloqueando lembranças de outras existências.

Essas são as principais razões por que não nos lembramos das nossas vidas passadas.

# Precauções

Antes de passarmos para algumas dicas e técnicas para superar esses fatores bloqueadores e produzir retrocognições, é importante mencionar algumas precauções para garantir que você esteja bem preparado para a experiência e evitar qualquer efeito negativo:

- Ao acessar lembranças do passado, você provavelmente evoca algumas consciências extrafísicas associadas com os eventos recordados, por isso é importante ter um bom nível de autodefesa energética. Isso pode ser conseguido por meio da prática do estado vibracional.
- Evite autointrusões que podem ser causadas por sentimentos de vergonha ou culpa, e evite ficar obcecado com as existências passadas.
- Tenha maturidade e discernimento com relação ao que vai dizer aos outros sobre suas retrocognições e ao decidir com quem você compartilhará suas lembranças. Nem todo mundo vai estar preparado para lidar com informações sobre o seu passado, por isso seja cauteloso quanto ao que você vai dizer e a quem. E não use as retrocognições como um meio de sedução.

Embora seja possível que várias pessoas que se conhecem tenham retrocognições individuais, separadas, de uma vida anterior que viveram juntas, participar de regressões em grupo, em que todos ficam fisicamente no mesmo ambiente, não é aconselhável, pois é possível experimentar uma retrocognição de outra pessoa nessas situações. Ainda sobre o tema, seja em grupo ou sozinho, em geral não é aconselhável fazer uma regressão conduzida por outra pessoa, pois a hipnose pode em alguns casos ser um mecanismo invasivo. Esse, portanto, deve ser usado como último recurso para aliviar ou curar um problema grave, tal como uma fobia, por exemplo, e apenas por um hipnoterapeuta experiente, equilibrado e cosmoético. Ao investigar nosso passado em busca de autoconhecimento, convém que tenhamos as ferramentas em nossas próprias mãos e não sejamos dependentes de ninguém. O ideal é que aprendamos a autoinduzir a retrocognição através da prática de uma técnica ou adquirir lucidez suficiente da nossa serialidade, de modo que as retrocognições possam ocorrer espontaneamente, enquanto a consciência estiver se manifestando no corpo físico, extrafísico ou mental.

Como precaução final, não desperdice nenhuma informação adquirida por meio de retrocognições bem-sucedidas, repetindo os erros do seu passado.

## Dicas para recordar vidas passadas

Há vários expedientes práticos a que você pode recorrer para conseguir informações sobre suas personalidades anteriores e otimizar suas chances de recordar com sucesso suas existências passadas. Veja as dicas a seguir:

- Estudar os indícios de vidas passadas mencionados no capítulo anterior. Identificar suas tendências e preferências e todas as coisas com as quais você tem afinidade. Tomar nota de como você se sente em determinadas cidades e países. Você se sente mais em casa num país diferente daquele onde nasceu? Faça uma lista dos idiomas que você fala; seus *hobbies* e passatempos favoritos; bem como quaisquer doenças graves, acidentes, padrões de bloqueios energéticos, marcas de nascença ou deficiências congênitas, fobias, aversões ou traumas que você tenha.
- Identifique o seu calcanhar de aquiles físico e emocional. Essas são as suas características "megafracas". Faça uma lista dos seus outros pontos fortes e fracos. A forma mais sincera de fazer isso é pedir a outras pessoas que elaborem essas listas para você. E não peça apenas para as pessoas que gostam de você, mas também para aquelas com quem você não se dá tão bem. Essas provavelmente serão mais críticas. Para conseguir melhores resultados, tranquilize a todos, garantindo que não haverá repercussões se elas forem absolutamente sinceras. Compare as listas e identifique onde está o consenso. Quaisquer percepções incorretas que você tenha sobre si mesmo vão chamar a sua atenção, de modo que esse exercício vai ajudá-lo a ver quem você realmente é. E quem você realmente é não é nada mais

que o resultado do seu passado. Por exemplo, você é egocêntrico? O seu ego está fora de controle? Você não consegue aceitar a autoridade de outra pessoa? Você gosta de uma vida de luxo? É provável que você tenha sido um líder ou tenha ocupado um cargo que lhe garantia alguns privilégios e poder numa vida anterior.

- Analise sua família imediata e estendida e o seu círculo mais amplo de amigos, especialmente aqueles com quem você passa a maior parte do tempo. Esses são os membros do seu grupocarma – pessoas com quem você já viveu muitas vidas. Anote o tipo de pessoa que você gostaria de ter ao seu redor. Que características distinguem o grupo? Seus membros são artistas, comerciantes, empresários, intelectuais ou criminosos? Eles são altruístas, hedonistas, materialistas ou religiosos? Têm a mente aberta ou seguem as regras sociais? Estudando o seu grupo e as coisas que vocês fizeram juntos, você vai obter algumas pistas sobre o que fizeram juntos no passado.

- Mantenha um diário em que você registre suas projeções, episódios de intrusão e quaisquer percepções psíquicas, tais como clarividência, telepatia ou intuição que possa ter. Tudo isso pode conter indícios de vidas passadas.

- Treine sua memória física para que ela não se deteriore com o tempo. Exercite-a regularmente. Pergunte ao seu médico se existem suplementos que possam melhorar o seu desempenho.

- Alimente os atributos da curiosidade e da neofilia. Em outras palavras, abra-se para novas experiências e ideias viajando para lugares novos, conversando com pessoas novas e participando de novas atividades. Quando você está interessado pela sua vida, você observa mais, lembra-se mais e abastece o corpo mental com uma miríade de estímulos.

- Esforce-se para atingir e manter um bom nível de estabilidade emocional. A condição ideal para a realização de retrocognições lúcidas é aquela em que estamos abertos e curiosos, e nossa racionalidade é maior do que a nossa emotividade. Uma boa técnica para melhorar o equilíbrio emocional é tentar ficar dez dias consecutivos sem ter uma explosão emocional, como ter um ataque de mau humor, mergulhar na autopiedade, beber muito ou ficar terrivelmente deprimido. E, então, tentar bater esse recorde e estender o exercício para 11 dias e assim por diante. Se você por fim conseguir ficar emocionalmente estável durante cem dias, ou até mais, vai ver que você é uma pessoa diferente.

- Exteriorize energias em seu quarto para limpar e melhorar a qualidade do campo energético e para criar o escudo protetor explicado no Capítulo 4. Isso melhorará a sua qualidade de sono, o que é importante, pois a falta dele pode bloquear a memória.

## Técnicas para a produção de retrocognições

Além dessas dicas práticas para otimizar nossas chances de recordar vidas passadas, existem várias técnicas de eficiência comprovada para a produção de retrocognições lúcidas. Embora o sucesso não possa ser garantido, qualquer pessoa com motivação, determinação e vontade de ser bem-sucedida pode alcançar resultados positivos.

- Tente aumentar a quantidade e a lucidez das suas experiências fora do corpo. Como as lembranças das nossas vidas passadas são armazenadas no corpo mental e no paracérebro do corpo extrafísico, podemos acessar mais facilmente essa informação quando a consciência se manifesta diretamente nesses veículos de manifestação, como acontece durante uma EFC ou durante outros estados alterados de consciência em que o corpo extrafísico está parcialmente separado do corpo físico, tais como os estados hipnogógico e hipnopômpico (o período entre a vigília e o sono e vice-versa, respectivamente).
- Opte por conhecer um dos seus amparadores fora do corpo, fazendo dele um alvo para uma projeção lúcida. Pergunte-lhe algo específico sobre uma de suas vidas passadas. Mas seja responsável quanto à sua motivação para querer saber.
- Outro alvo poderia ser encontrar o mentor dos amparadores do seu grupo cármico, a consciência extrafísica avançada com quem você

estabeleceu seu propósito nesta vida durante seu último período intermissivo. Peça a ele para lembrá-lo do seu propósito, se você já não souber.

- Ou tente se projetar até a sua comunidade extrafísica natal. Lá você pode conhecer os membros extrafísicos do seu grupocarma e se lembrar dos relacionamentos que teve no passado.
- Estude algumas personalidades, tanto contemporâneas quanto históricas, que o interessem e lhe inspirem admiração. Faça uma lista de nomes e, então, estude cada uma dessas personalidades para ver se você tem semelhança com alguma delas. Se encontrar alguém cujas características são assustadoramente semelhantes às suas, é possível que você seja essa pessoa ou que ela seja um membro do seu grupo cármico. Mais uma vez, arquive as informações na pasta "a ser confirmado", mantendo-as pendentes para uma verificação posterior.
- Realize uma auto-hipnose retrocognitiva, que funciona da seguinte maneira. Primeiro, prepare-se para fazer uma projeção. Imagine que você esteja na orla de uma campina. No meio da campina, há uma série de degraus que conduzem para baixo, até um corredor. Imagine-se descendo lentamente e com calma as escadas, contando os degraus em ordem inversa à medida que desce: 30, 29, 28 etc., e sabendo que no final do corredor o que o espera é o seu passado. Diga coisas para si mesmo enquanto desce os degraus e conta os números, como "Estou chegando mais perto de uma vida anterior". "Meus amparadores vão me ajudar." "Eu não estou com medo." "Eu não tenho nenhuma ansiedade ou medo." "Eu não vou ser surpreendido." "Eu vou me lembrar de tudo quando retornar." Você pode pré-gravar as instruções e reproduzi-las para fazer uma auto-hipnose mais eficaz. Quando chegar ao final do corredor, você vai ver muitas portas de ambos os lados. Use sua intuição para selecionar uma. Não se desespere se abrir a porta e se deparar com uma cena do seu passado. Essa técnica tem eficácia comprovada, mas pode ser preciso um pouco de prática para alcançar resultados, portanto seja persistente.
- Experimente ir a um retrocognitarium como o que pode ser encontrado no Centro de Altos Estudos da Conscienciologia (CEAEC),

fundado por Waldo Vieira em Foz do Iguaçu. Esse é um laboratório de autoinvestigação concebido exclusivamente para a produção de retrocognições. Ele foi construído de acordo com padrões arquitetônicos, psicológicos e energéticos, entre outros elementos físicos e não físicos, que diminuem a interferência externa do ambiente e aumentam as oportunidades para nos lembrarmos de vidas passadas. Todos são bem-vindos. Está prevista a construção de outro retrocognitarium no campus da Internacional Academy of Consciousness (IAC), em Évoramonte, Portugal. Ou, se você estiver suficientemente motivado, pode construir o seu próprio.

Se você investir seu tempo e energia na prática dessas dicas e técnicas, e for persistente, vai aumentar a sua predisposição para ter retrocognições.

Gostaria de concluir este capítulo citando um ensaio escrito por Alegretti, cujo livro *Retrocognitions: an Investigation into the Memory of Past Lives and the Period between Lives*, recomendo a qualquer pessoa interessada em ampliar seus conhecimentos sobre esse assunto.

*Eis o modo mais eficiente de abordar as retrocognições: tenha o maior número possível de retrocognições das suas vidas passadas para saber o que você já não deveria estar fazendo mais (repetição negativa), e tenha retrocognições de seu último período entre vidas para saber exatamente o que você deveria estar fazendo. Dessa maneira você terá uma chance muito maior de aproveitar as oportunidades que a vida lhe oferece para aprender e ajudar na evolução de outras pessoas. (Wagner Alegretti)*

# PARTE TRÊS

# A Evolução da Consciência

A grande história da exploração fora do corpo apenas
começa a ser escrita, e em sua essência essa história é
na verdade sobre a evolução da consciência
além da fachada da matéria.

*— William Buhlman*

Capítulo Nove

# O processo evolutivo

Aplique-se agora e na próxima vida. Sem esforço, você não vai conseguir prosperar. Mesmo que a terra seja fértil, você não vai ter uma colheita abundante se não cultivar.

*– Platão*

Um terceiro princípio básico da Conscienciologia é o de que a consciência evolui.

Todas as formas de vida partilham o objetivo comum da evolução. Até os mais simples organismos unicelulares têm um instinto básico para se melhorar e tornar-se mais complexos.

*Se levarmos em conta o quadro mais amplo e mais detalhado do que significa ser uma consciência, como foi descrito nos capítulos anteriores, é evidente que a vida física, longe de ser sem sentido ou arbitrária, propicia-nos um ambiente sofisticado e desafiador, rico em oportunidades para melhorarmos e amadurecermos – em outras palavras, para evoluirmos.*

Depois que começamos a reconhecer isso e nos comprometemos com o propósito de evoluir, a vida começa a adquirir mais significado, pois a vida que vivemos é o que perdura, é o que levamos conosco quando morremos. Nosso estado na dimensão extrafísica não é determinado pela riqueza acumulada na vida anterior, mas pelo nosso nível de evolução. Então, se voltarmos para a dimensão extrafísica quando morremos numa condição melhor do que a que estávamos quando a deixamos para renascer, e se ajudarmos outros a fazerem o mesmo durante nossa vida, então podemos deixar esta vida com a profunda satisfação de saber que a fizemos valer a pena.

O nosso processo de evolução já vem ocorrendo há muitos milhares de anos e tem lugar onde quer que estejamos ao longo do ciclo multiexistencial, considerando que somos seres multidimensionais – às vezes o nosso foco é físico, às vezes é extrafísico. Durante todas as nossas vidas passadas e períodos intermissivos, tivemos muitas experiências, cometemos erros e com sorte aprendemos alguma coisa com eles, adquirimos novos conhecimentos e habilidades, aumentamos nosso conhecimento de uma gama de assuntos, desenvolvemos novas capacidades e atributos, vivemos uma variedade de relacionamentos com outras pessoas, e, como resultado de tudo isso, torna-mo-nos mais sábios e evoluímos para nos tornarmos seres mais complexos.

Você deve se lembrar, do capítulo anterior, que durante o processo de renascimento a consciência sofre uma restrição maciça de lucidez durante o qual as lembranças de existências anteriores são bloqueadas. Para evoluir, portanto, para adicionar algo ao conhecimento, experiência e sabedoria mais extensos que já acumulamos nas nossas vidas passadas, primeiro temos que recuperar a consciência do que já sabemos. Felizmente, o processo de manifestar gradualmente mais da personalidade que realmente somos é até certo ponto algo bastante natural. Isso funciona da seguinte maneira.

## Recuperação da consciência

Quando uma consciência renasce, no primeiro dia de vida no novo corpo físico, ela quase não tem consciência de si mesma ou de qualquer outra coisa. Mas, a partir desse dia, cada vez que respira no novo corpo físico, ela recupera a consciência através das experiências cotidianas da vida. À medida que crescemos, experimentamos emoções; vamos para a escola estudar nossa língua, história, ciências e matemática; participamos de jogos e competições esportivas; fazemos conexões com outras pessoas e começamos a desenvolver a nossa própria personalidade. Nós recuperamos muitas coisas que sabíamos antes e começamos a ser mais de quem realmente somos. Em outras palavras nossa consciência começa a retornar.

## O "porão" da consciência

A fase que se estende dos 2 anos de idade até o final da puberdade, no entanto, é aquela em que o nosso nível de consciência está no seu nível mais baixo. Essa fase é conhecida na Conscienciologia como porão da consciência, ou *porão consciencial*. O que existe nos porões das casas? Se forem como o meu, é provavelmente o lugar onde você guarda um amontoado caótico de bugigangas, caixas e malas de viagem velhas e mofadas, cheias de coisas que você não usa ou não precisa mais, e outras velharias que deveriam estar no lixo há muito tempo. De modo semelhante, o porão consciencial é um período durante o qual exibimos um comportamento que não será de nenhuma utilidade para nós depois que nos tornarmos adultos e de que precisamos nos livrar em algum momento. Por exemplo, as crianças gostam de fazer traquinagens como tocar a campainha das casas dos vizinhos e fugir, só para perturbá-los. Isso demonstra falta de respeito pelos outros. A maioria de nós provavelmente fez muitas coisas assim quando criança, mas, se não a fazemos agora que somos adultos, elas não representam o que realmente somos. Tomemos outro exemplo. Suponhamos que uma criança goste de torturar insetos para se divertir, arrancando seus membros e asas. Talvez esse seja apenas o seu porão consciencial. Mas se ela ainda se divertir torturando insetos quando crescer, se não superar essa tendência do seu porão consciencial, então é provável que esse comportamento represente quem ela realmente é, uma pessoa que não respeita a vida em geral.

Assim, o porão consciencial é a fase durante a qual o indivíduo sabe mais, mas manifesta menos; é quando a consciência se manifesta como uma lembrança vaga de si mesmo.

O porão consciencial inclui características como agressividade e egocentrismo, incapacidade de concentração, falta de organização, falta de maturidade e respeito e atitudes que não são éticas. Muitos medos e inseguranças também residem nesse nível inferior de consciência. Assim, o porão consciencial é como o esgoto da personalidade, por falta de expressão melhor.

Os chacras inferiores predominam durante o porão consciencial, ou seja, o chacra do baço, o umbilicochacra e o chacra sexual. Esses chacras estão relacionados com as necessidades primitivas de sobrevivência física, coisas como territorialismo, comida, água, abrigo, sexo e outras formas de gratificação, mas não coisas como estudar ou se autoaperfeiçoar. Durante o porão consciencial, a pessoa é escrava das energias desses chacras inferiores, e não o mestre delas. Isso impede que o indivíduo recupere a plena consciência de quem realmente é e inibe a sua evolução. Um exemplo dessa situação é quando uma pessoa fica obcecada por sexo. Ela passa tanto tempo pensando nisso que acha difícil se concentrar em qualquer outra coisa, e a necessidade de gratificação se torna o foco da sua vida. Em situações como essa, a capacidade de tomar decisões é frequentemente afetada negativamente, pois a racionalidade estará completamente dominada pelos impulsos físicos.

Assim, o ponto de partida para investir em nossa evolução como consciência é superar nosso porão consciencial, ou seja, nossas tendências infantis e nossos impulsos e instintos "animalescos". Para se tornar o máximo de quem realmente somos, o ideal é que isso seja alcançado entre as idades de 18 e 26 anos, o período em que atingimos a maturidade biológica.

## Fatores que nos mantêm trancados no porão consciencial e dicas para superá-los

### *Genética*

Entre os traços herdados pela nossa genética que podem nos manter presos no porão consciencial estão a preguiça, a autoindulgência, a pouca autodisciplina ou automotivação, a mesquinhez, a agressividade, a arrogância, o isolamento dos outros e a manipulação e controle de outras pessoas, para citar alguns.

Uma boa técnica para superar essas e outras características que paralisam nossa evolução é a fórmula "pontos fortes e pontos fracos". No capítulo anterior, descrevi como você pode corrigir qualquer falsa percepção que possa ter de si mesmo pedindo aos outros para fazerem uma lista de seus pontos fortes e fracos. Você pode usar essa lista para fazer este exercício, ou, se não estiver pronto para envolver outras pessoas, você pode fazer deste um exercício pessoal, e fazê-lo sem a ajuda de ninguém. O sucesso nesse caso, é claro, depende da sua vontade de encarar a si mesmo com sinceridade. Uma vez que você tenha essa lista, coloque as duas colunas, de pontos fortes e pontos fracos, lado a lado. Os nossos pontos fortes dinamizam os nossos esforços para evoluir, de modo que o objetivo desse exercício é maximizar o lucro evolutivo que você pode obter a partir deles investigando como pode usá-los para superar seus pontos fracos.

Por exemplo, talvez você seja o tipo de pessoa que odeia qualquer tipo de conflito e por isso não consegue expressar sua opinião abertamente. Esse é um ponto fraco que pode estar minando os seus esforços para alcançar o que quer no trabalho ou na vida pessoal. Mas talvez você possa identificar que um dos seus pontos fortes é o respeito que tem por si mesmo. Portanto, o seu objetivo é começar a se comportar de uma forma que seja coerente com isso e parar de deixar que as pessoas o tratem com desrespeito, mesmo que o preço a pagar seja ter que enfrentar algum conflito.

Outro exemplo: talvez, mesmo sabendo que não se trata de uma atitude ética, você adore fofocar e se envolver na vida dos outros. Esse é um dos seus pontos fracos. Mas talvez em sua lista de pontos fortes você identifique que tem uma vontade férrea. Assim, a ideia é que você use a sua vontade para se forçar a se afastar de qualquer situação em que outras pessoas estejam fofocando. Toda vez. Sem exceções.

## Paragenética e holomemória

Outros fatores que podem nos manter presos em nosso porão consciencial são a paragenética e a holomemória. Quando transmitem cicatrizes de traumas ocorridos em vidas passadas para a vida atual através dos corpos extrafísico e mental, elas podem causar patologias insalubres e neuroses como vícios, aversões e fobias que podem ser desde suaves até obsessivas.

Por exemplo, talvez você tenha uma fobia de espaços fechados que esteja prejudicando a sua autoconfiança, impedindo-o de perceber o seu verdadeiro potencial e de evoluir. Ou talvez você tenha passado por uma situação de muito sofrimento, como um estupro, um ataque violento ou um acidente de carro em que outras pessoas morreram, e o trauma resultante tenha causado tamanho impacto que você não se sente capaz de trabalhar ou viver como um membro normal da sociedade.

A solução para esses tipos de obstáculo é estar preparado para se livrar das amarras e repercussões que o prendem a experiências traumáticas.

*Se nos apegamos a experiências traumáticas e aos efeitos que elas têm sobre nós, sejam elas físicas, emocionais ou mentais, nós nos condenamos a sofrer com elas repetidamente em nossas vidas futuras. Nós teremos que enfrentá-las em algum momento, ou nesta vida ou em outra, futura, portanto poderia muito bem ser hoje.*

## *Ambiente*

Os fatores ambientais que podem nos impedir de superar o nosso porão consciencial decorrem do ambiente físico e cultural em que nascemos. Por exemplo, você foi pressionada a se casar e ter filhos quando era bem jovem. Sua vida era cheia de compromissos e obrigações para com outras pessoas antes mesmo de descobrir quem você era? Será que a religião na qual foi criado fez em você uma lavagem cerebral para que não questionasse seus dogmas? Qual o nível de educação a que você teve acesso?

Alguns desses fatores são difíceis de superar, porque fomos condicionados a aceitá-los desde uma idade muito precoce. Há uma solução para superá-los, no entanto, e que consiste em se preparar para pensar como um indivíduo, independentemente dos outros. Isso pode significar que você tenha que ir contra as normas aceitas da sociedade, mesmo contra as crenças de seus amigos e da família, e confiar na sua própria análise, julgamento, experiências pessoais e pontos de referência ao decidir o que priorizar em sua vida. Isso será sem dúvida um desafio em certa medida, mas a alternativa é viver como uma ovelha, seguindo sem questionar o resto do rebanho – comportamento que favorece a estagnação, não a evolução.

# Dicas para recuperar níveis mais avançados de consciência (isto é, a consciência de quem você é além do corpo físico)

Nós já vimos que, durante o período entre vidas, alguns indivíduos lúcidos estão plenamente conscientes do fato de que não vivem mais no sentido físico; estão cientes de que morreram, que tiveram muitas vidas anteriores e que têm muitas vidas ainda para viver. Alguns, já entendendo que a consciência evolui, planejam sua próxima vida física de forma a tirar o melhor proveito das oportunidades para se aperfeiçoar e se desenvolver. Mais sobre esse planejamento específico é explicado no próximo capítulo.

Um dos grandes desafios que essas pessoas enfrentam quando passam pela vida física é recuperar esse nível mais avançado de consciência; ou seja, lembrar sua existência multidimensional, multisserial, e suas habilidades mais avançadas, tais como seu parapsiquismo ou sua capacidade de controlar as próprias energias. Se eles conseguirem fazer isso, poderão viver a vida de uma forma mais coerente com o que planejaram durante o seu último período intermissivo, se optarem por isso.

Se ainda está lendo este livro, o mais provável é que você seja justamente uma dessas pessoas, que estivesse lúcido em seu último período entre vidas. Como eu sei? Porque essas ideias fazem sentido para você, caso contrário suponho que você já teria parado a leitura há muito tempo. Como mencionei no Capítulo 6, muitas dessas ideias estão causando retrocognições semiconscientes, apenas para ajudá-lo a se lembrar do que você já sabe.

## Estude as realidades multidimensionais

Quando estudamos as complexidades da realidade multidimensional, acionamos o *download* das informações do nosso corpo mental, lembrando-nos de muitas coisas que conhecíamos e compreendíamos antes de nascermos. Começamos a recuperar a consciência de quem somos para além deste corpo físico, consciência que foi temporariamente bloqueada pela nossa existência física. O que eu quero dizer aqui é: estude a consciência e todos os fenômenos associados a ela – leia e aprenda com discernimento não só com a Conscienciologia, mas com uma ampla variedade de fontes, e veja onde reside o consenso. Isso fará com que você recupere seus níveis mais avançados de consciência até que o nível máximo de consciência correspondente ao seu nível de evolução seja recuperado.

## Coloque a teoria em prática

Supondo que consigamos ter essa consciência e experiências que nos permitam *saber* que somos muito mais do que apenas o corpo físico, então, para evoluir, devemos aplicar o que sabemos. Saber algo na teoria não é suficiente, porque sem aplicação nada muda. Resistir à mudança, no entanto, é um ponto fraco humano bem documentado. Em geral, as pessoas preferem manter hábitos familiares que não representem nenhum desafio ou risco e seguir rotinas que as fazem se sentir seguras.

Mas nós temos duas alternativas. Podemos ou nos apoiar nas rotinas e nos ater ao que sabemos – para a maioria das pessoas isso significa priorizar preocupações de curto prazo que se relacionam com a atual vida física, como a sobrevivência, e, além disso, a riqueza material, o conforto, o prazer e o *status*. Ou podemos tomar decisões conscientemente, com base no fato de que, como consciências ainda temos centenas de vidas à frente, ao longo da nossa jornada multiexistencial. O aumento da sua maturidade e, portanto, a sua evolução, requer que você viva a sua vida de uma forma que seja coerente com o fato de você ser mais do que apenas o corpo físico, de você ser uma consciência; e, se necessário, que você realize alguma "reciclagem" pessoal e comece a viver de uma maneira que seja coerente com essa realidade.

Deixe-me dar alguns exemplos dos tipos de mudança que você pode fazer, se decidir que quer "reciclar" a sua vida e priorizar a sua evolução:

- Deixe de lado o materialismo, o prestígio e a indulgência. É claro que não há nenhuma exigência para que qualquer pessoa sofra para evoluir; todos têm direito a ter uma vida decente, um teto sobre a cabeça, comida na mesa três vezes ao dia e um nível razoável de conforto. Mas o que realmente precisamos além disso? Podemos dedicar nossa vida ao desejo de acumular mais e mais dinheiro, imóveis e carros, mas não poderemos levar essas coisas conosco quando morrermos. Elas não têm nenhuma utilidade para nós na dimensão extrafísica e não vão estar à nossa espera quando voltarmos na próxima vida física. Mas que outras coisas poderíamos alcançar com todo o tempo que passamos acumulando e mantendo os nossos bens materiais? Que outras coisas poderíamos fazer com a nossa riqueza? Quem poderíamos ajudar?

- Esteja determinado a ser mais do que realmente é (de acordo com a sua história multidimensional, multisserial) e aja de acordo com isso durante toda a sua vida. Recuse-se, por exemplo, a ficar preso ao hábito de aceitar menos do que aquilo que merece. Se você não estiver feliz com seu parceiro, não fique reclamando do relacionamento, faça algo a respeito. Se tiver uma profissão mal remunerada que você despreza, reveja sua carreira e encontre algo que combine mais com você.

- Faça um esforço para se livrar de padrões de comportamento que você justifica para si mesmo, apesar de saber que não são positivos. Por exemplo, você perde as estribeiras à menor provocação ou inconveniência, fazendo com que as pessoas da sua vida vivam pisando em ovos ao falar com você ou dizendo que seu pavio curto é resultado do comportamento frustrante delas? Se for assim, esforce-se para superar seus pontos fracos. Não os leve com você para a próxima vida.

Com certeza, é fácil ficar sentada aqui, escrevendo essas coisas, assim como também deve ser fácil para você ficar sentado aí, só lendo o que escrevo, certo? Mas o que me diz de fazer o que eu digo? Em alguns casos, estamos falando de hábitos e atitudes profundamente enraizados e praticados há muitas e muitas vidas, então por onde e como devemos começar?

## Aproveite o poder do seu corpo mental

A chave para arrancar seus problemas pela raiz e reciclar a sua vida é aproveitar o poder do seu corpo mental. Um bom começo consiste em aplicar um dos seus mais poderosos atributos, a força de vontade, para transformar seus pensamentos, intenções e ideias, e então passar a se comportar de um modo que seja coerente com eles. Se você se lembra do que foi explicado no capítulo sobre bioenergias, sabe que, quando alteramos os nossos pensamentos, nossas energias também mudam, pois os dois são indissociáveis. Quando muda a sua maneira de pensar, você cria um novo campo energético em torno de você que o abrirá para sincronicidades, intuições, conexões e relações com outras pessoas que apoiarão o que você está tentando alcançar.

Para ter uma experiência de imersão nos processos e consequências de mudar a maneira como você pensa, eu recomendo que assista ao filme *O Segredo*. Apesar de não abordar os mecanismos do que acontece quando você muda seus pensamentos de uma perspectiva multidimensional, entrevistas com filósofos de alto nível, autores de livros, agentes de cura e pessoas comuns proporcionam muitos relatos da vida real e exemplos de como nossos pensamentos são imensamente poderosos. Lembre-se, o que você pensa – é. Se realmente acredita que pode realizar qualquer coisa que põe na cabeça, você vai conseguir. Se realmente acredita que é perseguido e que todo mundo está contra você, a vida não fluirá a seu favor.

Outros atributos do corpo mental que são itens inestimáveis da nossa caixa de ferramentas evolutiva são a concentração e a atenção. Se pudermos desenvolver nossa capacidade de fixar a atenção continuamente num objetivo predeterminado, o céu é o limite em termos do que podemos alcançar. Podemos aprender e dominar alguns novos tipos de inteligência, por exemplo, sendo a inteligência, é claro, outro atributo do corpo mental. Houve uma época em que a inteligência era medida apenas por um quociente de inteligência (QI), mas hoje em dia reconhece-se que ela é multifacetada. A inteligência psíquica é apenas uma das formas de inteligência; pense em como seria fantástico se você pudesse desenvolver a sua a ponto de ser capaz de interpretar com precisão o que está acontecendo ao seu redor extrafisicamente a qualquer momento e de responder adequadamente com as suas energias para reduzir a intrusão em sua vida, aumentar a interação com seus amparadores e fornecer assistência prática a pessoas necessitadas. Essa conquista teria um impacto significativo no seu nível de evolução, e acredite, ela está ao seu alcance!

Ofereço essas poucas sugestões para lhe dar uma ideia do poder do corpo mental. Faça uma retrospectiva do Capítulo 1, que descreve os corpos de manifestação da consciência – a vontade, a concentração, a atenção e a inteligência são apenas alguns dos muitos atributos positivos do corpo mental. Familiarize-se com os outros, pois essas são as chaves para a sua evolução. Pense em como melhorar aqueles que você já possui e desenvolva os que ainda não possui.

## Automimetismo existencial: a estagnação da evolução consciencial

Para concluir este capítulo, gostaria de expandir um pouco o tema do automimetismo existencial, ao qual eu me referi de passagem num capítulo anterior. É pertinente mencionar esse tema aqui porque o automimetismo existencial é o que acontece quando nos tornamos complacentes com a vida e não vemos nenhum sentido em mudar. É o resultado de não nos dedicarmos de modo ativo e consciente à nossa evolução. É quando repetimos, à exaustão, as mesmas experiências humanas, profissões, parceiros, estilos de vida, nacionalidades, sexo, preferências e prioridades ao longo de muitas vidas físicas. É quando não há nada de novo de uma vida para a seguinte. Trata-se de uma tendência humana comum repetir experiências de vidas passadas, porque a maioria de nós prefere fazer o que é fácil e o que já sabemos. Portanto, se queremos melhorar a nós mesmos, precisamos identificar e eliminar qualquer automimetismo desnecessário da nossa vida.

Se levarmos em conta o que foi tratado neste capítulo, posso entender que você talvez esteja se sentindo um pouco sobrecarregado neste momento, achando que está além da sua capacidade manifestar as mudanças que sente que precisa em sua vida. Se assim for, convém ter em mente o excelente conselho de Confúcio: "Uma viagem de mil milhas começa com um único passo".

Capítulo Dez

# Plano de vida

> Será que algum de nós faria uma viagem de centenas de qui-
> lômetros sem saber por que razão, sem ter um propósito? Po-
> rém, quantos de nós vivem, enquanto realizam não uma
> simples tarefa ao acaso mas a grande Tarefa da Vida... sem
> nem se perguntar por quê.
>
> *— J. J. Van Der Leeuw*

## Qual o meu plano de vida?

Gostaria de prefaciar este capítulo dizendo que muitas das informações apresentadas aqui estão bem além do paradigma convencional da existência e que algumas experiências pelas quais você pode passar em sua vida diária normal lhe permitirão constatar imediatamente parte disso por si mesmo. Remeto você de volta à introdução, em que explico em detalhes as muitas fontes de pesquisa de Waldo Vieira. E, como sempre, eu o incentivo a utilizar as técnicas e outras dicas descritas na Parte 4 para que tenha suas próprias experiências lúcidas fora do corpo, que lhe permitirão confirmar, ou não, por conta própria, o conteúdo deste capítulo.

Alguns aspectos da vida de todos nós foram decididos ou planejados antes do nosso nascimento, durante o nosso período mais recente entre vidas.

Quanto é planejado em preparação para sua próxima vida é, em grande parte, estabelecido com base no seu nível de lucidez entre vidas. Não há por que um amparador elaborar um plano de vida sofisticado para uma consciência que não sabe que vai ter uma outra vida e, portanto, é incapaz de participar do processo. Se o plano não estiver armazenado na holomemória do próprio indivíduo, não poderá haver pistas sugestivas de um propósito mais profundo na vida para ele recuperar e colocar em prática, ao voltar à vida física.

Em circunstâncias como essas, amparadores especializados na evolução irão planejar simplesmente onde e com quem a consciência vai nascer; no entanto, pouco poderão fazer além disso.

Os indivíduos que *estão* lúcidos no período entre vidas e conscientes do processo evolutivo natural a todas as consciências são muitas vezes motivados a aproveitar o que a vida física oferece para avançar na sua evolução, resolver dívidas cármicas do passado e contribuir para a evolução de outras pessoas. Um plano detalhado, mais complexo, pode então ser elaborado durante o período intermissivo para a realização desses objetivos. Embora um indivíduo possa participar ativamente do planejamento de sua vida futura, são necessárias a visão geral e a intervenção dos amparadores para reunir a miríade de detalhes de uma história e holocarma pessoais e criar a estratégia ideal (Alegretti, 2004).

O plano de vida refere-se especificamente à segunda metade da vida física. Durante a primeira metade, até a idade de cerca de 35 anos, estamos ocupados, amadurecendo e construindo os alicerces, por assim dizer, da nossa existência física. Nós recebemos uma educação, estudamos ou recebemos treinamento numa profissão e, então, estabelecemo-nos num trabalho de longo prazo ou numa carreira; isso nos proporciona certa estabilidade financeira, que por sua vez nos permite colocar, por assim dizer, um telhado sobre a nossa cabeça. Muitas pessoas também estabelecem a sua parceria de vida durante esse período, satisfazendo as suas necessidades diárias de amor, afeição e sexo. Assim, durante essa fase da vida preparamos a fundação necessária para nos apoiar na execução do nosso plano de vida. O plano de vida então é concebido com a intenção de que seja executado a partir da idade de cerca de 35 anos em diante.

Claro que sempre existem exceções à regra geral, e um pequeno número de indivíduos mais lúcidos pode tomar consciência do seu plano de vida e começar a colocá-lo em prática numa idade mais precoce.

*Ter um plano de vida não significa que o seu destino seja cumpri-lo. Não se esqueça de que você sempre tem o direito de exercer o seu livre-arbítrio. Assim, mesmo que tenha estado envolvido no planejamento dos detalhes da sua próxima vida e se lembre do que planejou, você sempre pode optar por fazer algo diferente. O destino é um mito. Isso é evidenciado pelo fato de que uma porcentagem relativamente pequena de pessoas com um plano de vida realmente tem sucesso em executá-lo.* As razões para isso são explicadas posteriormente neste capítulo.

O propósito de se ter um plano de vida, portanto, é otimizar as oportunidades para a nossa evolução e para a de outras pessoas.

Na teoria, a evolução da consciência é uma experiência pessoal e individual, mas num nível prático os seres humanos evoluem muito mais rapidamente em grupos – interagindo uns com os outros. Por exemplo, imagine um ermitão que, em sua busca pela "iluminação", decida passar a vida inteira meditando sozinho no pico de uma montanha, isolado de toda a humanidade. Embora ele possa desenvolver sua capacidade de controlar seus pensamentos e sua capacidade de dominar alguns estados alterados de consciência, você acha que o isolamento vai ajudá-lo a evoluir mais rápido? Não, não vai, simplesmente porque há um limite para a quantidade e variedade de desafios que ele vai enfrentar e, portanto, um limite para quanto ele pode aprender e melhorar a si mesmo numa só vida. Quando se está num grupo, por outro lado, é preciso desenvolver as habilidades necessárias para lidar com todos os problemas que surgem nos relacionamentos. Por exemplo, você tem maturidade para aceitar a autoridade de seus superiores no trabalho? Você consegue lidar bem com a exposição dos seus pontos fracos, como acontece quando você tem um relacionamento próximo com alguém? Você está preparado para fazer sacrifícios para ajudar os outros ou só oferece assistência quando não lhe custa nada? E quem você ajuda? Apenas sua família e amigos ou também pessoas que não conhece?

A vida física, rica em relacionamentos e contatos com outras pessoas, em desafios e experiências, nos apresenta oportunidades para evoluir todos os dias.

*O plano de vida é sempre feito com base no nível exato da capacidade da pessoa, levando em conta os seus pontos fortes e fracos; isso significa que todo mundo é capaz de cumprir seu propósito na vida, desde que não haja autocorrupção. A autocorrupção é quando traímos os nossos próprios princípios; é quando não há coerência entre o que sabemos e o que fazemos. Em outras palavras, se não conseguirmos realizar o que tínhamos planejado para fazer na vida, o problema não está no planejamento, mas na execução.*

O plano de vida, portanto, não está gravado em pedra; ele é mutável. Está sendo constantemente atualizado e redefinido para tirar o melhor proveito das oportunidades que surgem em nosso caminho, levando em conta tanto aquelas que perdemos quanto os imprevistos. Portanto, sempre há um plano B. Por exemplo, talvez o seu plano de vida original exigisse que você vivesse num determinado país onde teria oportunidade para tratar algumas questões cármicas com seu grupo. Então você nasceu lá, mas digamos que, quando era muito jovem, seu país tenha sido invadido; seu povo, obrigado a deixar o país e se dispersado; e você, separado de sua família e levado para um país estrangeiro. Em casos como esse, os amparadores vão modificar o seu plano de vida para adaptá-lo às novas circunstâncias. Portanto, o plano de vida é flexível, mas devemos tomar cuidado para não usar isso como desculpa para não cumpri-lo.

## Miniplano e maxiplano de vida

Nem todo mundo tem um plano específico para a vida física. Considere este fato: mais da metade da população mundial – mais de três bilhões de pessoas – vive com menos de dois dólares americanos por dia.[3] Para essas pessoas, e muitas outras que tentam viver com um pouco mais, as provações diárias para garantir a sobrevivência consomem todo o seu tempo e recursos. A experiência de vida delas está próxima a um tipo de vida instintiva, baseada na satisfação das necessidades biológicas.

Mas qualquer indivíduo que estivesse lúcido durante o período entre vidas terá um plano de vida ou um propósito específico para sua existência que se encaixará numa das seguintes categorias: o miniplano de vida ou o maxiplano de vida.

## O miniplano de vida

O miniplano de vida é um plano menor, mais simples, dedicado à abordagem de questões egocármicas e grupocármicas. Como ele está mais ligado a questões pessoais e menos ligado à evolução, geralmente não é tão complexo. Por exemplo, uma pessoa nasceu numa determinada família para lidar com o seu grupocarma. Ela então se casa e tem cinco filhos e talvez acabe precisando cuidar dos pais idosos ou de um irmão deficiente também. Ela é o epicentro, o pilar de sua unidade familiar, e faz um trabalho maravilhoso ao assumir a responsabilidade pelas várias pessoas que dependem dela. Esse é um exemplo de um miniplano de vida dedicado a um grupocarma.

Embora o miniplano de vida não seja muito complexo, isso não quer dizer que não possa incluir aspectos multidimensionais. Um curandeiro africano que atue como intermediário entre os seres humanos e consciências extrafísicas, como parte de seu trabalho como agente de cura, também está lidando com seu grupocarma. Esse também é um miniplano de vida, mas com uma perspectiva multidimensional.

## O maxiplano de vida

O maxiplano de vida é uma estratégia mais avançada, cumprida com conhecimento de causa e dedicada a abordar questões policármicas, ou seja, questões que têm implicações para o conjunto da humanidade. Comportamento cosmoético, incorruptibilidade pessoal, atitude fraterna universalista e assistência a outras pessoas além da família imediata e dos amigos principalmente por meio de esclarecimentos (quando você ensina os outros a ajudarem a si mesmos) são marcas de um maxiplano de vida. Um exemplo hipotético de um maxiplano é uma vida intencionalmente dedicada à luta contra a exploração dos mais fracos pelos mais fortes. Algumas das maiores indústrias do mundo, incluindo marcas famosas internacionalmente, ganham lucros estratosféricos explorando mão de obra local, nas nações mais pobres do mundo. Trabalhadores sofrem durante 16 horas por dia, suportam riscos constantes à saúde e segurança, vivem em habitações superlotadas e ganham apenas o suficiente para sobreviver. Um indivíduo que opte por trabalhar para uma organização internacional, como a Organização Internacional do Trabalho (OIT), que propositadamente elabora e implementa programas para orientar os trabalhadores vulneráveis sobre os direitos trabalhistas básicos e as leis trabalhistas locais, pode estar colocando em prática um maxiplano de vida.

Outros exemplos de maxiplanos de vida incluem dedicar a vida à intermediar a paz no Oriente Médio, descobrir uma cura para a Aids a preços acessíveis, fazer uma campanha mundial contra a destruição da natureza, desafiar nações a aprimorarem os direitos humanos, pesquisar recursos energéticos sustentáveis.

Nesse nível mais avançado, geralmente são necessárias adaptabilidade e modificações mais constantes. Você pode precisar se desenvolver para lidar com pessoas de muitos países e culturas diferentes ou pode precisar de um corpo físico especial, que tenha um sistema imunológico excepcionalmente forte, para não adoecer com facilidade, por exemplo.

Mas nem todos os maxiplanos de vida possuem um componente multidimensional. Tomemos o exemplo do físico Albert Einstein. Suas teorias revolucionárias moldaram nossa compreensão atual de espaço e tempo, mas o seu plano de vida abordava somente realidades físicas. Outro exemplo é o de Mahatma Gandhi, que lutou pela independência da Índia, libertando um bilhão de indianos do domínio britânico através de uma campanha não violenta de desobediência civil. Não havia nenhum elemento multidimensional no seu plano de vida. Um maxiplano que tinha aspectos multidimensionais é bem ilustrado pela vida do falecido José Arigó, um celebrado médium brasileiro que curou muitos milhares de doentes e moribundos por meio de cirurgias espirituais, enquanto canalizava uma consciência que afirmava ter sido médico na vida física.

O nível de complexidade do plano de vida de uma pessoa, portanto, não é determinado pela presença ou ausência de trabalho transdimensional. O que distingue um maxiplano de um miniplano é o fato de a pessoa estar ou não buscando conscientemente evolução para ela própria e para outras pessoas. Dito de outra forma, um plano de vida concluído inconscientemente é um miniplano.

A linha que separa um miniplano de um maxiplano é apenas didática. Considere o caso de um professor de escola primária que adora o seu trabalho e é excelente no que faz. Se ele passar quarenta anos de sua vida ensinando crianças a serem o melhor que podem ser, inspirando confiança e sendo acessível a elas, ajudando-as a realizar todo o seu potencial, então ele estará trabalhando com indivíduos que não fazem parte do seu grupocarma e estará executando um *midi*plano de vida.

## Sucesso e fracasso na tentativa de cumprir o plano de vida

A conclusão do nosso plano de vida, independentemente de se tratar de um miniplano ou de um maxiplano, é essencial para a nossa evolução. Enquanto algumas pessoas se esforçam para concluir a sua tarefa, outras desperdiçam a oportunidade que a vida lhes apresenta e falham nessa empreitada.

Geralmente, as pessoas que estão conscientes do seu propósito na vida e dedicam-se a cumpri-lo se encaixam em uma dessas duas categorias.

Na primeira categoria estão aqueles que inicialmente se desviaram do que planejaram, mas mais tarde corrigiram seu curso, voltaram aos trilhos e se dedicaram a cumprir a sua tarefa de vida. Por exemplo, talvez alguém com lucidez no período intermissivo já tenha sido médico em vidas anteriores e planejado se tornar um cirurgião plástico em sua vida seguinte para ajudar pessoas desfavorecidas com deformidades físicas. Digamos que essa pessoa tenha nascido então nos Estados Unidos e estudado para ser cirurgião plástico, mas foi seduzida pelas grandes somas proporcionadas pelas cirurgias estéticas e tenha estabelecido um próspero negócio e uma vida confortável em Los Angeles. Então, ela se dedica ao consumismo por vários anos e se desvia do que tinha planejado. Em algum momento, no entanto, algo acontece e a faz questionar suas escolhas de vida. Ela passa por uma profunda renovação interior que provoca, por sua vez, uma mudança externa na forma de uma nova carreira. Ela se filia ao programa Médicos Sem Fronteiras e passa o resto da vida profissional viajando para países do Terceiro Mundo, usando suas habilidades como cirurgião plástico para ajudar a aliviar o sofrimento de pessoas pobres nascidas com deformidades e vítimas de guerra e genocídio.

Para algumas pessoas numa situação como essa, rever as prioridades da sua vida para dar a devida atenção ao seu plano de vida pode ser um enorme desafio. Talvez na época em que elas perceberem que precisam fazer mudanças, já tenham compromissos na forma de parceiros sem nenhum interesse em melhorar a si mesmos, filhos que ocupam todo o seu tempo ou um trabalho que não seja ético. Assim, algumas das mudanças que fazem para voltar aos trilhos e fazer o que foi planejado, tanto interna quanto externamente, podem ser bastante radicais. Mas, no momento em que uma pessoa decide reorganizar a sua vida e priorizar sua reforma interior, ela irá atrair a atenção de amparadores que irão ajudá-la, por isso ela de maneira nenhuma estará sozinha em seus esforços.

Em geral, os indivíduos nessa categoria são mais influenciados pelo seu ambiente e pela sua genética do que pela sua paragenética.

Na segunda categoria estão aquelas pessoas que nunca se desviaram do que foi planejado, que sabem muito bem o que querem desde que tinham muito pouca idade. Elas estabeleceram suas prioridades de modo a facilitar a realização do seu propósito de vida e começaram a cumpri-lo antes da idade de 35 anos.

Pessoas assim sabem o que devem fazer desde a adolescência. Elas já têm alguma consciência do seu período intermissivo e de uma "missão" de vida quando essas realidades ainda estão muito "frescas" na memória, por isso começam a procurar respostas, planejando a vida e dando assistência a outras pessoas, antes de atingir a idade adulta. Elas provavelmente sabem qual deve ser a sua profissão e escolhem algo que vai capacitá-las tanto para ajudar outras pessoas quanto para lhe proporcionar a segurança financeira necessária para que possam investir no seu desenvolvimento pessoal.

Quando essas pessoas tomam grandes decisões na vida, como escolher um parceiro ou decidir se querem filhos, elas invertem as tendências e as normas que a sociedade impõe e acabam optando por ter menos compromissos que as impeçam de prosseguir com o seu projeto de vida. Por exemplo, em vez de simplesmente se tornarem pais, preferem desenvolver seu parapsiquismo, dominar suas energias e trabalhar com o policarma. Portanto, esses indivíduos não adotam os valores da sociedade e isso porque a influência de sua paragenética é mais forte do que a influência do seu ambiente.

As pessoas que se encaixam nessa última categoria têm uma chance maior de executar seu plano de vida do que as da primeira, no entanto o mais importante não é quando você toma consciência do seu propósito na vida, mas se você o cumpre ou não. No livro intitulado *Nossa Evolução*, Waldo Vieira descreve a conclusão com êxito da tarefa de vida de uma pessoa como "o maior triunfo da consciência humana".

## Dez razões que nos levam a não conseguir concretizar nosso plano de vida

Se nos desviamos da nossa evolução e a execução do nosso plano de vida não foi satisfatória, nós muitas vezes experimentamos uma espécie de desconforto ou frustração indefinível com a vida.

Alguns planos de vida não são realizados porque a pessoa morre prematuramente. Mas a maioria das pessoas com um plano de vida não consegue executá-lo por outras razões. Existe uma estimativa aproximada de que apenas um terço das pessoas que têm um plano de vida, seja mini ou maxi, consegue concluí-lo. Isso não é nenhuma surpresa se considerarmos todas as fontes de oposição e interferência, tanto internas quanto externas. Vamos verificar dez dos principais responsáveis por isso.

## Pontos de referência e condicionamentos

A sociedade e o ambiente externo em geral nos pressionam com ideias, pressupostos e grandes expectativas. A maioria dos indivíduos das sociedades ocidentais mais abastadas é condicionada para ter um comportamento robótico, rotineiro, em que falta autoconsciência. Seus pontos de referência para o sucesso são riqueza material, *status* profissional, casamento e filhos, assim, o ciclo autopropagatório do expediente das nove a cinco, das hipotecas, das escolas de prestígio, das férias e assim por diante continua indefinidamente.

## Perspectiva

A perspectiva da existência que se concentra apenas na vida física e não inclui realidades multidimensionais e multiexistenciais, como campos energéticos, vidas passadas, vidas futuras e carma.

## Emotividade

A emotividade normalmente tem o efeito de embotar nossa racionalidade e diminuir a clareza e a serenidade das nossas decisões.

## Relacionamentos

Parceiros que são céticos ou se opõem à ideia de que somos mais do que o corpo físico.

## Intrusos físicos

Às vezes, nossas famílias ou parceiros nos convencem ou pressionam a fazer o que eles querem; por exemplo, dirigir o negócio da família, ter filhos etc. Os membros do seu grupo evolutivo estão ajudando você ou impedindo-o de alcançar o seu plano de vida? Lembre-se, alguns dos nossos intrusos não são extrafísicos.

## Intrusos extrafísicos

Mas há aqueles que são. Muitos planos de vida com grande potencial de produtividade são frustrados pela intrusão extrafísica. Na maioria dos casos, isso acontece porque as pessoas desconhecem o processo de intrusão e não sabem como se desvencilhar dele.

## Guias cegos extrafísicos

Outra interferência extrafísica pode vir na forma de guias cegos que preferem que imitemos vidas passadas – que vivamos o mesmo tipo de vida e façamos as mesmas coisas que fizemos juntamente com eles no passado.

## Automimetismo

No entanto, muitas vezes não precisamos nem do incentivo de nossos guias cegos. Nós queremos imitar o nosso passado porque preferimos fazer o que é fácil e o que já sabemos, em vez de enfrentar o desconhecido.

## Procrastinação e adiamento

Estes são os flagelos do completismo existencial.

## Falta de motivação

A falta de motivação para a reforma interior é um problema íntimo, que parte de dentro de nós. Se estamos à procura de desculpas para não realizar nosso plano de vida e ter uma vida pacata, confortável, em vez disso, é muito fácil encontrá-las. O problema é que muitas pessoas dão desculpas porque não estão dispostas a pagar o preço da evolução – e há um preço a pagar. Segundo a minha própria experiência, ao tentar cumprir o que entendo ser meu propósito na vida, percebi que ele requer esforço, tenacidade e sacrifício, e está cheio de desafios. Mas, quando as coisas ficam difíceis, eu me lembro de que meu interesse em cumprir o meu propósito na vida não é condicional a que ele seja fácil, e simplesmente continuo em frente.

Para explicar isso de outra maneira, analise o diagrama a seguir.

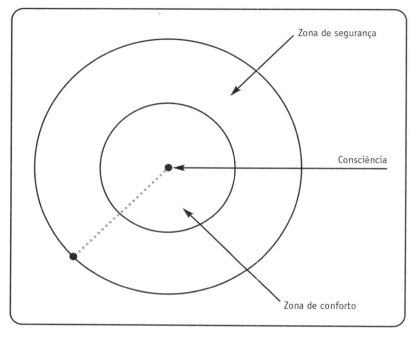

Zona de conforto e zona de segurança (Santos, 2003)

O ponto no centro do círculo interno é a consciência, e o círculo interno é a zona de conforto. Quando vivemos a vida dentro da nossa zona de conforto, experimentamos níveis mais baixos de estresse, conflito, desafio e risco, mas ainda há problemas. Podemos sentir frustração, decepção e até mesmo angústia, porque nos desviamos do nosso plano de vida. Assim, embora a vida seja gerenciável na zona de conforto, ela é em última análise insatisfatória, porque não há crescimento nesse nível.

O próximo círculo é a zona de segurança. Embora a vida aqui não exija de nós nada que esteja além da nossa capacidade, somos confrontados com situações complexas e temos de lidar com elas. A vida é mais estressante e imprevisível, mas estamos felizes porque estamos seguindo o que planejamos. Na realidade, não podemos esperar evoluir sem estresse, porque, se não há nenhum esforço, não estamos sendo desafiados ou pressionados a mudar. Devemos procurar viver nossa vida na borda exterior da zona de segurança; em outras palavras, no limite das nossas capacidades, porque é aí que a evolução acontece. Assim, a pergunta que você precisa fazer a si mesmo é: que preço, se houver, você está preparado para pagar pela sua evolução?

Esses são exemplos das dez fontes mais comuns de interferência que impedem as pessoas de executar com êxito a sua missão de vida.

Numa determinada época, os amparadores constataram quanto era difícil para as pessoas simplesmente se lembrarem do seu plano de vida na vida física, quiçá executá-lo. Assim, do mesmo modo que estamos aqui, aprendendo sobre outras dimensões e estudando a evolução da consciência, eles desenvolveram um curso em que consciências *extrafísicas* lúcidas estudam a dimensão física e a evolução durante o período entre vidas, com o objetivo de executar com êxito a sua missão de vida na próxima vida física. Esse curso é conhecido como curso intermissivo.

## O curso intermissivo

Como mencionei no Capítulo 3, os amparadores têm diferentes áreas de especialidade ou experiência. Aqueles que supervisionam o curso intermissivo, conhecidos como orientadores evolutivos, são especialistas em evolução, estão mais adiantados em termos de evolução do que a maioria dos outros amparadores e são os mentores dos amparadores do nosso grupo evolutivo.

Durante o curso intermissivo, orientadores e amparadores evolutivos oferecem uma série de aulas teóricas e práticas sobre temas como autoconsciência multidimensional, serialidade, plano de vida, obstáculos à evolução na dimensão física, livre-arbítrio, prática da projeção lúcida, bioenergia, policarma, retrocognições e cosmoética. É bastante óbvio, portanto, por que aqueles de vocês que frequentaram um curso intermissivo vão sentir afinidade com as ideias apresentadas neste livro.

Embora os cursos intermissivos sejam acessíveis a todas as consciências que estejam interessadas, existem alguns pré-requisitos consensuais para frequentá-los. Para ser elegível você deve ter:

- passado pela segunda morte e recuperado a lucidez extrafísica, ou seja, percebido que já não está vivo no sentido físico ou, caso tenha morrido quando criança, já recuperado a idade adulta extrafísica;
- adquirido alguma experiência multidimensional, como, por exemplo, aceitado a serialidade existencial como uma realidade;
- e já ter alcançado um nível evolutivo razoável.

# Como nosso plano de vida é decidido

## Oportunidades de otimização para a evolução

Como mencionado no início deste capítulo, pressupondo que estejamos lúcidos durante o período entre vidas, podemos participar da análise e do planejamento da nossa próxima vida física. Nós fazemos isso em conjunto com uma equipe de amparadores extrafísicos que mapeia seus temas-chave. O orientador evolutivo do nosso grupo cármico vai fazer algumas sugestões finais sobre o plano que vamos provavelmente aceitar.

É claro que o principal elemento que deve ser levado em conta na elaboração do plano de vida relaciona-se com as condições que otimizarão nossa evolução. Quem serão os pais mais adequados para nós? Eles podem nos proporcionar uma educação razoável? Que parceiros potenciais podem nos apoiar e ajudar em nossas metas? Que nacionalidades e culturas podem nos propiciar as condições mais adequadas e favoráveis?

Muitas vezes, o orientador evolutivo nos dá duas ou três opções com relação a onde e com quem poderemos nascer (ele pode até mesmo criar algumas sincronicidades que permitam que nossos futuros pais se encontrem, caso isso ainda não tenha acontecido), para que, então, possamos escolher a opção que queremos. Mas, embora você possa escolher, digamos, a opção A, achando que ela lhe dará uma oportunidade para abordar certos aspectos do seu desenvolvimento que no seu entender devem ser priorizados, o orientador evolutivo pode sugerir outros pontos que você não achava que fossem tão importantes e que seriam abordados mais adequadamente pela opção B. Assim, embora ele não imponha nada a você – as decisões são principalmente suas –, ele está ao seu lado para ajudá-lo a ver o quadro mais amplo.

## Adaptação das habilidades às necessidades

Outra estratégia que ele usa para ajudar a formular o nosso plano de vida é uma análise de nossos pontos fortes e fracos, para que possa combinar as nossas habilidades com as nossas necessidades individuais, as necessidades do nosso grupo e as da humanidade. Por exemplo, alguns instrutores e voluntários envolvidos na Conscienciologia pelo mundo afora, em vez de esperar pelo seu próximo período intermissivo para começar a planejar sua próxima vida, já estão considerando a possibilidade de uma vida futura na China. Existem alguns paralelos entre a cultura chinesa e a Conscienciologia, particularmente no que diz respeito à compreensão da bioenergia. Esses indivíduos poderiam prestar assistência na China, fornecendo um embasamento científico mais atualizado para alguns dos aspectos culturais desse país e ajudando-o, assim, a servir como ponte para o Ocidente num momento em que ele sem dúvida vai ser a maior potência do planeta.

## Parceiros evolutivos

Algo de grande interesse para muitas pessoas que buscam ativamente cumprir seu plano de vida é identificar a pessoa com quem planejaram passar a vida (caso ainda não a tenham encontrado). Mas, assim como o plano de vida em si, a parceria evolutiva que planejamos não é algo *predestinado*. Na maioria dos casos, vários conjuntos de parcerias potenciais poderão ser identificados. O parceiro A (por falta de uma expressão melhor) é geralmente a pessoa que mais vai otimizar as oportunidades para a sua evolução e é também aquela com quem você irá partilhar o mais alto nível de amor, intimidade e conexão espontânea. Se eventos ou circunstâncias inesperados impedi-lo de encontrar o seu parceiro A (por exemplo, se ele morrer num acidente de carro na adolescência) ou você não se conectar com essa pessoa como estava planejado, os amparadores vão tentar providenciar o seu encontro com o parceiro B, C ou D etc. Como você pode imaginar, isso pode dar muito trabalho.

O parceiro evolutivo é selecionado tendo em vista que essa parceria é coerente com o fato de que somos mais do que apenas um corpo físico; ela enfoca e prioriza a realização da tarefa de vida de cada parceiro e visa resultados em termos da evolução de ambos os parceiros.

Assim, o nosso parceiro evolutivo é um indivíduo que nos ajuda a:

- cumprir o nosso propósito na vida,
- analisar nossos traços fortes e fracos,
- tornar-nos mais maduros e cosmoéticos,
- tornar-nos mais dispostos e aptos a ajudar outras pessoas,
- controlar as nossas energias,
- desenvolver o nosso parapsiquismo,
- e tornar-nos mais conscientes dos aspectos multidimensionais e multisseriais da existência.

E nós fazemos o mesmo por ele. Com o tempo, os parceiros compartilham áreas substanciais dos planos de vida um do outro e a sua execução.

É importante compreender, contudo, que a parceria evolutiva não é um tipo de utopia na qual todos os problemas do relacionamento estão solucionados. Quando uma pessoa está conscientemente tentando evoluir, ela sempre precisa enfrentar desafios.

## O encontro do seu parceiro evolutivo

Talvez você já esteja com o seu parceiro evolutivo ou reconheça que a pessoa com quem você está não apoia os seus esforços para crescer e evoluir, ou até impede que você realize o que planejou. Ou talvez você seja solteiro. Se está procurando seu parceiro evolutivo, a coisa mais importante a lembrar é que os seus sentimentos e ideias subjacentes sempre atrairão pessoas com uma mentalidade parecida. Se você vive a sua vida de modo coerente às ideias associadas à sua parceria evolutiva, isso fará com que você brilhe energicamente e criará sincronicidades que facilitarão o encontro com outras pessoas que compartilhem objetivos mais amplos semelhantes.

# Moratórias

Se uma pessoa que deveria morrer (por exemplo, ela salta de um avião e seu paraquedas não abre a 8 mil pés) recebe uma extensão de vida (por exemplo, ela cai num monte de feno macio o suficiente para amortecer a queda), às vezes isso é chamado de moratória, ou seja, concedeu-se à pessoa uma espécie de indulto de morte. Às vezes, concede-se à pessoa o que é conhecido na Conscienciologia como uma moratória existencial, que é uma extensão da longevidade física concedida com a finalidade específica de permitir a ela mais tempo para realizar parte do seu plano de vida ou para concluí-lo. Mais uma vez, é o orientador evolutivo o responsável por essa intercessão. A experiência de quase morte (EQM) na qual uma pessoa se reúne com seu orientador e obtém informações capazes de levar a uma crise evolutiva que resulta em mudanças significativas na sua vida, é um exemplo de uma moratória existencial. Isso pode acontecer quando uma pessoa desviou-se do seu plano de vida.

Existem dois tipos de moratórias existenciais.

## Moratória existencial menor

A moratória existencial menor acontece quando se concede a uma pessoa que vai morrer mais tempo para que ela possa concluir seu plano de vida, independentemente de se tratar de um miniplano ou um maxiplano. Indicado para o Prêmio Nobel da Paz em 1998 e considerado um exemplo de perdão, tolerância, paz e compaixão, o falecido rei Hussein da Jordânia é alguém que provavelmente recebeu várias moratórias menores para que tivesse novas oportunidades para concluir um maxiplano de vida – levar a paz ao Oriente Médio. De acordo com um livro sobre sua vida, escrito pela sua quarta esposa, a rainha Noor, os ataques ao rei Hussein se tornaram verdadeiras lendas. "Quando ele tinha 16 anos, sobreviveu ao primeiro atentado à sua vida (o primeiro de mais de dez, e o mesmo em que seu avô, o rei Abdullah, foi assassinado), quando a bala disparada para acertar seu peito atingiu uma medalha que o avô tinha insistido para que ele usasse aquela manhã. Ele também sobreviveu a uma emboscada aérea de jatos MiG sírios, emboscadas em estradas, tentativas de envenenamento por comida e gotas nasais, guerras com vários vizinhos árabes e invasões por parte da OLP. Ele lutou contra tentativas de golpe e superou um câncer nos rins em 1992, antes de finalmente sucumbir a um linfoma em 1999 (Noor, 2005).

## Moratória existencial maior

A moratória existencial maior acontece quando uma pessoa que teve sucesso em concluir seu maxiplano de vida está se aproximando da morte, mas por méritos recebe novas tarefas do orientador evolutivo e mais tempo para executá-las. Nesses casos, os amparadores podem fazer "renovações" no corpo físico da pessoa para que ela possa usufruir da moratória.

# Melancolia e euforia relacionadas ao fracasso ou ao sucesso do plano de vida

Quando as pessoas se desviam do seu plano de vida, às vezes tornam-se melancólicas sem saber por quê. Um mal-estar que a pessoa não consegue definir se instala dentro dela e a vida começa a parecer vazia e insatisfatória. A não conclusão do plano de vida, portanto, às vezes se manifesta como depressão ou até mesmo como uma crise de meia-idade – pois o que é uma crise de meia-idade se não um sentimento intangível de fracasso?

Você conhece idosos rabugentos, que são aquele tipo de pessoa pessimista que só vê o lado ruim das coisas? Isso também pode ser uma manifestação comum de melancolia associada à percepção de que se levou uma existência superficial e de pouco de valor. E, no caso das pessoas mais idosas, isso é ainda mais exacerbado pela constatação de que é tarde demais para começar do zero.

E você? Se morresse hoje, se sentiria satisfeito com o que fez até agora?

A melancolia relacionada com a falta de êxito na execução de um plano de vida também pode ser sentida após a morte, especialmente por aqueles que são mais lúcidos. Isso é conhecido como melancolia extrafísica.

Se você tem um plano de vida, depois da sua morte, o seu orientador evolutivo pode lhe propiciar uma revisão panorâmica da sua vida, para que você possa, sob a orientação dele, analisar e avaliar o seu desempenho e também aprender com ele e entender que cada pensamento, ação e omissão seu teve consequências para as outras pessoas também.

Como você acha que se sentiria se, durante a revisão da sua vida, você visse que tinha todas as oportunidades, recursos e contatos para executar com êxito o seu plano de vida, mas se desviou e não conseguiu? Isso é o que causa a melancolia extrafísica, que é uma condição particularmente angustiante, pois sabemos que, ao fazer escolhas impróprias, perdemos oportunidades para evoluir, e essas oportunidades podem nunca mais ser recuperadas.

Por outro lado, quando sabe que está no caminho certo com relação ao seu plano de vida, você pode se sentir eufórico. Você está ciente do seu plano, sabe que pode realizá-lo, está cheio de força e energia para fazer isso e sente-se motivado para avançar ainda mais numa próxima vida. É normal que você também encontre problemas e desafios, porque essa é a natureza da evolução, mas eles não vão derrubá-lo.

Você também pode experimentar a euforia após a morte – a euforia extrafísica. Você faz uma retrospectiva da sua vida com o orientador evolutivo e vê que conseguiu realizar seu plano de vida como pretendia, e sente um profundo e duradouro sentimento de satisfação e realização.

## Capítulo Onze

# Identificação do seu propósito na vida

> Se você agir sobre seus objetivos, suas metas vão agir sobre você. Se agir sobre o seu plano, seu plano vai agir sobre você. Qualquer coisa boa que construímos acaba por nos construir.
>
> *— Jim Rohn*

Mesmo que as aparências possam sugerir que tudo está bem no nosso mundo e que a nossa vida está nos trilhos – por exemplo, temos uma carreira satisfatória, independência financeira e família e amigos à nossa volta –, às vezes nos sentimos vazios por dentro. Temos uma forte intuição de que algo está faltando em nossa vida, que há outra coisa que supostamente deveríamos estar fazendo, só não sabemos o quê. Essas sensações podem indicar um plano de vida que ainda não foi realizado.

Se você se sentir dessa maneira, comece a fazer a si mesmo a pergunta: "O que vim fazer nesta vida física?".

É uma grande pergunta, obviamente, e começar a procurar as respostas pode parecer assustador. Felizmente, existem várias ferramentas e recursos disponíveis para ajudá-lo a recordar ou identificar o seu plano de vida. Dê uma olhada nas seções a seguir.

# Fórmula dos pontos fortes e fracos pessoais

Você já aprendeu nos capítulos anteriores como identificar seus pontos fortes e fracos. Eu recomendaria agora que você recorresse ao conhecimento e à experiência que os seus amigos, familiares, colegas e até desafetos têm com relação a você, para enriquecer as listas dos seus pontos pessoais e lhes dar mais objetividade. Lembre-se, seus pontos fortes incluem todas as suas qualidades, atributos, aptidões, capacidades, competências, inteligências e talentos, enquanto seus pontos fracos incluem seus vícios, deficiências, limitações, inaptidões, maus hábitos e imaturidade.

A lista resultante, com duas colunas paralelas, contém pistas não só do seu passado, mas também do seu presente. Como assim?

Em primeiro lugar, a nossa vida é planejada de tal forma que a realização dos objetivos a que nos propusemos exige que recorramos à nossa combinação única de características positivas. Se estamos nos esforçando para alcançar algo significativo, faz sentido recorrermos ao maior número possível de pontos fortes que temos, não é mesmo? Assim, para este exercício, em vez de analisar cada um dos seus pontos fortes isoladamente, tente ver o que é único na *combinação* de todos eles. Vamos voltar ao exemplo do cirurgião plástico do capítulo anterior, que estava fazendo fortuna realizando plásticas em Los Angeles e tinha se desviado do seu plano de vida. Se ele tivesse aplicado a fórmula dos pontos fortes e fracos para chegar à conclusão de que deveria deixar Los Angeles e usar suas habilidades no Terceiro Mundo, poderia ser que identificasse uma combinação de pontos fortes como a seguir:

- formação em medicina,
- habilidades cirúrgicas e "estômago" para exercer a profissão,
- uma segunda língua por ter sido criado num ambiente bilíngue,
- capacidade de aprender facilmente outras línguas estrangeiras,
- uma forte vontade e determinação para alcançar os objetivos definidos,
- compaixão pelo sofrimento dos outros,
- adaptabilidade,
- humildade.

Você pode ver que a decisão do médico de utilizar o seu conhecimento altamente especializado nos países mais pobres, onde a oferta das suas habilidades é pequena, mas a necessidade delas é grande, está em consonância com a forma pela qual os planos de vida são formulados. O médico queria e pôde fazer o seu trabalho de assistência com eficácia devido à sua formação em medicina e natureza compassiva, seu talento para aprender outras línguas e sua capacidade de se adaptar a culturas estrangeiras e condições de vida menos confortáveis.

E quanto a você? Não é preciso que seja cirurgião ou político ou uma estrela do rock com a consciência de que tem algo valioso a oferecer ou algo significativo para fazer com a sua vida, por isso não se subestime. Lembre-se, não existem duas pessoas exatamente iguais, nem mesmo se forem gêmeas idênticas. Tente identificar o que é especial e único no seu conjunto de características positivas. E depois veja como você pode usá-las para ajudar a si mesmo e aos outros. Isso vai lhe fornecer algumas pistas sobre o seu propósito de vida.

Segundo, nossa vida também é planejada para nos proporcionar oportunidades para enfrentar e superar nossos pontos fracos. Vamos considerar novamente o caso hipotético do médico. Talvez ele tivesse que superar o medo de voar para poder executar o seu plano de vida. Talvez ele fosse uma pessoa tímida, mas a natureza de seu trabalho o tenha transformado numa pequena celebridade em seu campo de atuação, obrigando-o a aprender a lidar com a atenção das outras pessoas.

Mais uma vez pergunto, e você? Se está se escondendo na segurança e na previsibilidade da sua zona de conforto, aproveite as oportunidades para enfrentar suas fraquezas e seus medos. Se você fizer isso por conta própria, evitará as crises e traumas que ocorrem quando circunstâncias além do seu controle o forçarem a agir. Isso é assumir o controle da própria vida. Isso é evolução.

## Fórmula da reciprocidade pessoal

Outra fórmula que pode nos ajudar a identificar e compreender nosso plano de vida é a fórmula da reciprocidade pessoal, que descreverei em poucas palavras. Existe um equilíbrio entre o que você recebeu da vida e o que tem feito em troca? O que você recebeu da vida? Teve uma boa educação? Tem um trabalho ou carreira gratificante, um parceiro e uma família amorosa? Você cresceu num ambiente desprovido dos rigores da vida? Às vezes, durante a fase de preparação da nossa vida, os amparadores investem mais em nós, nos oferecendo oportunidades adicionais que nos ajudarão a executar o nosso plano de vida mais tarde na vida. Portanto, tente pensar se você não recebeu nada de anormal ou incomum no início da vida. Por exemplo, você teve um professor que demonstrou um interesse especial em você, herdou dinheiro ou uma propriedade, cresceu num ambiente bilíngue ou trilíngue, teve acesso às melhores universidades ou profissões graças a contatos familiares, teve muitas EFC lúcidas ou outros episódios psíquicos quando criança, encontrou um parceiro que foi muito solidário com o seu desenvolvimento pessoal etc.?

E se você teve todos esses meios para evoluir, os amparadores investiram em você e tudo foi feito para apoiar a sua evolução desde que você nasceu, mas você não cumpriu sua tarefa? Então essas coisas que lhe foram dadas são luxos e privilégios que você não valorizou. Depois da idade de 35 anos, temos que pensar em reciprocidade, em dar algo em troca do que recebemos da vida. E no que podemos fazer para ajudar outras pessoas. Quando consideramos como a nossa ajuda pode ter o efeito mais abrangente possível sobre os outros, há duas coisas que convém termos em mente. Em primeiro lugar, esforçarmo-nos para nos envolver em ações que tenham o maior impacto coletivo – é melhor ajudar mil pessoas do que apenas uma. E segundo, a assistência geralmente se encaixa em uma de duas categorias: consolo ou esclarecimento. Definirei isso em mais detalhes, mas em poucas palavras, no Capítulo 12, pois como já mencionei, quando esclarecemos outras pessoas, nós lhes ensinamos a ajudar a si mesmas, e esse é o melhor tipo de assistência que podemos oferecer.

Assim, para este exercício, sugiro que você faça uma lista de todas as coisas que recebeu da vida até agora e, em seguida, anote tudo que tem feito em retribuição. Existe um equilíbrio? E se não houver, e você já estiver na segunda metade da vida, comece a pensar em como pode retribuir a partir de hoje. Depois que começar a retribuir, de acordo com as sugestões dadas aqui, o seu plano de vida começará a se desenrolar.

## Experiências lúcidas fora do corpo

O meio mais eficaz para identificar o nosso propósito na vida é aprender a produzir projeções conscientes, porque há várias maneiras pelas quais podemos descobrir o nosso plano de vida fora do corpo. Por exemplo:

- Quando temos EFC lúcidas, podemos acessar nossa holomemória, na qual os detalhes do que tínhamos planejado para esta vida antes de nascer estão armazenados.
- Você pode escolher se encontrar com um dos amparadores que ajudou a desenvolver o seu plano de vida. Ele pode dizer: "Veja, você esqueceu o que combinamos e se desviou. Lembre-se, nós planejamos que você faria x, y e z etc.". Mas saiba que, se você se lembrar de experiências como essa fora do corpo, precisa ter certeza de que: (a) foram experiências lúcidas e (b) você estava se comunicando com um amparador, não com um intruso ou guia cego.
- Ou você pode tentar se encontrar com o seu orientador evolutivo enquanto estiver fora do corpo.
- Outro alvo para uma projeção lúcida poderia ser a sua colônia extrafísica, o lugar onde você participou do curso intermissivo e terminou a sua formação e preparação para a vida física atual, pois, se atingir esse alvo, vai ser mais fácil para você recordar o seu plano de vida. Nessa colônia, você poderá também conhecer os membros do seu grupocarma extrafísico, alguns dos quais poderão confirmar as suas recordações.

O que vai determinar o nível de sucesso que você terá em todos os seus objetivos projetivos é a sua força de vontade, por isso não pense que qualquer um desses objetivos está além da sua capacidade. Seja determinado. Não desista.

# Retrocognições

Produzir uma retrocognição do seu mais recente período intermissivo é outra técnica para relembrar o seu plano de vida. Você pode experimentar a técnica da auto-hipnose retrocognitiva, como descrita no Capítulo 8, ou pode marcar uma sessão num retrocognitarium, um laboratório especialmente projetado para facilitar a lembrança de vidas passadas e períodos intermissivos (mais detalhes a respeito foram apresentados também no Capítulo 8).

## Técnica do "um ano a mais"

Depois que tivermos obtido algumas pistas do nosso propósito na vida ou o identificado, há algumas técnicas úteis que podemos empregar para dinamizar a sua execução, caso precisemos de um impulso extra.

A técnica do "um ano a mais" pode nos ajudar quando nossa motivação começa a esmorecer, e ela é muito simples em sua estratégia: viver cada ano que passa como se fosse o último.

Imagine que você tenha consultado o seu médico hoje e ele disse: "Lamento, mas você tem uma doença terminal e vai morrer em exatamente 365 dias". Ou seja, você tem apenas mais um ano para cumprir o seu propósito de vida. O que você faria com o tempo restante? O que você *não* faria? Imagine que de fato seja essa a sua situação. A adoção dessa postura pode nos inspirar e motivar a priorizar nossa vida e cumprir, em apenas doze meses, o equivalente a vários anos de execução do nosso plano de vida. Nesse contexto, aqui estão alguns passos úteis a considerar nos próximos 365 dias.

- Identifique os projetos e objetivos que você estabeleceu há muito tempo, mas ainda não conseguiu cumprir, e elabore um plano para a realização dessas prioridades no período de um ano.
- Deixe de lado todas as atividades desnecessárias para a execução de suas prioridades.
- Seja disciplinado, durma um pouco menos e ganhe tempo extra.

- Identifique o seu mais poderoso ponto forte e tire o máximo proveito dele.
- Produza tanto quanto puder com o seu tempo e energia e aproveite as oportunidades que surgirem em seu caminho, sem comprometer a sua saúde.
- Melhore o seu carma cultivando relacionamentos positivos com sua família, amigos, colegas, rivais, e até mesmo com seus animais de estimação; e exercite o seu afeto e espírito de fraternidade com todas as pessoas.

## Técnica das 50 vezes

Outra técnica para dinamizar o seu plano de vida é a das 50 vezes, que funciona assim: tudo o que você precisa fazer corretamente e com qualidade, faça 50 vezes. Por exemplo, faça o estado vibracional 50 vezes por dia; aprenda todas as técnicas para deixar o corpo corretamente, tentando cada uma delas 50 vezes; dedique 50 vezes mais tempo a cada tarefa que valha a pena realizar; tenha 50 vezes mais motivação e 50 vezes mais atenção.

Em outras palavras, desenvolva os atributos positivos da perseverança e da tenacidade e veja os resultados evolutivos por si mesmo.

## Livros e cursos

Outros recursos que posso recomendar e são úteis tanto na identificação quanto na dinamização do seu plano de vida incluem um livro de Waldo Vieira intitulado *Manual da Proexis – Programação Existencial*. "Programação Existencial" é o termo cunhado por Vieira para designar "a programação específica de cada personalidade humana para sua nova vida nesta dimensão física" (Vieira, 1997).

A International Academy of Consciousness, que tem centros educacionais em todo o mundo, e o Instituto Internacional de Projeciologia e Conscienciologia, sediado no Brasil, oferecem cursos projetados especificamente para ajudar os interessados a identificar seu plano de vida. Por favor, consulte o apêndice para verificar os dados de contato dessas organizações. Eles lhe fornecerão com satisfação informações adicionais.

## Precauções

Uma última palavra sobre as realidades de quem está tentando descobrir o seu verdadeiro sentido na vida.

Em primeiro lugar, você deve se preparar para a possibilidade de não saber de antemão todos os detalhes do seu plano de vida. Se você tem uma ideia, um palpite, uma dica a respeito do que deve fazer na vida, não fique parado, faça alguma coisa nesse sentido. Coloque um pé na frente do outro. Dessa sua nova posição, mais ideias serão reveladas e as coisas vão se tornar progressivamente mais claras à medida que seguir em frente.

Em segundo lugar, como acontece sempre que estamos nos esforçando para conseguir alguma coisa, tenha em mente que a vida raramente é perfeita. Assim, embora o ideal fosse que todas as nossas necessidades fossem satisfeitas e a vida transcorresse com serenidade e sem estresse, antes de começamos a pensar em executar nosso verdadeiro propósito na vida, isso pode nunca acontecer. Como eu disse no capítulo anterior, se quiser encontrar desculpas para não cumprir o seu plano de vida, você sempre vai encontrá-las. "Eu não tenho dinheiro suficiente, não tenho uma namorada, não tenho casa própria ainda, minha mãe está doente etc." Eu não estou defendendo, de modo algum, a ideia de que você seja irresponsável e deixe de lado as suas responsabilidades. Estou apenas advertindo-o contra a procrastinação.

*Se você tiver qualquer pista do seu plano de vida, não espere; tome hoje mesmo alguma providência para executá-lo.*

Capítulo Doze

# Holomaturidade

A evolução consciencial é a jornada da consciência da imaturidade para a maturidade.

— *Waldo Vieira*

## Tipos de maturidade

O processo de evolução é, basicamente, o exercício de aumentar o seu nível de maturidade. Se estamos nos esforçando para nos tornar seres multidimensionais mais lúcidos, então é importante que saibamos nos comportar com maturidade tanto fora quanto dentro do corpo. Cosmoética são regras morais que nos ajudam a fazer isso, pois elas são aplicáveis em todos os lugares a que vamos, tanto física quanto extrafisicamente. Vamos discutir a Cosmoética em detalhes no próximo capítulo. Mas, por ora, consideremos o que significa ser maduro.

A maturidade pode ser definida como o estado ou qualidade de estar totalmente formado ou desenvolvido. É quando algo atingiu um nível de prontidão ou perfeição, como quando uma fruta está madura ou um plano está pronto para ser implementado. Como consciências humanas, temos três tipos de maturidade:

# Maturidade fisiológica

A maturidade fisiológica ou biológica acontece quando o corpo está totalmente desenvolvido, o que geralmente ocorre em torno dos 26 anos. Pode parecer que o corpo para de crescer antes disso, mas os nossos ossos mais longos ainda produzem novas células até a idade de 26 anos. A idade exata em que atingimos a maturidade fisiológica varia de pessoa para pessoa e há também algumas diferenças entre homens e mulheres, uma vez que as meninas tendem a amadurecer biologicamente mais depressa do que os meninos. Também se costuma acreditar que as mulheres envelhecem mais rapidamente do que os homens, mas ainda não há nenhuma evidência que corrobore essa teoria. De qualquer forma, podemos dizer que, com a idade de 26 anos, o corpo já atingiu todo o seu potencial.

# Maturidade psicológica

Em média, atingimos a maturidade psicológica com a idade de 35 anos. Até esse momento estamos adquirindo maturidade psicológica, aprendendo sobre nós mesmos e a lidar com todos os diferentes tipos de pessoa com quem entramos em contato na sociedade. Temos maturidade psicológica quando já somos hábeis em administrar os vários relacionamentos da nossa vida, aqueles que temos com nossos familiares, parentes mais distantes, parceiros, chefes, colegas, amigos, vizinhos, professores, estudantes e animais de estimação. Sabemos defender nossas ideias e lidar com o confronto sem nos exaltarmos; somos flexíveis e capazes de fazer concessões dentro da razão; aprendemos a levar em conta as necessidades dos outros; não somos muito exigentes nem egoístas; somos capazes de assumir a responsabilidade por outras pessoas etc.

A maturidade psicológica pode ser reconhecida em pessoas que são estáveis e equilibradas em suas opiniões e emoções. Vemos que adolescentes ainda não adquiriram esse tipo de maturidade, porque são impulsivos e altamente carregados emocionalmente. Tendem a fazer tempestades em copo d'água, dramatizando pequenos problemas como se fossem o fim do mundo.

Embora seja possível afirmar que a maturidade psicológica ocorre por volta dos 35 anos, obviamente ela é mais difícil de mensurar do que a maturidade fisiológica. A natureza de algumas culturas também pode facilitar ou dificultar o seu desenvolvimento. Alguns povos indígenas que vivem em florestas tropicais remotas do Brasil, por exemplo, não reconhecem a adolescência. Assim que os meninos chegam à maturidade sexual, eles são considerados adultos, ou seja, os seus dias de infância, sem preocupações, acabam com a idade de 13 ou 14 anos e eles têm que assumir toda a disciplina e responsabilidades da vida adulta. Em circunstâncias como essas, os indivíduos podem alcançar a maturidade psicológica mais cedo.

## Maturidade intelectual

São vários os requisitos para se ter maturidade intelectual, geralmente alcançada em torno da idade de 50 anos. Eles incluem o seguinte:

- Precisamos de alguma experiência de vida para sermos capazes de realizar algo intelectualmente. Por exemplo, muito raramente vemos crianças ou adolescentes propondo novas leis da física ou escrevendo novas teorias no campo da psicologia, economia ou matemática. Intelectuais de renome, como Einstein e Jung, não eram jovens quando escreveram suas teorias. Um dos papéis mais desafiadores do mundo, do ponto de vista intelectual, é ser o líder democraticamente eleito de um país, pois, em princípio, um alto nível de inteligência é pré-requisito para essa tarefa. Por conseguinte, a maioria dos presidentes dos Estados Unidos tinha entre 50 e 59 anos de idade quando foram eleitos para o cargo.
- Outro critério para a maturidade intelectual é a capacidade de analisar e criticar o conhecimento, uma habilidade que nem todo mundo tem. Algumas pessoas acreditam em tudo o que leem sobre dietas de emagrecimento, por exemplo, até mesmo ideias ou princípios que se contradizem. Eu também conheci muitas pessoas que estudaram extensivamente um assunto em particular, relacionado com a multidimensionalidade,

como vidas passadas, mas acreditam em tudo o que leem sobre o assunto, ao ponto de defender teorias contraditórias. Isso mostra que elas não têm a capacidade de discernir se uma linha de pensamento é melhor do que outra em função de x, y e z. Portanto, a maturidade intelectual também é saber diferenciar coisas que parecem estar próximas umas das outras.

- O oposto dessa forte característica é o que se conhece como maniqueísmo, que é quando vemos as coisas em pares opostos e incompatíveis, preto ou branco, certo ou errado. De acordo com a religião em que fui criada, por exemplo, o aborto é sempre errado. Mas a vida real não é assim tão simplista. E se uma paciente em coma for estuprada por um funcionário do hospital, enquanto estiver internada, e engravidar? E se uma menina de 12 anos de idade é estuprada e engravida do pai? E se uma mulher tem vários fetos crescendo em seu ventre, mas a vida de todos estiver em risco por não terem espaço suficiente para se desenvolver? Será que o aborto é errado nesses casos? Assim, a maturidade intelectual também exige que o nosso discernimento seja bem desenvolvido; que tenhamos capacidade para ver o quadro mais amplo, que inclui os muitos tons de cinza entre o preto e branco. Quanto mais tons pudermos ver, melhor.

- Alguém com maturidade intelectual também pode associar ideias, o que significa que pode combinar sua lógica, racionalidade e inteligência para fazer novas conexões ou associações entre disciplinas (aparentemente) não relacionadas. A física quântica, que relaciona a física tradicional à filosofia, é um bom exemplo de associação de ideias. Essa capacidade mostra que o pensamento de uma pessoa é rico e tem profundidade. Mas, novamente, não podemos esperar isso de pessoas muito jovens.

- O intelecto de uma pessoa com maturidade intelectual é multifacetado, significando que ela adquiriu diferentes tipos de inteligência; por exemplo, inteligência linguística, musical, espacial, psíquica, evolutiva, matemática etc.

- Todos nós podemos ser consumidores de intelectualidade, quando buscamos um curso acadêmico ou lemos um livro. Mas, quando uma pessoa pode produzir algo intelectual, tal como um pesquisador, inventor, compositor ou escritor (e em certos casos, um artista), essa é uma indicação (não um critério) de conquista da maturidade intelectual.

# Holomaturidade

A cada vida que temos, adquirimos um certo nível de maturidade fisiológica e psicológica. Algumas pessoas, em algumas vidas, também adquirem diferentes níveis de maturidade intelectual e energética. Agora pense no valor da soma dessas maturidades ao longo de muitas vidas, pois essa acumulação ocorre dentro da consciência. Além do mais, também adquirimos experiência, sabedoria e, portanto, maturidade entre as vidas. Talvez alguns de nós dediquemos nossos períodos intermissivos a ajudar os outros, visitar outros planetas e aprender sobre comunidades extrafísicas extraterrestres, ou fazer cursos intermissivos avançados etc. É essa acumulação da maturidade global da consciência que é conhecida como holomaturidade.

*A holomaturidade é mais bem definida como a maturidade da consciência baseada no paradigma consciencial, que reconhece que a verdadeira natureza da consciência vai muito além das fronteiras do reino físico.*

### Reconhecendo consciências maduras

Como podemos reconhecer as consciências extrafísicas mais maturas quando estamos projetados fora do corpo ou no período entre vidas? Pelo fato de podermos mudar a nossa aparência na dimensão extrafísica, a aparência de uma consciência extrafísica é um indicador muito duvidoso do seu nível de maturidade. Uma consciência madura pode aparecer como um bebê. Uma consciência imatura pode ter a aparência de um ancião. Portanto, a aparência não diz nada.

Uma grande quantidade de informações sobre uma pessoa é transmitida pelas suas energias e, é claro, nós podemos sentir as energias daqueles que estão fora do corpo. Então, quando percebe que uma pessoa é imparcial, sábia, serena e lúcida, bem resolvida e com um bom nível de cosmoética, você consegue reconhecer facilmente que essa é uma consciência madura e evoluída.

A consciência extrafísica imatura não tem nenhum desses traços e isso será evidente nas suas energias. No caso dos parapsicóticos *post mortem*, por exemplo, você vai sentir que eles têm um nível muito baixo de maturidade e autoconsciência, que estão perdidos, confusos e aflitos.

Mesmo na dimensão física, as aparências não são um indicador confiável da maturidade de uma consciência. Não é incomum encontrarmos uma mulher na casa dos 40 anos com a maturidade emocional de uma adolescente ou um homem-feito com o egocentrismo de uma criança. Por outro lado, às vezes vemos jovens e crianças que apresentam grande sabedoria e equilíbrio, têm opiniões ponderadas, fazem trabalhos de aconselhamento, talvez até confortem os pais. Portanto, essa é uma consciência madura dentro de um corpo fisicamente imaturo.

## Exemplos de maturidade e imaturidade da consciência

Agora que entendemos em termos gerais o que é holomaturidade, vamos ver em detalhes o que significa se comportar com um certo nível de holomaturidade na vida diária. O mais importante é entender que o comportamento padrão ou habitual de uma consciência madura será sempre cosmoético. Veja a seguir exemplos de tais comportamentos, cada um deles apresentado em contraposição à imaturidade correspondente, que se manifesta quando a maturidade não está presente.

### Racionalidade/Emotividade

#### *Racionalidade*

Quando temos racionalidade, o nosso pensamento é conduzido pelo nosso corpo mental, portanto pensamos com clareza e tomamos decisões levando em conta todas as variáveis de uma situação. Nós também temos o controle das nossas emoções ou menos dependência delas. Quanto mais maduros somos, menos interessados estamos em emoções e emotividade. Mas isso não é repressão. Também não é dizer que ficamos destituídos de sentimentos. Nós temos sentimentos, mas não deixamos que eles nos desequilibrem.

## *Emotividade*

Por outro lado, quando somos emocionais, tomamos decisões baseadas no impulso e na inconstância, e o nosso pensamento não é sofisticado nem complexo. Isso é a imaturidade.

# Ciência/Misticismo

## *Ciência*

Adotar uma abordagem científica na vida significa que você analisa tudo de acordo com as provas e os fatos. Você não aceita nada menos do que isso.

## *Misticismo*

Uma abordagem mística à vida, por outro lado, significa que você aceita as coisas que são um mistério. De acordo com o dicionário, mistério é algo que permanece sem explicação ou desconhecido ou não é totalmente compreendido. Aceitar qualquer coisa que não tenha uma base verificável é imaturidade.

# Assistência às outras pessoas/Egocentrismo

## *Assistência às outras pessoas*

**A assistência faz parte de uma vida normal, madura. Nós ajudamos os outros quando devotamos a eles a nossa energia, o nosso tempo; quando compartilhamos nossos conhecimentos, experiências e ideias; quando os**

*esclarecemos, os ouvimos e os apoiamos. Às vezes, a melhor maneira de ajudar é dar dinheiro, se o dinheiro for o mais necessário. Outras vezes, o menor dos gestos é o que exercerá mais efeito.*

O indivíduo com propensão para ajudar outras pessoas é alguém que se propôs a viver fisicamente para servir aos outros e está consciente de que faz isso em sua vida cotidiana. Essa pessoa descobriu o que é ser útil.

## Egocentrismo

Egocentrismo é um conceito complexo, uma vez que começa com algo que não é exatamente negativo. As crianças acreditam que são o centro do universo. Essa é uma parte normal do desenvolvimento humano e, em circunstâncias normais, leva ao desenvolvimento de uma autoestima saudável e outras características positivas. Posteriormente, no entanto, durante a adolescência, descobrimos que o mundo não gira ao nosso redor. Quando as pessoas não chegam a essa constatação e continuam a ser egocêntricas na vida adulta, o egocentrismo torna-se negativo, pois nada mais é do que egoísmo. Pessoas egoístas não querem ajudar os outros, não fazem uma contribuição adequada à vida e permitem que outras pessoas arquem com suas responsabilidades.

Na verdade, muitas pessoas são egoístas até certo ponto. Mesmo aquelas que sabem que devem ajudar os outros, e se esforçam para agir de acordo, fazem isso como uma forma de prestar um serviço a si mesmas, ajudando apenas aqueles que estão perto delas, geralmente a família.

# Universalismo/Sectarismo

## Universalismo

O universalismo tem tudo a ver com inclusão – é quando você leva todas as pessoas em consideração e se identifica com a comunidade, o estado, a nação, o continente, o planeta e o universo, integrando-se a eles. O universalismo, portanto, é a prática de não segregar ninguém. Alguns bons exemplos de universalismo são: a defesa dos direitos humanos; os princípios do pacifismo e da não violência; o desarmamento; a preservação da natureza; a minimização global da poluição; e as campanhas internacionais para evitar a propagação de doenças infecciosas, para combater o trabalho infantil e para erradicar a pobreza. Um ponto de vista universalista nos levará a ser menos individualistas, menos egoístas ou egocêntricos, e mais aptos a coexistir com as outras pessoas.

Um amigo meu que morou em seis países da Europa, do Oriente Médio e da África ao longo da infância e da adolescência contou-me que ficou muito surpreso quando foi para Londres aos 12 anos de idade, para começar o ensino secundário, e conheceu meninos da mesma faixa etária que nunca tinham saído do Reino Unido e por isso achavam que havia apenas um jeito de se fazer as coisas – o jeito britânico. Assim, uma falta de exposição a diferentes pontos de vista não é o ideal para se desenvolver o universalismo.

## *Sectarismo*

O sectarismo ou a intolerância, a imaturidade que se contrapõe ao universalismo, é o ato de separar ou discriminar outras pessoas. Alguns exemplos do sectarismo são o racismo, o chauvinismo, o sexismo, o preconceito de idade, o patriotismo e o classismo. O classismo está muito em evidência no Reino Unido, com a monarquia no topo da hierarquia, seguida pela aristocracia, em seguida a classe alta, a classe média e as classes mais baixas. Ele também está bem vivo na Índia, onde as pessoas discriminam umas às outras com base nas castas. Os adolescentes estão entre os piores segregadores de todos – separando-se em pequenos grupos e panelinhas, que excluem outros adolescentes, e praticando *bullying* naqueles que não se encaixam no padrão.

E quanto a nós? Quantas vezes o nosso universalismo é falho? Em que situações ainda segregamos as pessoas? Como podemos excluí-las? Pense um pouco nisso. Essa reflexão nos ajudará a alcançar um nível maior de holomaturidade. Se outras pessoas fora do grupo do qual escolhemos fazer parte precisam de nós, temos que estar prontos para ajudá-las. Fora do corpo, vemos pessoas extrafísicas muito primitivas e outras que não estão ainda equilibradas, que são deformadas ou têm uma aparência horripilante. Nós podemos dar assistência a essas consciências, esclarecê-las ou curá-las com as nossas energias?

## Determinação/Acomodação

### Determinação

Estamos determinados a evoluir como consciências e enfrentar a pressão de nadar contra a corrente? Estamos prontos para "desaprender" algumas coisas que sabemos e criar alguns novos processos de pensamento? Estamos preparados para sair da nossa zona de conforto, priorizar as coisas que não nos trazem *status* ou respeito, desistir de algumas coisas de que gostamos e fazer alguns sacrifícios?

### Acomodação

Ou estamos acomodados em nossa vida, vivendo uma existência segura e previsível que não apresenta nenhum risco ou desafio? Nós estamos dispostos a fazer alguma coisa nova? Será que estamos apenas repetindo a última vida?

## Esclarecimento/Consolo

### Esclarecimento

*Se você dá um peixe a uma pessoa, você a alimentará por um dia. Se você a ensina a pescar, você a alimenta pelo resto da vida. Isso é esclarecimento. Esclarecimento é quando você ajuda alguém a ajudar a si mesmo, por isso é um nível mais avançado de assistência.*

É quando você dá conselhos, a fim de tratar a *causa* de um problema. Às vezes, os efeitos do esclarecimento duram para sempre, como se você ensinasse ou capacitasse a pessoa a reformular e resolver a própria vida. É algo que vai do seu corpo mental para o corpo mental de outra pessoa. Mas esteja ciente de que o esclarecimento envolve dizer "não" com mais frequência. E se a sua irmã for maltratada pelo marido, que é violento com ela e depois vive pedindo desculpas, manipulando-a para "compreender" e aceitar o comportamento dele? O que ela precisa de você? A sua concordância de que o marido tem razão em bater nela? Não. Esclarecimento é dizer: "Não, isso está errado; esse não é um comportamento aceitável em nenhuma circunstância", mesmo que isso não seja o que a sua irmã quer ouvir. Então, você dá alguns esclarecimentos para outras pessoas de vez em quando? Ou oferece apenas consolo? Ou não dá nenhum tipo de ajuda?

## Consolo

Proporcionar consolo é compreender, confortar, ouvir, dar apoio e oferecer um ombro amigo para a outra pessoa chorar. É quando você usa suas emoções para aliviar as emoções de outra pessoa. Mas, quando consola, você não trata os sintomas da doença, por isso este é um procedimento de emergência, uma solução de curto prazo, apenas uma cura superficial. Mesmo assim, é melhor dar consolo do que assistência nenhuma.

Depois que aprendemos a trabalhar com nossas energias, as pessoas às vezes pedem para que façamos alguma cura energética. Isso é consolo. E se a pessoa está fragilizada ou doente, essa é a coisa certa a fazer. Imagine uma mulher que perde um filho. Ela vai estar frágil e angustiada, de modo que a melhor coisa que você pode fazer é consolá-la, o que inclui a cura energética para acalmá-la durante a crise. Certamente não é o momento de lhe fazer uma preleção. Mas nós não queremos que ninguém se torne dependente de nós, portanto, uma vez que a crise tenha passado e a pessoa estiver forte novamente, devemos esclarecê-la. Numa situação como a desse exemplo, o esclarecimento pode significar a explicação de que ninguém nunca morre de verdade; que o filho dela voltou à sua colônia natal, onde sua família extrafísica lhe dará apoio; e que a ligação cármica entre mãe e filho é a mais forte que existe, o que significa que a sua amiga e o filho dela irão compartilhar vidas futuras juntos, vão se encontrar novamente.

# Policarma/Egocarma

## Policarma

Nós já discutimos sobre o carma, mas vale a pena frisar aqui que o policarma – quando as consequências de suas ações atingem um grande número de pessoas que você não conhece – é um ato de uma consciência madura.

## Egocarma

O egocarma é uma característica de uma consciência menos madura, quando as ações têm consequências apenas para a própria pessoa.

# Cérebro principal/Subcérebro

## Cérebro principal

O nosso cérebro principal, o cérebro encefálico, localiza-se na cabeça. Esse cérebro orienta o comportamento de uma pessoa que é mais matura.

## Subcérebro

O subcérebro, cérebro abdominal ou cérebro da barriga, é um centro de bioenergia localizado no abdômen e que se relaciona com os três chacras inferiores: o chacra umbilical, o chacra do baço e o chacra sexual. Os seres humanos têm mais neurônios no abdômen, para controlar a digestão, liberar hormônios e executar outras funções, que alguns animais têm em seu cérebro principal. Os nossos intestinos, por exemplo, produzem 80% da serotonina do nosso corpo. Assim, o subcérebro desempenha um papel importante na nossa fisiologia e, como ele funciona no piloto automático, não temos de gerir conscientemente muitas das funções do corpo, o que é maravilhoso.

Mas, se uma pessoa é regida por esse cérebro, seu comportamento ignora a lógica, a racionalidade e o discernimento de suas faculdades mentais e é impulsionado por seus instintos, desejos e necessidades fisiológicas. Por exemplo, ela pode comer ou beber demais ou ser controlada por seus impulsos sexuais. Sexo é uma coisa boa, mas talvez dediquemos apenas 5% do nosso tempo e 10% dos nossos pensamentos a ele, por isso, se uma pessoa está pensando em sexo 100% do tempo, isso é sinal de que algo não vai bem. Esse tipo de obsessão pode levar a um crime sexual. Territorialismo é também um comportamento típico do cérebro abdominal. As guerras entre gangues, por exemplo, são resultado da defesa instintiva de territórios.

## Controle energético/Intrusão inconsciente

### Controle energético

A capacidade de instalar o estado vibracional e exteriorizar energia à vontade, em qualquer lugar, a qualquer hora, em qualquer condição, e, assim, ficar livre da intrusão, é característica de uma consciência madura. Uma pessoa não começa a adquirir uma dose significativa de controle sobre suas bioenergias antes que passe pela primeira morte. Depois que isso ocorre, normalmente leva várias vidas para ela alcançar um nível razoável de controle energético e maturidade. Também existe uma correlação mais forte entre maturidade bioenergética e holomaturidade do que entre holomaturidade e outros tipos de maturidade mencionados anteriormente neste capítulo.

### Intrusão inconsciente

Ou será que não temos controle enérgico nenhum? Sofremos intrusão e nem mesmo nos damos conta disso?

# Força de vontade/Muletas psicológicas

## Força de vontade

Nossa força de vontade é um atributo poderoso do corpo mental. Usando-a, podemos aprender a nos defender energicamente, eliminar bloqueios energéticos, desenvolver o nosso parapsiquismo, deixar o corpo físico com lucidez, entender nosso propósito na vida e superar algumas fraquezas e limitações. Quando o nosso comportamento é impulsionado pela nossa vontade, somos mestres de nossa própria realidade, o que significa que não precisamos ser liderados por alguém. A força de vontade é um atributo de uma pessoa madura e uma qualidade muito frequente nos líderes.

## Muletas psicológicas

Muletas psicológicas, por outro lado, são objetos externos nos quais nos apoiamos e usamos para nos proteger ou nos sustentar, enquanto acreditamos que não somos capazes de nos sustentar sobre as nossas próprias pernas.

Muitas pessoas inseguras se tornam dependentes de todo tipo de muleta psicológica, que usam para uma variedade de propósitos, como aumentar as capacidades psíquicas, melhorar a saúde, adquirir riqueza e poder, se sentir mais confiante, seduzir o sexo oposto e se proteger. Alguns exemplos de muletas psicológicas são: drogas, medicamentos de uso controlado, álcool, cartas de tarô, tábuas Ouija (para evocar ou convocar consciexes), bolas de cristal, encantamentos, ferraduras, talismãs e objetos de superstição, tais como pés de coelho.

Tendo morado em vários países, tenho testemunhado pessoas de várias culturas e religiões diferentes usando seu Deus, ou deus/deuses e deusas como muleta. Você foi atropelado por um ônibus e perdeu as duas pernas? Graças ao (inserir o nome do seu deus favorito)! Se não fosse por ele você teria morrido! Não importa que você não tenha se dado ao trabalho de andar cem metros até a passarela de pedestres e em vez disso tenha tentado atravessar uma movimentada autoestrada de seis pistas. Esse tipo de comportamento é típico de muitas religiões cujos seguidores acreditam que é o seu Deus, ou deus, que decide o seu destino e que eles não têm nenhum controle sobre a própria vida. É uma forma de se eximir da responsabilidade pela própria realidade.

É preciso dizer que muitas muletas psicológicas de fato nos fazem sentir bem. Normalmente, isso ocorre porque as pessoas que as utilizam *acreditam* que elas têm certos poderes, de modo que o efeito é o mesmo de quando os indivíduos participam de testes médicos e respondem positivamente a placebos, pensando que estão tomando medicação de verdade. Mas pense por um minuto. Se somos seres multidimensionais, multisseriais, que podem perceber o que está acontecendo ao nosso redor física e extrafisicamente através do controle das nossas energias; que podem efetivamente se defender contra qualquer tipo de intrusão; que podem curar e desbloquear as próprias energias e dinamizar a própria evolução através da aplicação dos atributos do nosso corpo mental, então, podemos realmente acreditar que um pé de coelho é mais poderoso do que nós? Certamente isso não ajuda em nada o pobre do coelho.

Mesmo as técnicas projetivas que usamos para deixar o corpo são uma espécie de muleta. Não devemos nos tornar dependentes delas. O ideal é que sejamos capazes de deixar o corpo através da aplicação da nossa vontade, e não com a ajuda de uma miríade de procedimentos técnicos.

Nós não queremos ser dependentes ou escravos de nada nem ninguém. Se está se apoiando em muletas psicológicas de qualquer tipo, lembre-se de que não podemos levá-las conosco quando morremos. Elas são inúteis para nós quando estamos entre vidas. Então é melhor que as dispensemos agora e nos acostumemos com a ideia de que somos mestres da nossa própria realidade.

## Conduta padrão/Conduta excepcional

### Conduta padrão

A conduta padrão é o que fazemos a maior parte do tempo. Se estamos nos esforçando para alcançar um nível superior de holomaturidade e evoluir, todos os traços de maturidade mencionados neste capítulo devem se tornar nossa conduta padrão, o nosso comportamento normal.

### Conduta excepcional

A conduta excepcional é o que fazemos excepcionalmente e/ou quando não há outra opção. Para dar um exemplo, se um adolescente experimenta uma droga um dia na escola, excepcionalmente, apenas para provar, então não há problema. Mas se a experiência leva à dependência e se torna a conduta padrão, então se torna um problema. A conduta excepcional tornou-se a conduta padrão. Outro exemplo, administrar cura energética nas pessoas deve ser uma conduta excepcional. O comportamento padrão para todas as organizações conscienciológicas é ensinar as pessoas a se curarem.

E na sua vida? Quais dos seus comportamentos são condutas excepcionais que devem se tornar condutas padrão? Você dá assistência aos outros só excepcionalmente? E vice-versa. Quais de suas condutas padrão deveriam se tornar condutas excepcionais?

## Priorização pessoal lúcida/ Escravo de compromissos sociais

### Priorização pessoal lúcida

Nós priorizamos nossa evolução? Desistimos de fazer algumas coisas que apreciamos, a fim de nos dedicarmos à nossa evolução?

### Escravo de compromissos sociais

Ou priorizamos nossos compromissos sociais, em vez disso, tais como festas de aniversário, noivados, festas no escritório, jantares, batizados, casamentos, aniversários, jantares de família, bailes, noitadas com os amigos etc. Claro que não há nada errado com qualquer uma dessas coisas. Mas todos temos uma vida ocupada, por isso, se encaramos com seriedade a tarefa de melhorar a nós mesmos, então precisamos *encontrar* tempo para praticar nossas técnicas energéticas e projetivas, manter um diário de nossos sonhos e projeções, desenvolver nossos atributos mentais, ler livros, identificar o nossos pontos fortes e fracos, descobrir o nosso propósito na vida etc. Se vamos investir tempo em nossa evolução, temos que dar a ela a prioridade que merece.

Se você não acha que tem que desistir de nada em favor da sua evolução, que tem tempo para fazer tudo o que quer, talvez seja melhor analisar a maneira como utiliza diariamente o seu tempo e calcular quantas horas realmente tem a cada dia para investir em seu desenvolvimento.

## Utilização diária do tempo

O gráfico a seguir, usado no Programa de Desenvolvimento da Consciência da IAC, foi elaborado para ajudar você a ver como e onde investe o seu tempo. Preencha a coluna do meio com o número de horas que gasta, em média, a cada dia, praticando as atividades enumeradas na coluna da esquerda. Na coluna da direita, adicione o número total de horas para chegar a um valor final de horas contabilizadas a cada dia, no canto inferior direito. Eu comecei os cálculos com exemplos das primeiras duas atividades.

O seu total está próximo a 24 horas? Quando fazemos esse exercício em sala de aula na IAC, descobrimos que esse é o caso da maioria das pessoas. Assim, se queremos evoluir, muitos de nós vamos ter de reorganizar a nossa vida a fim de encontrar tempo para isso. E existem várias maneiras de se fazer isso. Podemos fazer duas coisas ao mesmo tempo, talvez lendo enquanto estamos indo de metrô para o trabalho, aprender uma nova língua ou ouvir um CD no carro, ou colocar em dia as chamadas telefônicas enquanto passeamos com o cachorro. Ou você pode pensar em maneiras de economizar tempo sozinho. Uma coisa que funciona para mim é fazer compras de supermercado pela internet e mandar entregá-las em casa. Esse serviço já está disponível em muitas grandes cidades ao redor do mundo e geralmente não cobra a taxa de entrega a partir de um certo valor. Isso por si só pode nos ajudar a poupar de duas a três horas por semana. E há sempre a

| Atividade | Quantidade de tempo - horas | Horas acumuladas |
|---|---|---|
| Dormindo | 8 | 8 |
| Fazendo o trajeto de casa para o trabalho e vice-versa/viagens a trabalho | 2 | 10 |
| Assistindo TV e relaxando | | |
| Socializando, por exemplo, saindo para jantar ou ir ao cinema, festas reuniões com amigos para tomar um café ou um drinque etc. | | |
| Preparando e fazendo refeições | | |
| Trabalhando (ganhar a vida) | | |
| Fazendo a higiene pessoal, por exemplo, tomando banho, escovando os dentes, aplicando maquiagem, barbeando-se, depilando-se, fazendo o cabelo, vestindo-se etc. | | |
| Diversos: administração pessoal, como pagar contas, responder e-mails, cumprir tarefas domésticas, falar com a família e os amigos ao telefone, consultar o médico e o dentista, fazer a manutenção do carro etc. | | |
| Fazendo compras (incluindo compras de supermercado) | | |
| Praticando exercícios físicos | | |
| Outros | | |

Gráfico de priorização pessoal

opção de fazermos um sacrifício, com uma dose saudável de bom senso. No grande esquema da nossa existência multidimensional, serial, até que ponto é importante assistir à nossa novela favorita todas as noites?

Esteja ciente, no entanto, de que, se pretende priorizar a sua vida em favor da sua evolução, deve fazer isso com maturidade, equilíbrio, sabedoria e sem tomar nenhuma atitude drástica. Você tem uma família para cuidar, um parente idoso que depende de você, outras questões cármicas que exigem sua atenção, responsabilidades em sua comunidade fora do âmbito do seu trabalho etc. – e você quer evoluir? Então, todos esses compromissos e prioridades devem ser cumpridos em paralelo, de maneira cosmoética e com discernimento. Evolução não é desculpa para não arcarmos com as nossas responsabilidades.

À medida que nos concentramos mais em nossa evolução, descobrimos que fazemos mais coisas, ficamos mais ocupados, usamos nosso tempo de forma mais produtiva e eficiente, e temos menos tempo para não fazer nada e menos tempo ainda para desperdiçar.

Capítulo Treze

# Cosmoética

A maior virtude neste mundo pode ser a menor no outro.

— *Kahlil Gibran*

Começo este capítulo reconhecendo o valor da pesquisa significativa e do desenvolvimento adicional das ideias originais de Waldo Vieira sobre o tema da cosmoética, conduzidos por Wagner Alegretti. Alegretti oferece cursos sobre cosmoética, e muitas das ideias dele são descritas neste capítulo.

A cosmoética é a própria essência da holomaturidade. É o nosso nível de cosmoética que define o nosso nível de holomaturidade. Como o processo de evolução consiste em se tornar mais maduro, a relação entre cosmoética e evolução é muito próxima. Em outras palavras, se não formos cosmoéticos, nós não evoluímos.

Se queremos ter EFCs lúcidas, a cosmoética irá nos ajudar a saber como nos comportar adequadamente em todos os lugares a que formos, sejam físicos ou extrafísicos.

## Ética *versus* cosmoética

Para definir cosmoética, é preciso primeiro definir ética. Ética são padrões de comportamento ou conduta aceitáveis num grupo específico de pessoas. (Regras de moral humanas, que são regras de conduta que definem os padrões de certo e errado, estão incluídas na categoria mais amplo da ética). Por exemplo, no Reino Unido é considerado errado matar outras pessoas e andar nu em público. Assassinato, sabemos, é errado pelos padrões de qualquer pessoa. Mas andar nu realmente é algo tão grave assim? Povos nativos que vivem em climas quentes em todo o mundo não usam roupas porque o calor e a umidade tornam isso impraticável. Assim, embora a nudez em público seja moralmente aceitável na sociedade aborígene australiana, é ilegal na sociedade britânica. Esse exemplo demonstra a natureza subjetiva e relativa da ética e da moral. Elas não são absolutas, mas variam de acordo com o ambiente, o país, a cultura, a religião e o regime político.

Vamos considerar alguns exemplos de moral religiosa.

Na religião hindu, se uma mulher é viúva, ela tem de usar um sari branco pelo resto da vida, ao passo que as viúvas da fé ortodoxa grega devem vestir preto por até dois anos após a morte do marido.

Em algumas religiões, a poligamia é uma parte normal e aceitável da vida, embora com algumas ressalvas. Por exemplo, há limites sobre o número de esposas que um homem pode tomar e, se ele deseja ter mais de uma, deve ser capaz de dar as mesmas condições de vida a todas. Essa mesma prática é conhecida como bigamia em outras religiões e é banida em muitos países onde o casamento com mais de uma pessoa é crime.

Outro exemplo: no judaísmo, as leis sobre a preparação de alimentos kosher proíbem o cozimento de carne e produtos lácteos juntos; eles não podem ser servidos na mesma refeição, e os utensílios e pratos em que são servidos devem ser separados. Essas regras faziam muito sentido quando foram criadas; naquele tempo o povo judeu vivia no deserto, sem refrigeração, e alguns alimentos lácteos, como o leite, contêm certas bactérias que, quando entravam em contato com a carne e eram ingeridas, podiam causar intoxicação alimentar. Assim, a tradição kosher é compreensível naquele contexto. Mas hoje, graças à refrigeração, não existe nenhum problema em armazenar, preparar, cozinhar ou servir leite e carne juntos, então a razão dessa tradição é agora ultrapassada.

Muitos desses costumes não são mais significativos, relevantes ou apropriados na sociedade moderna, se é que foram um dia. Por exemplo, a circuncisão feminina ainda é amplamente praticada em muitos países africanos, asiáticos e do Oriente Médio, apesar dos graves riscos que representa para o bem-estar físico e emocional das mulheres submetidas a ela; algumas sociedades ainda toleram os chamados crimes de honra; e outras ainda proíbem o uso de contraceptivos, mesmo que a terra não tenha recursos para sustentar toda a sua população.

*A cosmoética, por outro lado, é um código mais absoluto e universal de conduta, que transcende a subjetividade de religiões, regimes políticos, culturas, países, continentes, planetas e dimensões, e é, portanto, aplicável e adequada em todas as circunstâncias, em todos os lugares a que vamos, dentro e fora do corpo. Trata-se de um conjunto de ideias éticas fundamentais que refletem a dinâmica real da existência multidimensional, em oposição às regras morais relativas, muitas vezes dogmáticas e limitantes, da sociedade humana.*

Não existem Dez Mandamentos na cosmoética. Trata-se de um tipo de filosofia moral – uma maneira de pensar que nos ajuda a evitar que passemos por um sofrimento desnecessário ou o causemos a outras pessoas. Ao contrário da ética, a cosmoética não nos é imposta por um sistema formal de regras ou leis, por isso ela é menos intrusiva e nos permite mais liberdade, embora, por outro lado, exija um nível maior de responsabilidade pessoal.

Vamos agora examinar as bases que moldam a maneira de pensar por trás desse código de conduta cósmica. Eis as diretrizes do comportamento cosmoético.

## Autoincorruptibilidade

Uma parte importante da cosmoética é viver sem se corromper. O que é autocorrupção? O verbo "corromper" significa destruir a integridade; tornar desonesto ou desleal (especialmente por suborno); rebaixar moralmente; estragar ou deteriorar; infectar, macular ou tornar impuro. A *autocorrupção* ocorre, portanto, quando comprometemos nossa *própria* integridade ou regras de moral, ou traímos nossos próprios princípios e conhecimento. Em outras palavras, nós nos corrompemos quando não demonstramos coerência entre o que sabemos e o que fazemos.

Por exemplo, quando minha mãe morava na Austrália, as pessoas iam à praia, passavam óleo de bebê no corpo e tomavam sol o dia todo para obter um fabuloso bronzeado, sem se darem conta dos riscos envolvidos. Mas hoje em dia todo mundo sabe que isso é perigoso e pode causar melanoma, um tipo de câncer de pele. Então, evitamos as horas mais quentes do dia, indo à praia no início da manhã e no final da tarde, e usando bloqueador solar e um chapéu. Mas, se ficarmos na praia o dia todo sem nenhuma proteção, isso é autocorrupção.

Imagine que você tenha uma tarefa muito importante a cumprir na vida, planejada antes de você nascer; um plano que consista em ajudar um grande número de pessoas. Você precisa viver até a idade de 80 anos para completar a sua tarefa, mas morre de câncer de pele aos 40 anos e todas as pessoas que supostamente deveria ajudar ficam sem a sua assistência. Se isso acontecer, quando você morrer e passar para a dimensão extrafísica, seus amparadores vão dizer que você falhou na sua missão de vida por cometer uma espécie de suicídio. O mesmo raciocínio se aplica ao tabagismo. O tabagismo é um pequeno suicídio que você pratica todos os dias.

Eis alguns outros exemplos de autocorrupção: praticar esportes radicais de alto risco; tomar drogas como conduta padrão; abusar da autoridade que tem; não ajudar os outros; culpar os outros pelos seus próprios erros; fazer fofoca; criticar as pessoas que se saem bem em vez de admirá-las; tolerar abusos de qualquer tipo; manipular e controlar aqueles que são mais fracos; cometer fraudes; não pagar pensão a um ex-cônjuge; e fazer doações para instituições de caridade apenas com a finalidade de obter benefícios fiscais.

Também encontramos exemplos de autocorrupção na vida profissional. Por exemplo, padres que abusam de crianças, corretores que se envolvem em transações comerciais ilícitas, médicos que fumam, nutricionistas que são obesos, psicólogos que encorajam seus pacientes a se tornar dependentes deles, prostitutas com Aids que têm relações sexuais desprotegidas, estilistas e editores de revistas que exaltam modelos anoréxicas. Todas essas pessoas são incoerentes em seu comportamento.

Do mesmo modo, podemos demonstrar autocorrupção nas coisas que omitimos fazer. Por exemplo, não sair da cama de manhã para ajudar os nossos filhos a se prepararem para a escola por pura preguiça, negligenciar os nossos animais de estimação por pura preguiça, não praticar exercícios físicos por pura preguiça! A preguiça é o grande obstáculo de muitas pessoas que não conseguem completar a sua tarefa de vida. Muitas pessoas só estão interessadas em ter uma vida fácil.

Então, pergunte a si mesmo a que tipos de autocorrupção você está mais propenso. Alguns estão bem escondidos nos meandros da nossa vida diária, outros ocorrem apenas ocasionalmente. Essa é uma tarefa complexa que exige total sinceridade.

Os amparadores veem com perfeita clareza nossas autocorrupções. Eles não esperam que sejamos perfeitos, estão conscientes de que somos falíveis e cometemos erros, mas eles de fato têm um problema quando nos veem nos comportando de uma forma que não é coerente com o que *sabemos* ser correto. Uma das razões pelas quais eles não cometem os erros que cometemos é que não se deixam levar pela autocorrupção (Alegretti e Trivellato, 2004).

*Um princípio essencial da cosmoética, portanto, é o de que temos que praticar o que sabemos em nossa vida diária. Saber algo só na teoria não basta. Se queremos evoluir, temos de colocar a teoria em prática. Faça disso uma prioridade em sua vida.*

## Consciencialidade

Uma das razões por que geralmente não conseguimos aplicar o que sabemos em nossa vida diária é o fato de nos esquecermos de que somos uma consciência e vivemos a vida como se fôssemos só um corpo físico.

Se você leu este livro, capítulo por capítulo, agora já sabe que é muito mais do que apenas o corpo físico. Você é uma consciência, um ser multidimensional e multiexistencial, cuja capacidade de "ser" transcende o tempo e o espaço. Você já viveu várias vidas em diferentes culturas, países e talvez até mesmo planetas; o seu futuro se estende pela eternidade e o cosmos é o seu *playground*. Consciencialidade é viver de uma forma que seja coerente com esses fatos.

Muitas pessoas estão conscientes dessa realidade de uma maneira ou de outra, mas só na teoria. Elas ainda se comportam como todo mundo – de modo materialista. E o materialismo é a principal causa da falta de ética humana. Nada tenta mais as pessoas a comprometer a sua ética do que a promessa de um cheque polpudo. Ter uma experiência lúcida fora do corpo ou uma experiência de quase morte pode provocar um enorme impacto sobre nossa ética, porque descobrimos que a vida continua depois da morte e passamos a entender que não podemos escapar das consequências das nossas ações. As EFMs, portanto, muitas vezes ajudam as pessoas a começar a viver de maneira mais cosmoética.

Então, qual é o seu nível de consciencialidade? Quantas vezes você se lembra do fato de que é uma consciência? Quantas horas no dia você passa se comportando como um mero ser humano?

## A lei do "mal menor"

A lei do "mal menor" exemplifica outro princípio de Cosmoética – a importância de aplicar a flexibilidade aos seus pensamentos e julgamentos; a importância de não ser rígido em sua moralidade ou padrões éticos.

Por exemplo, muitas pessoas concordam que é errado caçar animais se não precisamos mais matá-los a fim de ter carne para comer. Essa questão é muito premente na Inglaterra agora, com a poderosa resistência à recente proibição do esporte tradicional da caça à raposa. Mas suponhamos que você vá para a África passar férias, o avião caia na selva e, enquanto espera para ser resgatado, você tenha que caçar para sobreviver. Isso é melhor do que morrer de fome, certo? É o menor dos dois males e, portanto, aceitável nesse contexto.

Outros exemplos da lei do mal menor são:

- eutanásia controlada é melhor do que morrer uma morte lenta, dolorosa e inevitável,
- amputação é melhor do que a morte,

- em certas circunstâncias, o aborto pode ser melhor do que permitir que a gravidez prossiga,
- o confinamento de qualquer pessoa não é o ideal, mas encarcerar perigosos doentes mentais, assassinos, terroristas e estupradores é menos ruim do que colocar a população em risco.

Para identificar qual é o mal "menor" em qualquer situação, temos que usar os atributos do nosso corpo mental – nosso discernimento, imparcialidade, racionalidade e lógica. Às vezes, nossos instintos, desejos e necessidades físicas são tão fortes que sobrecarregam nosso corpo mental, fazendo-nos perder o discernimento. Uma necessidade desesperada de amor ou sexo, por exemplo, pode nublar nosso julgamento e nos levar a baixar os nossos padrões para conseguir o que queremos. Nós também temos que considerar as consequências das nossas decisões no que diz respeito ao tempo. Os efeitos de alguns erros podem durar vidas. E, por fim, ao decidir qual é o mal menor, precisamos ser capazes de ver todas as circunstâncias atenuantes e agravantes entre o certo e o errado. Quanto mais lúcido você for, mais tons de cinza você será capaz de ver entre o preto e o branco.

## Fraternidade

*Uma das características que definem os amparadores é o seu alto nível de fraternidade, ou seja, para eles todo mundo tem a mesma importância, até mesmo os intrusos. Assim, a atitude cosmoética é aquela em que você quer o melhor para todos, mostra afeto por todos e está pronto para ajudar a todos, até mesmo seus inimigos, rivais e detratores.*

A fraternidade pura requer a capacidade de sentir o sofrimento dos outros. Não sentir empatia ou compaixão é um tipo de bloqueio energético. No outro extremo da escala, sentir isso em demasia pode ser contraproducente. Há vários anos, conheci um homem que era uma pessoa generosa e cheia de boas intenções, mas com o tempo percebi que ele era tão energicamente sensível que captava todas as emoções dos amigos, quando estavam sofrendo.

Ficava tão sobrecarregado nessas ocasiões que se sentia compelido a se afastar deles. Quando se tratava de dar assistência aos outros, ele se sentia impotente. Por isso, o desafio é se abrir para as outras pessoas e sentir o sofrimento delas, mas se manter imparcial, equilibrado e sereno, a fim de ser capaz de propiciar uma ajuda eficaz quando necessário.

Acima de tudo, fraternidade exige ação. Ela requer que você faça coisas, não apenas pense em fazer coisas. E não subestime o que você pode fazer – pense grande! Quantas pessoas você pode afetar com uma ação, uma atividade ou um projeto? Uma, dez, cem, quinhentas? Quanto mais você poderia realizar se trabalhasse em equipe? Quanto mais gente melhor. Isso é policarma.

Esteja ciente também de que omitir assistência quando tem a oportunidade de oferecê-la também causa consequências cármicas. Não fazer nada não significa necessariamente ser neutro. Não ajudar quando você pode fazer isso não é cosmoético. Assim, ao avaliar o seu nível de fraternidade, você primeiro precisa perguntar a si mesmo: o que eu *faço* pelos outros?

## Pensamentos e intenções

A cosmoética não se aplica apenas às nossas ações, mas também aos nossos pensamentos e intenções.

Na dimensão extrafísica, a ação do pensamento é mais direta do que na dimensão intrafísica. Na dimensão intrafísica, podemos facilmente mascarar o que realmente pensamos. Podemos ter pensamentos ou ideias, mas não expressá-las. Quando estamos projetados, porém, nossos pensamentos são imediatamente transmitidos aos outros. Podemos até estar "gritando" nossos pensamentos extrafisicamente. Portanto, nossos amparadores e intrusos vão sempre saber o que estamos realmente pensando, por isso devemos sempre ser honestos com nós mesmos e ter consciência da *real* intenção por trás de tudo o que fazemos. Pergunte a si mesmo: "Qual é a minha verdadeira intenção aqui? O que eu realmente quero? Qual resultado eu estou esperando obter?".

Convém cultivar hábitos saudáveis no que diz respeito aos pensamentos, praticar o que chamamos de "higiene mental", tanto intrafísica quanto extrafisicamente.

E quanto aos nossos pensamentos? Eles são cosmoéticos? O que dizer, por exemplo, das fantasias sexuais? Elas estão certas ou erradas? E se uma pessoa fica sem parceiro por um tempo, ou ele está distante, e ela se entrega a uma fantasia sexual como uma conduta excepcional? Saiba que, mesmo nessas circunstâncias atenuantes, uma fantasia sexual com uma pessoa real não é apenas um pensamento, é também uma ação. Quando fantasiamos com alguém, enviamos energia para essa pessoa e acabamos nos ligando a ela por um tipo de canal energético por onde também recebemos algo de volta. Assim, a menos que o objeto de nosso desejo seja nosso parceiro, estamos nos comportando como intrusos. Quando nos envolvemos em fantasias sexuais, também chamamos a atenção de consciências extrafísicas que partilham o nosso desejo, por isso muitas pessoas se sentem desconfortáveis depois de dar vazão a essas fantasias, por causa das más companhias que atraíram.

Se não conhecemos os mecanismos energéticos que existem por trás das fantasias, então não sabemos as consequências que acarretam para nós e para o objeto das nossas fantasias, de modo que essa não é uma autocorrupção. Mas, em nosso caso, sabendo o que sabemos agora, é melhor que o objeto das nossas fantasias seja ao menos alguém imaginário em vez de uma pessoa real. Isso não deixa de atrair consciências extrafísicas, mas pelo menos não estamos agindo como intrusos na vida de ninguém.

Outra coisa que é preciso ter em mente com relação aos nossos pensamentos é que alguns de nós foram líderes em vidas anteriores. Se esse for o seu caso, você pode ter guias cegos em torno de você que um dia foram pessoas que o apoiaram e que ainda pensam em você como líder. Portanto, tenha cuidado com o desejo de se vingar de alguém ou de que alguma coisa de ruim aconteça a essa pessoa, pois alguns de seus guias cegos podem estar dispostos a satisfazer o seu desejo.

A principal coisa a lembrar é que, se sempre formos cosmoéticos em nossos pensamentos, intenções e ações, os intrusos terão menos acesso a nós.

# Princípios pessoais

Além de seguir as orientações acima, também é uma boa ideia desenvolver o seu próprio conjunto de princípios pessoais, uma espécie de constituição pessoal, para ajudá-lo a ser mais cosmoético no dia a dia, em todas as pequenas coisas que você faz. Aqui estão alguns exemplos do que quero dizer:

- Sempre procure deixar todos os lugares a que você for em melhor condição energética do que quando chegou. Não estou falando de lugares públicos, porque, como vimos no Capítulo 4, você não deve sair por aí doando sua energia em locais que podem estar cheios de intrusos, pois assim vai atrair esses intrusos para você. Estou me referindo aqui à residência de amigos ou familiares que você visitar. Exteriorize suas melhores energias nesses lugares, infundindo-os com seus melhores pensamentos e sentimentos, como um gesto anônimo para contribuir de um modo benéfico com os ambientes energéticos dessas pessoas. Se você passar uma noite ou mais na casa de alguém, há muitas outras coisas que também poderá fazer para beneficiá-la – ajudar uma criança com a lição de casa, se oferecer para preparar uma refeição, energizar uma planta doente, fazer um novo brinquedo para o gato de estimação etc. –, então pense em como você pode contribuir em todos os lugares aonde vai.
- Lembre-se de que insistir muito em alguma coisa, tentar influenciar demais os outros ou convencer alguém de alguma coisa é intrusão.
- Não se envolva em brigas e discussões com as mesmas pessoas repetidamente. Isso é um desperdício do seu precioso tempo e energia. Se alguém antagoniza você constantemente, incitando-o a começar uma discussão, existe uma solução simples para isso. Diga a essa pessoa que não está interessado em brigar e se afaste.
- Tome as suas próprias decisões. Conheça sua forma de pensar e se mostre autoconfiante, mesmo que ninguém concorde com você.
- Respeite o livre-arbítrio dos outros.

- Respeite o nível evolutivo dos outros. Se quiser contar para pessoas sobre os assuntos deste livro, por exemplo, não vá além do que elas podem absorver. Aqueles que não fizeram o curso intermissivo vão ter dificuldade para compreender temas como consciência, energias, evolução, intrusos e amparadores, de modo que tentar forçar essas pessoas a entender essas ideias é uma espécie de "estupro" evolutivo. Se a pessoa se mostrar capaz de compreender alguma coisa, explique, mas não vá muito além disso. Isso é cosmoético. Você vai sentir energicamente quando foi além da conta.
- Não conte às pessoas quando elas têm intrusos. A maioria não é forte o suficiente para lidar com isso.
- Não use sua energia para tentar mudar as pessoas. Nesse caso, a intenção pode ser boa, mas a execução não é.

(Alegretti, 2002)

Para concluir este capítulo, é importante explicar a relação entre cosmoética, carma e evolução, pois a compreensão de como essas relações funcionam nos permite ver claramente como podemos assumir um nível maior de responsabilidade pela nossa evolução.

Dê uma olhada no diagrama a seguir. Ele mostra que o seu nível de cosmoética determina o seu carma e que o seu carma, sendo a lei de causa e efeito, determina o seu nível de evolução.

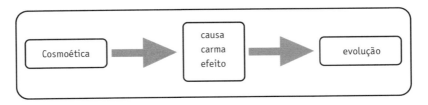

Processo evolutivo

Deixe-me dar um exemplo de como isso pode funcionar. Quanto mais você ajuda os outros, melhor é o seu carma. Pense em todas as diferentes maneiras, grandes e pequenas, pelas quais você pode ajudar, e não preste assistência apenas quando é obrigado, mas também espontaneamente, porque você quer. Sempre que puder, ajude de maneiras que esclareçam, em vez de simplesmente consolar – ensine os outros, explicando como as coisas funcionam, usando sua experiência para ajudá-los a ajudarem a si mesmos – esse é o melhor tipo de assistência e é muito gratificante, também. Uma vida cheia de boas obras de assistência aos outros obviamente terá um efeito positivo sobre o seu carma. Como esse carma bom pode se manifestar na sua vida? Você pode nascer, numa próxima vida, no seio de uma família que domine completamente as próprias energias. Imagine ser filho de pessoas que lhe ensinem a controlar a sua energia assim como o ensinam a andar! Quanto você já não será proficiente quando tiver 10 anos de idade? Qual não será o seu nível de autodefesa enérgica? Quanto já não será avançado no seu parapsiquismo? Com que facilidade não será capaz de deixar o corpo? Até que ponto os seus chacras já não estarão desbloqueados?

Você consegue ver, portanto, que quanto melhor é seu carma, melhor é a sua evolução? Quanto mais sabemos sobre cosmoética e sobre nós mesmos como consciências, mais rápido podemos evoluir.

# PARTE QUATRO

# Experiências Fora do Corpo

O ponto alto, mais difícil e impressionante da projeção consciente, é o momento da decolagem lúcida. Não há fenômeno anímico ou mediúnico de maior impacto e mais convincente do que esse para a criatura que venha a senti-lo completamente vígil. Trata-se de um acontecimento capaz de mudar pontos de vista científicos, morais e religiosos e de exercer um profundo e duradouro efeito sobre os conhecimentos, opiniões, educação, costumes e crenças de qualquer pessoa. Após vivenciar a decolagem lúcida... ensinamentos repetidos há gerações caem por terra, séculos de decantada civilização desmoronam na mente do projetor e montanhas de preconceitos perdem a razão de ser. A experimentação pessoal dispensa discussões enfadonhas. O resultado é a certeza pacífica.

*— Waldo Vieira*

O objetivo desta parte final do livro é dar a você informações que irão ajudá-lo a produzir as suas próprias experiências lúcidas fora do corpo, de uma forma tranquila, relaxada e confiante; e re-lembrá-las e distingui-las com precisão de uma gama de outros estados alterados de consciência e fenômenos paranormais.

Essas experiências, por sua vez, permitirão que você avalie por si mesmo o material apresentado neste livro.

Capítulo Catorze

# Benefícios das experiências fora do corpo

Faço votos que este livro consiga amenizar, em alguma medida, a ignorância generalizada sobre a projeção lúcida e aumente a consciência do fato de que, longe de ser um fenômeno místico merecedor apenas de ceticismo e escárnio, ele é pesquisado, estudado e praticado há milhares de anos e hoje é muito bem compreendido, graças aos esforços de muitos pensadores de vanguarda ao longo da História.

O objetivo principal deste livro, porém, é informá-lo sobre os muitos benefícios das experiências fora do corpo e deixar bem claro que as projeções conscientes merecem destaque na vida moderna, no dia a dia de todos nós.

Mas antes de prosseguir com os capítulos em que vou descrever como fazer suas próprias EFCs, vale a pena resumir aqui as inúmeras vantagens de se poder vivenciar a própria consciência, independentemente do corpo físico.

*Essas informações ajudarão a deixar mais claro na sua cabeça por que você está tentando deixar o corpo, além de servirem como um poderoso incentivo para você fazer isso, o que, por sua vez, vai aumentar suas chances de sucesso.*

## Benefícios terapêuticos

- A perda do medo da morte física (tanatofobia) – uma das dez maiores fobias da humanidade –, por meio da experiência direta de outras dimensões e de outros corpos de manifestação da consciência;

- Assistência a pessoas físicas e não físicas carentes de energia, por meio da transmissão de energia de cura enquanto projetado;
- Alcance de um nível excepcional, "supranormal" de saúde, graças a uma redução das inseguranças pessoais e da tensão; aumento da autoconfiança, competência, concentração e desejo de viver com propósito, e melhora da memória e dos reflexos (Vieira, 2002).

## Benefícios psicológicos

- Menos importância dada a aquisições materiais temporárias;
- Menos prioridade dada à busca da autossatisfação e mais prioridade dada à assistência às outras pessoas;
- Oportunidades para minipausas extrafísicas em destinos físicos e não físicos;
- Encontros com entes queridos que já faleceram;
- Constatação de que o suicídio não é um meio de se escapar dos problemas.

## Benefícios educacionais

- Expansão do autoconhecimento;
- Substituição da ignorância, da crença, da fé e da especulação pelo conhecimento adquirido através da experiência em primeira mão;
- Aceleração da maturidade pessoal;
- Desmistificação de muitos enigmas relativos à existência do ser humano.

## Benefícios parapsíquicos

- Oportunidade para converter um terço da vida humana normalmente desperdiçado com o sono, em atividade produtiva consciente;
- Comprovação pessoal da sobrevivência após a morte do corpo físico;

- Lembrança de vidas passadas – prova irrefutável da própria serialidade existencial;
- Lembrança do propósito específico desta vida, planejado antes do nascimento;
- Aceleração do desenvolvimento das capacidades parapsíquicas; das percepções extrassensoriais; da sensibilidade, do autocontrole e da autodefesa energéticos;
- Maior consciência das interações energéticas entre indivíduos físicos e não físicos;
- Interação direta com amparadores extrafísicos evoluídos;
- Verificação da existência ou ausência de intrusos extrafísicos ligados a você.

## Usos práticos específicos

- Oportunidade para as pessoas encarceradas e com deficiência desfrutarem uma liberdade extrafísica temporária;
- Oportunidade para pessoas solitárias ou que foram esquecidas pela sociedade desfrutarem contato social extrafísico;
- Oportunidade para os aposentados e outras pessoas com tempo disponível usarem de forma mais eficaz o seu tempo. (Vieira, 2002)

Capítulo Quinze

# Preparação para a experiência fora do corpo

Pesquisas mostram que vários fatores relacionados ao modo como nos preparamos para uma projeção, durante o estado de vigília física anterior a ela, pode aumentar o nosso nível de lucidez enquanto estamos fora do corpo e melhorar a recordação da experiência ao retornarmos. No entanto, todos os preparativos que fazemos para nos projetar são meras otimizações, o que significa que a projeção lúcida pode ocorrer mesmo se não fizermos nenhuma preparação.

A seguir apresento uma lista, elaborada a partir da pesquisa de Waldo Vieira, de variáveis que podem influenciar o nível de sucesso das nossas projeções. Eu recomendo que você a use como uma lista de verificação, quando estiver se preparando para qualquer tentativa de deixar o corpo.

## Fatores externos

Logicamente, a primeira coisa que temos de decidir antes de tentarmos nos projetar é onde vamos "estacionar" o nosso corpo físico. Como o corpo físico estará dormindo enquanto estamos projetados, precisamos deixá-lo num local seguro e confortável, no qual tenhamos o maior controle possível de fatores externos, como temperatura, aquecimento, iluminação, nível de ruído e privacidade. Para a maioria de nós, esse lugar é o nosso quarto de dormir.

## Temperatura

A temperatura ideal é aquela que vai impedir que o corpo fique muito quente ou muito frio durante todo o período em que durar a experiência, atraindo, desse modo, o corpo extrafísico de volta para o corpo físico. Qualquer coisa que chame a sua atenção para o corpo físico colocará um ponto final na projeção, por isso convém que seu corpo físico fique sempre confortável. Quando estamos com calor, nossa mente fica mais lenta, o que reduz a nossa lucidez. Antes de aplicar qualquer técnica para deixar o corpo, você deve trabalhar suas energias com o propósito de deixar o corpo de energia mais flexível e facilitar a separação do corpo extrafísico. Esse trabalho energético pode fazer com que sinta mais frio.

Observação: Esteja ciente de que, se o seu quarto tem ar-condicionado, a temperatura do seu corpo vai começar a diminuir depois que estiver deitado por algum tempo, por isso você deve levar isso em conta ao ajustar o termostato.

## Iluminação

Uma condição estável de penumbra ou escuridão é mais favorável, pois diminui a estimulação externa e ajuda a glândula pineal a produzir o hormônio melatonina, que nos ajuda a relaxar. Para deixarmos o corpo físico, é essencial um profundo estado de relaxamento.

## Nível de ruído

Qualquer ruído no ambiente físico vai chamar sua atenção para o seu entorno físico e, assim, impedir que você consiga se concentrar na dimensão extrafísica. Por isso, quanto mais silencioso o ambiente, melhor. Silêncio completo é o ideal. Infelizmente, aqueles de nós que vivem em cidades estão normalmente sujeitos a algum nível de ruído externo de veículos, aviões, cães, vizinhos etc. Se esse for o seu caso, um ar-condicionado que produza um ruído branco contínuo pode ajudar a bloquear outros ruídos intermitentes. Tapetes, carpetes e cortinas também podem absorver e reduzir o ruído.

## Estimulação sensorial

Algo ou alguém tocando você ou fazendo barulho enquanto você está tentando se projetar também vai dificultar suas tentativas. Este tópico refere-se especialmente àqueles que dividem a cama com um parceiro e/ou animais de estimação. Qual é o seu caso? Se o seu parceiro ronca, range os dentes, fala durante o sono, é inquieto ou puxa as cobertas, talvez você precise fazer suas projeções em outro cômodo. Quanto aos seus animais de estimação, não deixe que subam na cama ou entrem no quarto quando você estiver tentando se projetar. O ideal é que você esteja num ambiente sem estimulação sensorial nenhuma, para que possa chegar o mais próximo possível dessa condição.

## Roupas

A nudez nos dá uma grande sensação de liberdade e libertação. Se você não se sente confortável nu, vista roupas largas e leves, que não o restrinjam de maneira alguma, como um pijama ou um moletom.

Saiba, porém, que não existe necessariamente uma relação direta entre o que vestimos para dormir e como estamos vestidos fora do corpo. Nossa aparência na dimensão extrafísica, incluindo a forma como estamos vestidos, é um reflexo de como vemos a nós mesmos. Então, se você tem 80 anos, mas a imagem que tem de si mesmo é a de um homem jovem, você vai parecer um homem jovem quando estiver projetado. Se, no momento em que "acordar" fora do corpo, você notar que a sua nudez ou a maneira como está vestido é inadequada para as circunstâncias – está andando na rua de pijama, por exemplo –, isso pode ajudá-lo a perceber que está projetado, e não sonhando, e aumentar o seu nível de lucidez. Você pode, então, se vestir da maneira que preferir.

## Móveis e roupa de cama

Travesseiros sob o pescoço, sob os joelhos e até mesmo sob os braços podem promover uma profunda sensação de relaxamento. Então experimente usar almofadas e travesseiros até encontrar uma posição que o deixe tão confortável e relaxado quanto possível. Se você tem um parceiro, cobertas individuais ou uma cama maior podem ajudar a reduzir as perturbações que ele pode provocar. Os edredons e cobertores não devem ser muito pesados, porém, ao ponto de você poder sentir o peso deles sobre você.

Além disso, tente diminuir a quantidade de móveis e a desordem no seu quarto. Tenha apenas o que é necessário. Se o seu quarto estiver atulhado de móveis, equipamentos elétricos, quadros, fotos, bibelôs e outras peças de decoração, por força do hábito você vai se sentir limitado na sua capacidade de se movimentar quando sair do corpo, mesmo que não esteja.

## Infraestrutura

Você vai precisar de um relógio digital, um bloco de anotações, um lápis, uma agenda e um diário ao lado da cama, para registrar as suas experiências extrafísicas quando acordar. O relógio digital vai permitir que você saiba o horário em que se deitar para começar a sua tentativa e o horário em que retornar da sua projeção. O calendário é útil no caso de você acordar sem saber que dia é, talvez ansioso para se levantar e ir trabalhar num dia em que não for preciso. Isso pode interferir na recordação da projeção. Vou explicar no Capítulo 18 a razão e os benefícios de se registrar os detalhes das projeções e de outros estados alterados de consciência.

## Momento ideal

O melhor momento para tentar se projetar é quando o corpo físico está mais relaxado, por isso não existe um momento ideal; isso é uma coisa individual, que varia de pessoa para pessoa. Mas nós já sabemos que a penumbra e o silêncio facilitam as projeções conscientes. Então, se considerarmos que a maioria da população vai dormir em algum momento entre as 23 horas e a meia-noite, podemos calcular que três horas da manhã represente o meio da noite para a maioria de nós, e é, portanto, o momento de menor ruído e interferência externa. Portanto, esse pode ser o momento ideal para tentar deixar o corpo.

Nesse horário, o cérebro já descansou um pouco, depois de ter dormido algumas horas, o que vai ajudá-lo a alcançar um nível maior de lucidez, mas o corpo ainda vai se sentir cansado o suficiente para relaxar e se sentir tranquilo durante a aplicação de uma técnica projetiva.

A glândula pineal também tem picos de produção de melatonina ali pelo meio da noite, o que vai ajudar ainda mais no relaxamento. Se você quiser tentar se projetar às três da manhã, coloque o despertador e espere um tempo até acordar totalmente antes de fazer sua primeira tentativa, para evitar cair no sono novamente.

## Clima

Não existe uma condição meteorológica que seja mais propícia para a EFC. Se determinadas condições meteorológicas o afetarem ou assustarem, adie a sua tentativa até que tenham passado.

# Fatores físicos e fisiológicos

## Experiência com sua postura projetiva

A posição em que ficamos ao tentar uma projeção pode nos ajudar a ficar mais lúcidos fora do corpo e recordar a experiência mais tarde. Deitar-se de costas na posição dorsal é a melhor opção, pois essa não é a posição em que a maioria das pessoas costuma "apagar". Quando estão se preparando para dormir (ou seja, se desligando, perdendo a lucidez), as pessoas geralmente se viram e deitam de lado ou parcialmente de bruços. Então, quando assumimos a posição dorsal, enviamos uma mensagem sutil para nós mesmos de que não estamos nos desligando, estamos atentos e prontos para o que vier.

A ideia é que você permita que o corpo físico durma, mas mentalmente permaneça alerta. Desse modo você será capaz de acompanhar a decolagem lúcida do corpo extrafísico. E se você não está acostumado a relaxar na posição dorsal, pratique! Com o tempo você se acostuma.

## Evite comer ou beber

Há duas coisas a se levar em conta aqui. Em primeiro lugar, como sua frequência cardíaca aumenta quando você está digerindo uma refeição, você vai achar mais difícil relaxar, quando está se preparando para uma projeção, se tiver comido até duas horas antes de se deitar.

Em segundo lugar, você deve evitar alimentos que tenham um alto teor de água, tais como melancia, e especialmente bebidas que sejam estimulantes ou diuréticas, como café e chá. Portanto, não coma nem beba nada duas horas antes de se deitar, para evitar ser perturbado durante a projeção por um ritmo cardíaco elevado ou a necessidade de ir ao banheiro.

Observação: o ritmo com que produzimos urina muitas vezes aumenta com o trabalho energético.

## Satisfaça as suas necessidades fisiológicas

Esvazie a bexiga imediatamente antes de se deitar. A prisão de ventre (umbilicochacra bloqueado) também pode interferir nas projeções, por isso se certifique de que a sua alimentação seja equilibrada.

## Esteja bem descansado e relaxado

É importante estar bem descansado durante a sua tentativa de se projetar, para não cair no sono imediatamente. O relaxamento profundo é também pré-requisito para você conseguir esquecer tudo sobre seu corpo físico e o ambiente, e focar a atenção nas realidades extrafísicas mais sutis.

## Limpe as vias nasais

Limpe suas vias nasais com água, de modo que nada interfira na sua respiração.

## Tome um banho hidromagnético

Se preferir, você pode tomar o que é conhecido como "ducha hidromagnética", ao se preparar para uma projeção. Essa ducha consiste em exteriorizar energias através do seu chacra coronário (no topo da cabeça), contra o fluxo da água, quando estiver em pé embaixo do chuveiro. A água, então, volta e limpa o seu corpo de energia, melhorando um pouco as suas condições energéticas no momento. Portanto, se você estiver em más condições, do ponto de vista energético, esse exercício vai ajudar até certo ponto, mas não vai ser suficiente para desfazer algum bloqueio energético, por exemplo. Certifique-se de que a água esteja na temperatura ideal. Se estiver muito quente, você poderá ficar mentalmente mais lento e, se estiver muito fria, você vai ficar alerta demais para relaxar. Além disso, nas primeiras vezes em que fizer o banho hidromagnético, incline-se contra a parede do chuveiro para se apoiar nela, caso o trabalho com energias o deixe de alguma forma inseguro. Com a repetição, esse exercício ajuda a ativar o chacra da coroa e a melhorar a consciência fora do corpo.

## Controle o macaco dentro de você!

Lembre-se de que o corpo físico é apenas uma espécie de macaco com muitos instintos. Se você quiser deixar o corpo, tem que aprender a controlar a vontade de se mover (coçar, engolir, piscar, se virar etc.) e de dormir.

# Fatores psicológicos

- Tenha plena confiança de que você pode fazer uma projeção. Com perseverança, os bloqueios, medos e condicionamentos podem ser eliminados e todos podem alcançar resultados positivos.

- Tenha intenções positivas de que terá uma experiência lúcida e esclarecedora fora do corpo, e saiba que, se alguma coisa o preocupar durante a EFC, tudo o que tem a fazer é pensar em seu corpo físico e você instantaneamente regressará ao corpo.

- Use a sua força de vontade para combater o tédio, a distração e a impaciência para que as coisas aconteçam rapidamente. Durante quanto tempo você tem que aplicar uma técnica antes de começar a deixar o corpo? Se, no seu caso, isso leva cerca de 75 minutos, mas você sempre desiste da técnica depois de 20, não vai alcançar nenhum resultado. Portanto, use sua força de vontade para perseverar no que se refere ao tempo gasto aplicando técnicas e à frequência de suas tentativas de deixar o corpo.

- Mantenha-se estável e calmo antes de tentar se projetar. Num estado de espírito tranquilo. Se tentar se projetar quando estiver emotivo, excitado, ansioso, com medo ou agitado, será mais difícil deixar o corpo e se manter fora dele. Portanto, antes de se projetar, evite brigas e discussões; assistir a filmes que provoquem muitas emoções; ouvir músicas agitadas; jogar jogos de computador violentos, que o deixem inquieto; ou fazer qualquer outra coisa que lhe injete muita adrenalina.

- Estabeleça muito bem os seus objetivos ao deixar o corpo. Saiba aonde você quer ir. Saiba o que quer fazer. Anote isso por escrito. Eu quero tal coisa! Sinta-se motivado por seus objetivos e concentre-se em alcançá-los.

- Fique mentalmente alerta.

- Lembre-se de que você não é apenas um corpo físico. Você é uma consciência livre para viajar através das dimensões. Portanto, esqueça tudo sobre seu corpo físico e seu ambiente material. Concentre-se em exteriorizar a sua consciência, para a dimensão extrafísica, não interiorizá-la.

- Não alimente nenhuma ideia preconcebida ou expectativa de como as coisas deveriam acontecer. Por exemplo, não espere flutuar para fora do corpo, porque talvez você afunde através do piso; não tente se forçar a sair do corpo através da cabeça, porque talvez seus ampa-radores estejam tentando puxá-lo através dos pés. Então, mantenha-se aberto. Primeiro espere para ver o que está acontecendo e, depois, siga em frente.

- Acima de tudo, esteja pronto para ver a si mesmo lúcido fora do corpo.

Como Waldo Vieira escreveu em *Projeciologia*:

*Se você estiver realmente interessado em produzir projeções conscien-ciais lúcidas ou tentar provocar tais experiências, prepare-se psicologica-mente para aceitar projeções lúcidas espontâneas, porque elas podem ocorrer durante qualquer oportunidade favorável de agora em diante. (Vieira, 2002)*

# Fatores bioenergéticos

## Estado vibracional

A instalação do estado vibracional antes da projeção irá mantê-lo equili-brado e protegido enquanto estiver fora do corpo e impedirá outros indiví-duos projetados ou extrafísicos de se acoplarem energicamente a você.

## Pensamentos, sentimentos e energias

Você se recorda de ter lido no Capítulo 4 que nossos pensamentos, senti-mentos e energias estão interligados? Se pensarmos em nos projetar com lucidez todos os dias, vamos carregar o campo energético em torno de nós com o nosso desejo de nos projetar e criar conexões que facilitem e apoiem esses esforços. Então, tenha materiais relacionados com a projeção lúcida na sua casa – deixe livros sobre o assunto ao lado da cama, pendure pôsteres na parede, assista a DVDs sobre EFCs, visite sites de qualidade regularmente, ouça entrevistas de rádio relevantes na internet etc.

### Condições extrafísicas

Não se esqueça de pensar sobre o que está acontecendo ao seu redor não fisicamente, e de limpar as energias do seu quarto e da casa regularmente, de modo que as condições extrafísicas sejam positivas e equilibradas e, portanto, propícias aos seus esforços para se projetar.

## Fatores parapsíquicos

### Percepções parapsíquicas

Até que ponto suas percepções parapsíquicas estão bem desenvolvidas? Será que seus amparadores tentam ajudá-lo a deixar o corpo, mas você não percebe e vira de lado para dormir? Será que seus guias cegos tentam impedi-lo de deixar o corpo, mas você não percebe nada de negativo e acha que eles são os seus amparadores? Precisamos nos empenhar para nos tornarmos mais parapsíquicos – e isso vai ser uma consequência natural de trabalhar mais eficientemente com as nossas energias (Trivellato, 2006).

## Comentários gerais sobre o preparo para uma projeção

As pesquisas mostram que todos os fatores descritos neste capítulo facilitam a projeção lúcida. No entanto, como somos todos indivíduos diferentes, algumas dessas otimizações podem não lhe ser úteis. Você tem que praticar e experimentá-las em condições diferentes para descobrir quais combinações facilitam as suas experiências. Você também vai descobrir quais variáveis dificultam seus esforços, por isso tome nota mentalmente delas e certifique-se de levá-las em conta durante o seu preparo.

Você deve experimentar todos os fatores parapsíquicos externos, físicos, fisiológicos, psicológicos, bioenergéticos, extrafísicos que podem afetar sua projetabilidade e investir tempo no ajuste dessas variáveis até descobrir uma combinação que produza resultados. Algumas variáveis-chave se relacionam à sua capacidade energética global e ao seu equilíbrio emocional, enquanto variáveis menores se referem a atributos pessoais específicos que você pode controlar com a sua vontade, tal como o nível de confiança ou abertura. No final das contas, a altura do seu travesseiro pode ser a única coisa que esteja impedindo o seu sucesso. Se, no entanto, alguma das variáveis não estiver completamente ajustada, é pouco provável que você consiga fazer uma projeção lúcida (Trivellato, 2006).

Capítulo Dezesseis

# Técnicas de projeção lúcida

Projetar-se com lucidez e sempre que tem vontade é uma habilidade que precisa ser aprendida. Nesse sentido, aprender a se projetar não é muito diferente de aprender um novo esporte ou idioma. Não existem atalhos e não há substitutos para o esforço e a determinação. Se você está realmente encarando com seriedade a tarefa de ser um projetor consciente, o ideal é que pratique o maior número de técnicas possível e dedique-se ao treinamento dos seus corpos físico, energético, extrafísico e mental, para se adaptar às exigências específicas de cada um deles. Digo isso para que você entenda que, embora não seja impossível, é improvável que tenha uma projeção lúcida depois de tentar uma técnica apenas uma ou duas vezes.

Embora não existam técnicas perfeitas que garantam o sucesso, as técnicas concebidas por Waldo Vieira que descrevo neste capítulo estão entre algumas das mais eficazes, com base nos resultados obtidos em aulas práticas, por milhares de alunos da IAC e do IIPC em todo o mundo.

Além de praticar todas as técnicas deste capítulo, recomendo que você faça algumas pesquisas e selecione um total de quinze a vinte com que trabalhar. Waldo Vieira descreve 37 em detalhes em *Projeciologia*, só para começar. O objetivo, então, depois de praticar cada uma delas toda noite por um mês ou coisa assim, é identificar cinco ou seis que tirem melhor proveito dos seus pontos fortes e parecem funcionar com você. Por exemplo, se tiver uma imaginação fértil, técnicas que exijam que você use a imaginação e faça visualizações serão mais fáceis para você; se tiver uma boa capacidade respiratória, vai achar técnicas baseadas no controle da respiração mais fáceis de fazer, e assim por diante. Você pode até combinar certos elementos de diferentes técnicas que lhe agradem, para criar a sua própria técnica.

*Pense em todas as suas tentativas de se projetar como oportunidades para você aprender com todos os pequenos detalhes e experiências que tiver, e não tenha nenhuma preocupação ou expectativa com relação ao que vai alcançar depois disso.*

Tudo o que você achar difícil sobre uma determinada técnica vai revelar uma limitação ou bloqueio que você tenha, e isso é positivo, porque, depois que você descobrir o que o está impedindo de deixar o corpo, vai poder trabalhar nisso e superar essa limitação ou bloqueio. Talvez você descubra que não consegue relaxar o suficiente ou que tem um bloqueio energético num de seus chacras que o está impedindo de deixar o corpo.

## Dicas

Antes de se deitar para aplicar uma técnica, passe algum tempo pensando no que vai fazer quando estiver projetado. Se você estiver ocupado fora do corpo, não vai pensar em seu mundo físico, e isso vai aumentar suas chances de ficar projetado por mais tempo.

Veja algumas atividades que você pode incluir na sua lista de "coisas a fazer" no mundo extrafísico:

- tentar voar;
- examinar o seu corpo extrafísico;
- estender seu corpo extrafísico;
- testar a sua capacidade de visão (você pode ver em 360 graus?);
- alterar a aparência do seu rosto;
- trocar de roupa;
- sentir o seu cordão de prata;
- encontrar seus amparadores;
- ver se você está emitindo luz.

Inclua um alvo em sua agenda, algo ou alguém que você esteja curioso para encontrar ou um lugar que você esteja realmente motivado a visitar.

Depois que se sentir confortável e pronto para começar, há dois passos importantes a tomar antes de aplicar a técnica projetiva.

Em primeiro lugar, você deve passar de 15 a 20 minutos trabalhando com as suas energias; absorvendo energias do ambiente ao seu redor, instalando o estado vibracional e enviando as suas energias em todas as direções. (Consulte o Capítulo 4 para obter instruções detalhadas sobre como fazer esses exercícios.) Isso vai ajudar a soltar o seu corpo de energia, facilitando o desprendimento e a decolagem do corpo extrafísico.

E, em segundo lugar, você deve relaxar. Vou descrever brevemente a técnica de autorrelaxamento psicofisiológico. Trata-se de uma técnica para sair do corpo que também pode ser utilizada para induzir um estado profundo de relaxamento antes da aplicação de qualquer outra técnica projetiva. No entanto, você pode usar qualquer outro método eficaz para o relaxamento que funcione com você.

Quando estiver seguindo os passos de qualquer técnica, você provavelmente vai se distrair em algum momento e descobrir que sua mente começa a divagar. Se perceber que isso está acontecendo, não se preocupe, é só voltar para o início da técnica e começar novamente. Com o tempo e a prática, a sua capacidade de se concentrar vai melhorar.

Lembre-se também, ao praticar qualquer técnica, de que o seu objetivo é relaxar o corpo o suficiente para deixá-lo dormir, mas ao mesmo tempo manter a mente lúcida e alerta.

## Técnicas projetivas

### Técnica de autorrelaxamento psicofisiológico

O estado profundo de relaxamento é uma técnica para fazer com que o corpo extrafísico se desprenda suavemente do corpo físico e flutue. Você vai perceber quando a separação tiver ocorrido, porque não vai mais conseguir sentir o corpo físico. Ele vai ficar dormente. A dormência é apenas uma das muitas sensações que as pessoas costumam ter quando os corpos físico e extrafísico estão num estado de descoincidência, e ela é completamente normal. Descrevo esta e várias outras sensações em mais detalhes no próximo capítulo.

Para aplicar a técnica de autorrelaxamento psicofisiológico, inspire profundamente – encha os pulmões –, em seguida contraia ou tencione um grupo de músculos do rosto – franza a testa, por exemplo –, segurando a respiração durante cinco segundos; depois expire e relaxe os músculos ao mesmo tempo. Então, mais uma vez, inspire profundamente – encha os pulmões – e contraia outro grupo muscular do rosto durante cinco segundos – por exemplo, aperte os olhos com força –, prendendo a respiração por cinco segundos; em seguida, expire e relaxe os músculos, e assim por diante, movendo todos os músculos do rosto. Você pode contrair os lábios para a frente, cerrar a mandíbula, contrair os músculos do pescoço etc.

Continue dessa maneira, contraindo e relaxando todos os músculos do corpo: pescoço, ombros, tórax, braços, mãos e dedos, abdômen, costas, nádegas, coxas, pernas (puxe os dedos dos pés na sua direção), panturrilhas, pés e dedos. Faça isso durante o tempo que for necessário. Não é preciso ter pressa.

Nós muitas vezes acumulamos tensão em nosso corpo, mesmo sem perceber. A ideia dessa técnica é que, à medida que relaxa cada músculo, você vá liberando a tensão acumulada e, gradualmente, atinja um estado profundo de relaxamento. Quando começar a sentir o corpo físico entorpecido, você vai saber que o corpo extrafísico está começando a flutuar. Nesse ponto, você deve se concentrar no alvo da sua projeção, para incentivar uma completa projeção da consciência.

## A técnica projetiva do alvo

A curiosidade ou a motivação para atingir uma meta é uma técnica muito eficaz para deixar o corpo. Às vezes, depois de dar uma aula prática na IAC, eu digo aos alunos para tentarem se projetar até a nossa sala de aula durante a noite, enquanto estiverem em casa, para ver que objeto eu deixei sobre a mesa ou o que escrevi no quadro branco. Mais de uma vez os alunos vieram na manhã seguinte com uma palavra escrita numa folha de papel que correspondia exatamente à palavra escrita no quadro branco. Quando descreviam como tinham descoberto a informação, ficava claro para mim que tinham feito uma EFC lúcida, em vez de uma experiência com visão remota ou claridência. O fato de a palavra ser justamente a que estava no quadro lhes permitia confirmar suas projeções.

Você pode fazer essa mesma experiência por conta própria, pedindo a um amigo que deixe um objeto sobre sua mesa de cozinha ou a um colega para desenhar um símbolo ou escrever uma palavra num quadro branco no trabalho, para você tentar ver fora do corpo.

Nesses exemplos, um lugar foi escolhido como alvo da projeção, mas você também pode ter uma pessoa como alvo, ou uma ideia, ou pode até escolher um alvo que se relacione a descobrir algo sobre si mesmo, ou seja, um autoalvo. Vamos examinar cada uma dessas categorias.

## Locais

Esta categoria inclui lugares físicos e extrafísicos. Um destino físico poderia ser um objeto ou objetos que você sempre quis ver, como o grande mural de Monet no Museu Orangerie, em Paris; ou um lugar que você sempre quis visitar, mas não teve oportunidade ainda, tais como a Antártica, as planícies do Serengeti ou Uluru, na Austrália. Ou talvez você sempre tenha tido vontade de fazer uma expedição submarina para descobrir que estranhas criaturas vivem nas profundezas do oceano, ou visitar as entranhas do vulcão Krakatau, na Indonésia, ou visitar uma estação espacial em órbita em torno da Terra.

Extrafisicamente, você talvez tenha vontade de visitar a sua colônia extrafísica e encontrar os membros extrafísicos do seu grupo cármico, ou ir a uma colônia extrafísica de interesse específico para você, como, por exemplo, uma colônia de pacifistas, ecologistas, gênios ou políticos. Lembre-se também de que cada lugar físico tem outro correspondente "nos bastidores". Portanto você pode escolher como alvo o território e comunidade extrafísicos associados com a sede das Nações Unidas, o Palácio da Paz em Haia ou a sua própria casa ou local de trabalho. Como será que eles são? O que tem ali? O que está acontecendo lá?

## Lugares a evitar

Há alguns distritos humanos e ambientes extrafísicos que os projetores devem evitar e considerar fora dos limites devido à existência de riscos potenciais ou reais, tais como:

- Casas famosas por serem assombradas por poltergeists. Poltergeists são consciências extrafísicas que têm a capacidade de produzir efeitos físicos nesta dimensão. Se você se projetar para uma casa assombrada, um poltergeist pode ser hostil a você ou até mesmo segui-lo até a sua casa e criar problemas para você lá.
- Locais onde crimes violentos foram cometidos ou onde muitos seres humanos foram assassinados, tais como o Coliseu de Roma; o campo de concentração de Auschwitz, na Polônia; o local onde ficava o World Trade Center, em Nova York; e campos de batalha de guerras atuais e antigas. Centenas, milhares, dezenas de milhares, até mesmo milhões de consciências extrafísicas psicóticas, que morreram em circunstâncias profundamente traumáticas, podem ainda estar presas a lugares como esses.
- Câmaras de tortura, do passado e do presente, como a prisão de Abu Ghraib, perto de Bagdá, no Iraque.
- Masmorras de antigas prisões (incluindo ruínas), tais como a Torre de Londres e a Conciergerie, em Paris.
- Qualquer distrito extrafísico hostil.
- Quartos de dormir de outras pessoas. Todo mundo tem direito à privacidade absoluta em seu quarto. Em alguns casos raros, nós podemos ser levados ao quarto de alguém por um amparador, para oferecer alguma assistência. Aí tudo bem, desde que sejamos muito discretos com relação a qualquer coisa que possamos ver ali.

## Seres

Você também pode escolher uma pessoa física ou extrafísica como alvo de uma projeção. Se quer se aproximar de alguém que está fora do corpo físico, certifique-se de que a pessoa está disposta a participar e peça primeiro a permissão dela para fazer isso. Talvez você queira se projetar até a casa de alguém doente e que poderia se beneficiar da sua ajuda energética. Ou você pode planejar uma projeção conjunta com um parceiro, membro da família ou amigo, de modo que o seu destino seja encontrá-lo fora do corpo em local e horário predeterminados.

Ou você pode escolher um ser extrafísico como seu destino: seu amparador ou orientador evolutivo ou talvez alguém que você conheça e que já tenha falecido.

## Seres que não devem ser abordados

Existem algumas pessoas físicas que não devemos abordar quando estivermos fora do corpo, pelo risco de chocá-las ou perturbá-las enquanto estiverem trabalhando, caso elas nos vejam. Isso inclui cirurgiões, operadores de máquinas, motoristas de caminhão, qualquer pessoa andando de moto, barbeiros que estejam fazendo a barba de alguém ou qualquer outra pessoa envolvida num trabalho potencialmente perigoso.

Entre as consciências extrafísicas que devem ser evitadas estão qualquer pessoa que tenha morrido recentemente e esteja descansando e se recuperando do choque de perder o corpo físico. Evite particularmente qualquer pessoa que tenha se suicidado, pois suicidas normalmente estão extremamente perturbados e/ou traumatizados. Você também pode sofrer um impacto muito grande ao ver alguém que você conhece em tal condição.

## Ideias

Você também pode ter uma ideia como alvo, como uma nova hipótese para desvendar um enigma científico, a cura para uma doença ou uma solução para um problema ou questão que você esteja tentando resolver. Talvez você queira entender, por exemplo:

- como funciona a repressão da memória;
- como podemos melhorar a recordação das nossas projeções;
- os mecanismos que permitem que nossas emoções assumam o controle sobre o corpo mental;
- as diferenças de tempo que existem entre a dimensão física e a dimensão extrafísica.

## Autoalvo

O autoalvo é aquele em que o seu objetivo é descobrir informações úteis sobre si mesmo. Pode ser algo relacionado ao seu corpo físico, tal como um problema de saúde que pode ser investigado através do fenômeno conhecido como autoscopia extrafísica interna (quando você é capaz de ver dentro do seu próprio corpo físico, enquanto projetado); ou algo relacionado com o seu corpo de energia, o seu cordão de prata ou o seu corpo extrafísico. Talvez você queira ver, por exemplo, se o seu corpo extrafísico tem alguma cicatriz ou trauma de vidas passadas que seja responsável por algumas das suas condições de vida atuais.

Como parte da técnica projetiva do alvo, elabore uma agenda de projeções. Faça uma lista de seis alvos selecionados a partir das categorias anteriores, nomeie-os e ordene-os de acordo com o seu grau de dificuldade. Atribua um prazo realista para alcançar cada alvo (por exemplo, três meses, nove meses, um ano), considerando que você vai praticar regularmente e ajustar os prazos à medida que avança, de acordo com seus resultados.

## Técnica do alongamento do corpo extrafísico

A elasticidade é um atributo natural do corpo extrafísico e não deve ser motivo de preocupação ou medo. O objetivo desta técnica é estender, expandir e soltar o corpo extrafísico (especialmente os parabraços e pernas) até você perder os pontos de referência do seu corpo físico. Quando isso acontecer, você vai se sentir livre do corpo físico, à medida que o seu corpo extrafísico fica parcialmente desconectado e você consegue separá-lo totalmente e fazê-lo flutuar para cima.

Para aplicar a técnica, em primeiro lugar, relaxe bem. Quando estiver bem acomodado e relaxado, pense em seus pés e comece a acumular as suas energias ali. Quando conseguir sentir as energias se agregando a seus pés, concentre-se em seu corpo extrafísico e pense que seus parapés estão crescendo ou se alongando. Tente esticá-los cinco centímetros além dos pés físicos. Quando tiver feito isso, faça-os voltar ao normal e relaxe. Repita o exercício e tente esticar os parapés cinco centímetros novamente. Em seguida, faça-os voltar ao normal e relaxe. Faça isso uma terceira vez, volte ao normal e relaxe novamente.

Na próxima etapa, concentre-se na cabeça e coloque as suas energias lá. Tente esticar a paracabeça e relaxar, três vezes por vez, como fez antes. Faça isso lentamente. Não tenha pressa.

Inicie todo o processo novamente, mas dessa vez estique seus parapés dez centímetros de cada vez, e sua paracabeça dez centímetro de cada vez.

Repita o processo, agora esticando os parapés vinte centímetros de cada vez e a paracabeça, vinte centímetros de cada vez.

Por fim, estique os parapés meio metro e, enquanto mantém o alongamento dos pés, estique a paracabeça meio metro. Persista com essa parte do exercício, enquanto achar que é necessário até alcançar bons resultados.

Então, enquanto seu corpo extrafísico estiver estendido em ambas as direções, imagine seu corpo se expandindo como um balão a partir da região do peito e do tronco. Quando começar a ter essa sensação de balão (outra sensação muito comum durante o desprendimento do corpo extrafísico – veja o próximo capítulo), o seu corpo extrafísico vai começar a se separar, por isso neste momento mude o foco para a técnica que você escolheu para sua projeção e induza a plena decolagem da consciência no corpo extrafísico.

# Projeção através da técnica do corpo mental

Se você quiser experimentar uma projeção apenas do seu corpo mental (cosmoconsciência, *nirvana, satori, samadhi*), o estado de iluminação com o qual todas as outras experiências espirituais são comparadas, é importante trabalhar regularmente com o corpo mental, estudando, aprendendo e desenvolvendo seus atributos para mantê-lo ativo e flexível. O ideal é que você também tenha alguma experiência com projeções voluntárias no corpo extrafísico, antes de tentar uma projeção mental.

Você terá que escolher uma *ideia*-alvo para esse tipo de projeção, pois qualquer outro alvo (como um local ou uma pessoa) vai envolver emoções e, assim, levar a uma projeção do corpo extrafísico, o corpo das emoções.

Para atrair apenas o corpo mental, a sua ideia-alvo deve ser um conceito elevado ou uma questão enigmática que possa ser desenvolvida ou considerada a partir de uma nova perspectiva, que vá além dos limites da sua maturidade e conhecimento no estado de vigília físico ordinário.

Os alvos para uma projeção no corpo mental são conceitos nocionais que estejam fora dos limites da vida ordinária. O objetivo deles é romper com os limites do que é conhecido. A experiência é culminada por uma epifania – de repente você considera o conceito de infinito ou espiritualidade ou unidade e tem uma expansão de consciência em que apreende toda a ideia. Numa projeção no corpo mental você passa para um plano que tem mais a ver com compreensão e conscientização do que com forma ou função.

Por exemplo:

- Se você é um cosmólogo, poderia pensar na noção ou conceito exato de infinito em relação à vastidão do universo;
- Se você é um físico, poderia pensar nos meios possíveis de se transcender o tempo;
- No nosso caso, poderíamos tentar descobrir as origens da consciência; como nos manifestávamos antes de começarmos o ciclo multiexistencial e qual era o nosso nível de evolução. Ou poderíamos tentar

descobrir se alguma vez descartamos o corpo mental e, em caso afirmativo, como é que nos manifestaríamos então; ou poderíamos tentar descobrir algo novo sobre os mecanismos do carma grupal.

Depois de ter selecionado a sua ideia-alvo e atingido um profundo estado de relaxamento, você vai precisar se esquecer dos três itens a seguir, pois eles vão restringir a sua mente:

- o universo das formas: comprimento, largura e altura (linhas, curvas, esferas etc.);
- o universo espacial: a dimensão física, a dimensão paratroposférica e a dimensão extrafísica;
- o universo do tempo cronológico: o passado, o presente e o futuro (segundos, minutos, horas, dias, semanas, meses e anos).

Concentre-se agora no seu alvo e fique aberto a ideias originais e criativas.

## Técnica do autodespertar extrafísico

Se considerarmos que quase todos nós vivenciamos algum nível de separação entre o corpo físico e o extrafísico durante o curso natural do sono noturno, então uma técnica muito útil para produzir projeções lúcidas é aquela que nos prepara para aumentar nossa lucidez e "acordar" fora do corpo quando já estivermos pelo menos parcialmente projetados.

A técnica do autodespertar extrafísico é um método eficaz para conseguirmos justamente isso e ela funciona da seguinte maneira. Quando você estiver no estado de vigília normal, sature a sua mente com a ideia e determinação de despertar extrafisicamente a qualquer momento que algo acontecer e que indique que você está projetado. Por exemplo:

- você se vê suspenso num espaço vazio;
- você percebe que não está respirando;
- você descobre que está emitindo luz;

- você percebe que um espelho comum não reflete você;
- você constata que ninguém pode ouvir você;
- você reconhece que a sua visão é superior à visão física.

Programe-se para pensar sobre isso quantas vezes puder, todo dia. Use um relógio que desperte a cada hora, por exemplo, e passe alguns momentos se concentrando nessa ideia cada vez que o alarme soar. Mergulhe nessa técnica até que a sua lucidez extrafísica aumente automaticamente sempre que você perceber que não está mais na dimensão física (Vieira, 2002).

Capítulo Dezessete

# Sensações comuns na decolagem e no retorno

O propósito deste capítulo é descrever as várias sensações incomuns, às vezes exóticas, que são normalmente experimentadas e que levam a uma projeção, e também ao momento da decolagem e ao retorno da consciência. Se você já experimentou na pele algumas das informações que se seguem, isso irá servir para confirmar se o que você acha que aconteceu era real e não algo imaginado (se não tiver certeza), e para assegurar de que o que você sentiu era completamente normal.

Para aqueles que têm pouca ou nenhuma experiência projetiva, o conhecimento que vão ganhar a partir deste capítulo irá ajudá-los a não reagir com sensações como o medo ou a apreensão, porque vão entender o que está acontecendo e saber que muitos milhares de pessoas já passaram pelas mesmas experiências. Você também será capaz de antecipar as sensações, e isso pode aumentar as chances do seu sucesso ao deixar o corpo, porque, quando você começar a sentir as coisas acontecendo, vai ter mais chance de manter o controle em vez de ficar assustado e desequilibrado.

*Independentemente do seu nível de experiência, o ponto principal deste capítulo é saber que, se você sentir qualquer das sensações que geralmente precedem ou acompanham a decolagem (ou o retorno) da consciência do corpo físico, deve ficar satisfeito e feliz, pois esses sinais confirmam que a sua tentativa de projeção está funcionando e que você está indo bem. Isso, por sua vez, deve motivá-lo a continuar com seus experimentos.*

# Sinais de que a projeção é iminente

Projetores veteranos experientes, que tiveram muitas centenas de projeções conscientes durante toda a vida, às vezes têm uma indicação ou sinal, até duas horas antes da projeção real, de que uma experiência fora do corpo vai ocorrer. Eles podem ter uma poderosa intuição para ir para casa, por exemplo, e começar a fazer os preparativos necessários. Com o tempo e a prática, são capazes de identificar os sinais precursores de uma projeção, que lhes permitem prever o evento.

Projetores menos experientes, porém, são mais propensos a ter alguma indicação ou sinal de que a projeção é iminente imediatamente antes da decolagem da consciência para o corpo extrafísico. Entre as indicações que são mais comumente relatadas estão:

- sonhos vívidos;
- sonhos de voo;
- sonhos sobre a projeção lúcida;
- digestão acelerada;
- a presença de consciências extrafísicas;
- o alongamento de um parabraço ou paraperna;
- uma pulsação ou pressão sobre os chacras, especialmente o chacra frontal (terceiro olho);
- uma sensação de alienação do corpo físico;
- a percepção de um fluxo de ar ou brisa leve no quarto;
- um ruído de assobio ou silvo;
- a sensação de que a luz no quarto tornou-se mais brilhante.

# Sensações durante a decolagem e o retorno

Outras sensações estão mais relacionadas com o não alinhamento dos corpos físico e extrafísico e podem, portanto, ser vivenciadas tanto durante a decolagem quanto no retorno da consciência. Elas incluem:

- dormência – a ausência temporária de sensibilidade e, portanto, de ação do corpo humano; uma sensação semelhante à que se tem quando se toma uma anestesia local; ritmo cardíaco reduzido;
- entorpecimento – apatia, letargia, lentidão, languidez, falta de reação, inação;
- hiperacuidade auditiva e olfativa – capacidade aumentada para ouvir e sentir cheiros no ambiente físico por meio dos sentidos não físicos; por exemplo, você pode ouvir ruídos da rua que normalmente estariam além da sua faixa de percepção ou detectar o aroma de pão fresco de uma padaria a várias quadras de distância;
- ausência de peso – ou a leveza do corpo extrafísico;
- peso – a sensação de que o corpo físico é um peso morto;
- ondulação – a instabilidade, balanço ou oscilação do corpo extrafísico;
- balonismo – a nítida sensação de que o corpo inteiro ou uma parte dele está crescendo, inchando ou se expandindo e inflando como um balão; ocorre em resultado da expansão do corpo de energia;
- estado vibracional – na maioria dos casos, um estado vibracional que ocorre pouco antes de uma projeção acontecer espontaneamente;
- sons intracranianos – ruídos que são difíceis de caracterizar; quase sempre ocorrem dentro do crânio no exato momento da decolagem lúcida e parecem ser causados por uma decolagem muito abrupta da paracabeça; vários projetores relatam ouvir sons intracranianos como um badalar, retinir, zumbido, tilintar, crepitações (tinido), guinchos, ruídos ou riso sufocado;
- pressão craniana – sensação que deriva de uma consciência aguda do peso da cabeça física no momento da decolagem da paracabeça;
- paralisia do sono (também conhecido como catalepsia projetiva) – sensação de ser incapaz de mover o corpo físico enquanto está conscientemente aquartelado dentro dele; pode ocorrer antes ou depois de uma projeção;
- desconexão (ou reconexão) do corpo extrafísico – às vezes acompanhada por uma espécie de "clique" que soa no momento da separação como um velcro sendo retirado;

- sensação de queda seguida de despertar com solavanco – causada pelo retorno rápido e repentino do corpo extrafísico; geralmente seguido por respiração rápida e aceleramento do batimento cardíaco;
- efeito túnel – componente intrínseco de passar de uma dimensão para outra; pode, portanto, ocorrer em qualquer tipo de EFC, mas é mais comum nas experiências de quase morte (EQMs); a impressão, geralmente imediatamente depois da decolagem, é a de entrar num túnel escuro, longo e estreito, e viajar através dele a grande velocidade, em direção a um ponto de luz;
- percepções duplas – percepções simultâneas das dimensões física e extrafísica; por exemplo, você pode ouvir uma sirene de polícia na rua e uma conversa extrafísica ao mesmo tempo;
- apagão durante a decolagem – um breve lapso de lucidez que muitas vezes ocorre durante a transição das nossas operações mentais do cérebro para o paracérebro, durante a decolagem e o retorno; é tão comum, na verdade, que o decolar totalmente lúcido da consciência é o mais raro tipo de decolagem. Os apagões podem ser vencidos com a força de vontade.

As sensações que você vai experimentar vão variar de acordo com o dia em que fizer a projeção. Talvez todas elas ocorram, ou talvez apenas algumas ou nenhuma delas (Vieira, 2002).

Capítulo Dezoito

# Recordação e análise

## Por que é difícil lembrar uma experiência fora do corpo?

Embora a maioria das pessoas faça projeções toda noite, pelo menos inconscientemente, poucos de nós se recorda dessas projeções quando acordam pela manhã.

A razão para isso é muito clara.

***Quando estamos projetados, o cérebro físico está dormindo e não se envolve no que está acontecendo fora do corpo; é o paracérebro que está em ação quando estamos projetados e é ele que armazena os detalhes das nossas experiências extrafísicas.*** A recordação dos eventos extrafísicos depende, portanto, da transmissão ou "download" dos detalhes do paracérebro para o cérebro físico. A estrutura e a natureza da lembrança de uma projeção no corpo mental, isoladamente, são ainda mais ricas, mais complexas e mais difíceis, pois a transferência da memória é realizada em duas etapas: primeiro, do corpo mental para o cérebro do corpo extrafísico (paracérebro) e, depois, do paracérebro para o cérebro físico do corpo humano.

Gostaria de poder dizer que há um método simples para passar tais lembranças de um veículo de manifestação para outro, mas não existe nenhum conhecido até a data, seja simples ou não. Podemos facilitar esse processo, no entanto, melhorando o desempenho do nosso cérebro físico. Por exemplo, procure descansar o suficiente e evite ficar cansado o tempo todo; exercite sua memória regularmente; crie novas conexões em seu cérebro que reflitam com precisão a realidade multidimensional e possam processar experiências que se encontram além das normas da vida comum, física; verifique se há um bom afluxo de sangue para o cérebro; e considere a possibilidade de tomar vitaminas ou suplementos que comprovadamente estimulem o funcionamento do cérebro.

## A importância da lucidez extrafísica para a recordação de eventos extrafísicos

Muitos outros fatores também podem afetar a recordação de eventos extrafísicos, tais como a profundidade do estado alterado de consciência que experimentamos quando projetados, o nosso interesse em lembrar e até mesmo certos aspectos da nossa personalidade. Isso será discutido com mais profundidade a seguir.

*Provavelmente, o fator mais importante para determinar se vamos ou não nos lembrar de nossas projeções é o nosso nível de lucidez fora do corpo. Se estivermos lúcidos, vamos entender bem o que está acontecendo. Temos certeza de que estamos projetados e não sonhando ou no estado de vigília normal, e temos controle sobre as nossas projeções. Em outras palavras, a nossa lucidez determina a qualidade das nossas experiências na dimensão extrafísica e esta, por sua vez, afeta nossa capacidade de nos lembrarmos dessas experiências.*

Para dar um exemplo óbvio, se você estiver dormindo fora do corpo num estado inconsciente, não vai saber que está projetado e, por isso, não será capaz de se lembrar, ao acordar, de que estava projetado.

No entanto, a lucidez fora do corpo não é um cenário do tipo sim ou não. Podemos experimentar diferentes níveis de lucidez quando estamos projetados, assim como acontece quando estamos acordados. Num dia bom, no mundo físico, sabemos que podemos analisar as coisas com rapidez e precisão, ser produtivos, realizar várias tarefas ao mesmo tempo e nos concentrar no que estamos fazendo sem nos distrair. Há outros dias em que não estamos tão lúcidos – saímos e nos esquecemos de trancar a porta da frente, temos que tirar uma soneca depois do almoço, esquecemos um compromisso ou reunião, não conseguimos lembrar onde deixamos os óculos – não estamos simplesmente prestando atenção.

O nosso nível de lucidez também pode oscilar ao longo do dia. Algumas pessoas se sentem muito alertas ao se levantar pela manhã, mas ficam sonolentas depois do almoço. Outras ficam mentalmente lentas antes do almoço e produzem mais durante a noite.

As energias de certos lugares também podem afetar a nossa lucidez. Às vezes nos sentimos sonolentos quando visitamos um hospital, por exemplo, porque quase todo mundo lá está dormindo.

Com a nossa lucidez extrafísica não é diferente. Ela varia de uma projeção para outra, pode oscilar durante uma única projeção, e está sujeita a influências externas.

Então, o primeiro passo para melhorar a lembrança das nossas projeções é tentar melhorar o nível de lucidez extrafísica. E, para fazer isso, precisamos nos empenhar para ficarmos mais lúcidos, de forma mais constante, em nossa vida diária no mundo físico. Tente ficar mais alerta, prestar mais atenção aos detalhes, focar o que está fazendo, observar o que está acontecendo ao seu redor com mais detalhes e evitar substâncias que podem reduzir a sua lucidez, a longo prazo, bem como a curto prazo, tais como o álcool e as drogas.

## Fatores que favorecem a recordação

Embora um bom nível de lucidez extrafísica seja fundamental, muitos outros fatores podem auxiliar a recordação das nossas projeções, tais como:

- nosso nível de motivação para produzir projeções conscientes à vontade;
- deitar-se em decúbito dorsal (de costas);
- despertar imediatamente após uma projeção;
- fazer projeções lúcidas na segunda metade da noite;
- ter uma boa memória no estado de vigília físico normal;
- relatar oralmente a experiência para alguém ao despertar;

- anotar os detalhes imediatamente depois de acordar (quanto mais você esperar para registrar a experiência, mais detalhes serão esquecidos);
- e episódios extrafísicos simples são geralmente mais fáceis de lembrar do que cenários mais complicados. Por exemplo, você tem mais chance de se lembrar de uma projeção na qual acorda fora do corpo e se vê suspenso no vazio do que uma projeção para uma estação espacial extraterrestre extrafísica.

## Fatores desfavoráveis à recordação

Pesquisas demonstram que os seguintes fatores podem interferir na recordação de eventos extrafísicos:

- falta de interesse em se projetar, ceticismo em relação à projeção lúcida e medo de se projetar. (Observação: você pode estar sujeito a qualquer um ou a todos esses fatores e, ainda assim, experimentar e recordar uma projeção lúcida, por isso não se pode dizer que qualquer um desses fatores impeça a lembrança.);
- deitar-se em decúbito ventral (de barriga para baixo);
- render-se ao sono;
- preguiça;
- embriaguez;
- adiar o registro da experiência;
- preocupação com os compromissos do dia a dia; por exemplo, ter muitos pensamentos relacionados às tarefas que precisa cumprir no dia seguinte, assim que acordar pela manhã, não é algo que propicie a recordação das projeções na noite anterior.

## Tipos de recordação

A recordação do tempo passado fora do corpo pode ocorrer de duas maneiras. Pode ser fragmentada, o que significa que você se lembra apenas de "instantâneos" da projeção. Como esse tipo de lembrança é incompleto, está sujeito a erros e não é um método eficiente para você se lembrar. Mas, se estiver disposto a se esforçar um pouco, pode tentar juntar todas as peças da projeção, concentrando-se para tentar lembrar o que aconteceu um pouco antes e um pouco depois de cada "instantâneo"; ligando cada lembrança isolada, até que você seja capaz de conectar todos os fragmentos e recordar a experiência na sua totalidade, como mostrado no diagrama a seguir.

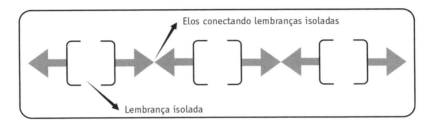

Recordação fragmentada

Obviamente, isso não vai funcionar se os vários instantâneos forem relacionados a projeções diferentes.

O método mais eficiente para recordar fatos extrafísicos é a recordação "em bloco" ou contínua, em que a lucidez do projetor não sofre lapsos desde que ele sai do estado da vigília física antes da projeção, passando pela decolagem da consciência, o tempo que passa na dimensão extrafísica, o retorno da consciência para o corpo físico, e o retorno à condição de vigília. Nesse sentido, não há nada para realmente lembrar, se nada foi esquecido. Infelizmente, esse tipo de recordação é bastante raro.

## Dicas para recordar as projeções

Há certas medidas que você pode tomar durante as diferentes fases do ciclo projetivo para ajudá-lo a se lembrar da projeção. Aqui estão algumas.

## Antes da projeção

Você já sabe que a recordação está intimamente ligada ao nível de lucidez extrafísica experimentado durante a projeção. Em poucas palavras, se não há lucidez, não há recordação. Então, como parte de sua preparação para se projetar, recorra a uma autossugestão e repita seu objetivo dez vezes. "Eu quero estar lúcido fora do corpo e quero me lembrar de *tudo* quando acordar." Ou seja, programa-se para se lembrar de suas experiências.

## Durante a noite

Se você acordar durante a noite, em vez de imediatamente se virar e voltar a dormir, acorde totalmente e tente lembrar o que estava acontecendo pouco antes de você acordar.

## Enquanto você está projetado

Preste muita atenção ao que está acontecendo quando você está projetado e tente memorizar os eventos que já ocorreram. E, então, se precisar, opte por voltar ao corpo e anotar as experiências que já teve.

## Depois da projeção

Resista à tentação de dormir depois de uma projeção. Em vez disso, mexa um pouco a cabeça para melhorar a circulação do sangue no cérebro, depois fique deitado em silêncio por alguns minutos e repasse duas vezes os acontecimentos extrafísicos mentalmente. Anote imediatamente tudo do que você se lembrar ou conte ao seu parceiro, se ele for uma pessoa aberta e receptiva às suas experiências. Isso ajudará a trazer à tona mais informações e detalhes.

## Ao despertar

Há dias em que acordamos sem ideias ou lembranças de qualquer coisa que tenha acontecido enquanto estávamos dormindo, então presumimos que não fizemos nenhuma projeção. Nesse caso, você pode verificar sua condição fisiológica para descobrir se uma projeção realmente ocorreu ou não, pois algumas condições podem sugerir a ocorrência de projeções. Por exemplo:

- uma posição física que não se alterou durante todo um período da noite;
- torpor;
- estalos nas articulações;
- uma boa disposição física;
- bexiga cheia;
- temperatura e ritmo cardíaco reduzidos (podem ser causados por uma projeção prolongada).

## Análise dos eventos extrafísicos

Tenho um amigo que não acredita que seja possível fazer experiências fora do corpo, o que me diverte muito, porque ele as faz o tempo todo! Eu sei disso porque ele está sempre me contando sobre os "sonhos" maravilhosos que tem, nos quais sente como se estivesse acordado, com a diferença de que tudo parece mais claro e ele tem uma percepção muito maior. Ele está normalmente voando nesses supostos sonhos e muitas vezes comenta sobre a alegria que sente e quanto gosta de observar as paisagens mudando mais abaixo. Ele também diz que, quando algo chama sua atenção e ele quer inspecionar mais de perto, desliza para baixo para olhar melhor, e que voar tão rápido, só a alguns metros acima do solo, lhe causa uma emoção enorme. A clareza do seu pensamento, sua euforia quando está voando e particularmente o fato de ele estar no controle de suas experiências são, todas elas, características de uma projeção lúcida.

A análise equivocada que o meu amigo faz de suas experiências é muito comum. A projeção lúcida é um estado alterado de consciência que as pessoas muitas vezes confundem com outros estados alterados de consciência, tais como sonhos comuns, sonhos lúcidos, catalepsia projetiva, devaneios, pesadelos, consciência dupla, alucinação, estados hipnagógicos (estados de transição entre a vigília e o sono, e vice-versa), transes hipnóticos, viagens psicodélicas e meditação. Da mesma forma, as projeções conscientes também podem ser confundidas com várias ocorrências parapsíquicas relacionadas, tais como a clarividência viajora, visão remota, retrocognição, precognição, visão panorâmica e bilocação física.

Por isso eu vou agora definir e analisar as características de alguns estados alterados de consciência e fenômenos parapsíquicos mais frequentemente confundidos com a projeção lúcida, para o caso de você precisar de alguma ajuda para classificar com precisão todas as experiências que se encontram além do padrão do seu estado de vigília física normal. Com conhecimento e prática, e especialmente se você registrar detalhadamente todas as suas experiências, por escrito, com o tempo vai se tornar especialista em analisar corretamente suas próprias projeções lúcidas.

## Projeção lúcida

A projeção lúcida é simplesmente definida como o ato de um veículo de manifestação (ou o corpo extrafísico ou o corpo mental) deixar outro.

## Sonhos comuns

A tabela a seguir, elaborada com base em informações apresentadas no Programa de Desenvolvimento da Consciência da IAC, mostra as características que diferenciam uma projeção lúcida de um sonho comum.

## Sonhos lúcidos

Um sonho lúcido (em que você sabe que está sonhando e é capaz de interferir no sonho e participar dele) pode ser classificado como uma projeção semilúcida. À medida que você ganha experiência em projeções lúcidas, é provável que os seus sonhos fiquem mais racionais e menos incoerentes, o que lhe permite exercer o seu julgamento crítico e descobrir se está sonhando. É assim que um sonho lúcido se torna uma projeção lúcida. A mais

| Projeção consciente | Sonho |
|---|---|
| A decolagem do corpo físico pode ser detectada pelo projetor | Nenhuma sensação de estar deixando o corpo. |
| Uma realidade objetiva (como quando você obtém informações fora do corpo que mais tarde pode confirmar no corpo físico). | Nenhuma experiência objetiva. |
| Os projetores interferem na projeção e podem controlá-la. | Os sonhadores são passivos, isto é, coisas acontecem a eles, eles não fazem nada acontecer. |
| Os ambientes, cenas, imagens e encontros com outras pessoas são reais. | Imagens e situações são produtos da imaginação ou pesadelos; e muitas vezes lhes falta racionalidade e coerência. |
| Acontecem coisas fora do corpo físico; os projetores podem até ver e tocar seu próprio corpo físico. | Os sonhadores sonham enquanto estão dentro do corpo físico. |
| É possível experimentar a autoconsciência contínua desde o estado de vigília anterior à projeção até o estado de vigília posterior à projeção, sem lapsos de lucidez. | Os sonhos não começam durante o estado de vigília físico normal. Os sonhos só ocorrem durante o sono. |
| Os níveis de percepção e de atividade mental podem ser maiores dos que ocorrem no estado de vigília físico normal. | O nível de atividade mental pode ser normal, com menos ou nenhuma racionalidade. |
| Os projetores lúcidos estão conscientes da sua vida física normal. Podem ter sentimentos extraordinários de euforia, liberdade e bem-estar. | Os sonhadores geralmente recordam pouco da sua vida cotidiana. Os sonhos propiciam experiências e sentimentos normais. |
| A estimulação sensorial pode fazer com que o cordão de prata se retraia e a consciência volte ao corpo físico. | A estimulação sensorial gera mais imagens nos sonhos. |

eficiente técnica para induzir a projeção lúcida através de um sonho lúcido, para aumentar a sua lucidez fora do corpo e ganhar consciência do seu estado projetado, é formular a seguinte pergunta o mais rápido possível, em todos os ambientes e circunstâncias, todos os dias, por pelo menos um mês: "Eu estou acordado ou estou dormindo?".

## Clarividência

A clarividência é a capacidade de perceber a dimensão extrafísica, enquanto se está no interior do corpo físico. Exemplos disso incluem a capacidade de perceber os seres desencarnados e a aura das pessoas. A clarividência é facilmente distinguida de uma projeção porque você sente que está dentro do corpo.

## Clarividência viajora

A clarividência viajora pode ser mais bem descrita como um conjunto de miniprojeções parciais instantâneas, em que a capacidade visual extrafísica da consciência se amplia e passa a perceber seres, imagens, cenas ou acontecimentos não físicos que estão perto ou longe do corpo físico. Como a própria consciência mantém-se no interior do corpo físico, a pessoa é capaz de fornecer um relato oral simultâneo, ao vivo, do que percebe e está muito consciente de que está dentro do corpo.

Com esse tipo de clarividência, você pode ver as coisas, mas não pode interagir ou interferir com nada. O máximo que pode conseguir é um certo grau de presença energética. Numa projeção, por outro lado, você pode agir e participar da experiência.

Outro ponto a esclarecer aqui é que, para uma pessoa comunicar as percepções da dimensão extrafísica em tempo real, através da fala, a consciência deve estar dentro do cérebro físico; em outras palavras, não é possível ter uma EFC e simultaneamente falar, andar ou realizar qualquer outra ação com o corpo físico. Então, quando as pessoas relatam verbalmente eventos extrafísicos "ao vivo", isso significa que elas estão canalizando, imaginando coisas ou experimentando clarividência viajora, visão remota, intuição ou outros fenômenos.

## Visão remota

A visão remota é basicamente um sinônimo de clarividência viajora. Waldo Vieira a descreve em *Projeciologia* como "um devaneio ao qual foram acrescentados clarões de consciência ou clarividência à distância". Enquanto a clarividência viajora lhe permite perceber as coisas em dimensões mais sutis, com a visão remota você só vê as coisas na dimensão física – não na dimensão extrafísica. A visão remota também pode ser usada como uma técnica para induzir uma projeção lúcida (Vieira, 2002).

## Retrocognição

A retrocognição, em que uma pessoa capta ou recorda informações, cenas, relacionamentos, experiências e eventos relacionados com uma vida passada, pode ocorrer enquanto a consciência está dentro do corpo físico ou totalmente projetada. Quando a retrocognição ocorre durante a projeção lúcida, ela é conhecida como *retrocognição extrafísica*.

## Precognição

A precognição, em que uma pessoa capta informações, cenas, relacionamentos, experiências e acontecimentos relativos ao futuro, também pode ocorrer enquanto a consciência está dentro do corpo físico ou totalmente projetada. A precognição que ocorre durante a projeção lúcida é conhecida como *precognição extrafísica*.

## Visão panorâmica projetiva

A visão panorâmica projetiva, em que cenas de um período da vida da pessoa ou a vida inteira dela parecem passar diante dos olhos da mente, geralmente é uma experiência que acontece quando o corpo extrafísico começa a se separar do corpo físico, em resultado de uma situação crítica de quase morte. A visão panorâmica projetiva é, portanto, um tipo de projeção.

## Bilocação física

Na bilocação física, o corpo extrafísico do projetor se semimaterializa fora do corpo e é claramente percebido por pessoas em estado de vigília física normal. Menciono isso aqui porque as testemunhas desse tipo de projeção às vezes confundem esse raro fenômeno com clarividência. A bilocação física pode ser considerada um tipo mais avançado de projeção lúcida.

## Diário de experiências extrafísicas

Você talvez recorde que, no Capítulo 14, sobre os preparativos para uma projeção, mencionamos a importância de você adotar uma abordagem científica em suas tentativas de deixar o corpo e experimentar todas as variáveis que afetam a sua projetabilidade até encontrar uma combinação que produza bons resultados.

Para ser metódico nessa abordagem, tirar o máximo proveito de seus esforços e compreender cada vez mais as suas experiências pessoais, o ideal é que você relate por escrito cada uma das suas tentativas de se projetar, fazendo um diário de eventos extrafísicos. Nesse diário, você anota as variáveis e circunstâncias relacionadas a cada tentativa e os resultados que conseguiu, ou seja, os detalhes da projeção, da ocorrência parapsíquica ou do estado alterado de consciência que experimentou.

Esse registro, com o tempo, vai ser de grande ajuda na hora de identificar a combinação específica de fatores que produz mais resultados.

Sugiro, então, que você mantenha um caderno de exercícios ao lado da cama com essa finalidade e registre com rigor, assim que acordar, todos os aspectos de tudo o que aconteceu, independentemente do que achar importante ou não. Certas lembranças, sentimentos e questões presentes naquele momento podem ser esquecidos mais tarde, por isso procure capturar a experiência registrando-a por escrito enquanto os detalhes estão frescos na sua memória.

Alguns detalhes relevantes também devem ser observados antes de você se deitar, tais como:

- o horário em que você se deita;
- a data;
- o clima;
- a sua condição física (saúde) e estado emocional;
- sua atitude com relação à projeção;
- qualquer coisa digna de nota que tenha acontecido durante o dia; as pessoas que você conheceu, as discussões que teve, o seu estado de espírito de modo geral e determinados acontecimentos, todos podem ter uma influência sobre o que acontece quando você estiver fora do corpo. Por exemplo, um dia um colega de trabalho saiu do escritório para ir ao McDonald's almoçar e, no caminho, passou por uma moradora de rua. Ele se sentiu tocado pelas circunstâncias em que a mulher vivia e eu suspeito que tenha sentido uma certa frustração por não ser capaz de ajudá-la de uma forma tangível. Mais tarde, naquela noite, ele se viu projetado para uma colônia de moradores de rua, onde pôde oferecer assistência na forma de cura energética.

Eis alguns pontos importantes relacionados às suas experiências extrafísicas que você deve incluir no seu diário:

- o tipo de projeção que você teve; por exemplo, se foi uma projeção em que você não fez nada de específico, fez a projeção com outra pessoa, prestou alguma assistência fora do corpo, teve alguma ideia relacionada com suas vidas passadas ou o seu futuro;
- os detalhes do seu alvo;
- quaisquer sensações que tenha experimentado antes da projeção e durante a decolagem e aterragem (consulte o Capítulo 16);
- seu nível de lucidez, por exemplo,
- você estava sonhando?

- Você sabia que estava sonhando?
- Você experimentou algum outro estado alterado de consciência?
  - você estava consciente de que estava projetado?
  - você estava só semilúcido?
  - você podia aplicar a sua vontade para modificar os resultados?
  - o seu nível de lucidez oscilou ao longo da projeção e, em caso afirmativo, você sabe por quê?
  - você experimentou a condição de consciência contínua?
- as dimensões em que você estava projetado – física, crostal, extrafísica ou mental;
- as dimensões que você percebeu;
- se você alcançou ou não o seu alvo;
- o que causou o fim da projeção;
- o horário em que você acordou.

Algumas sugestões finais sobre como tirar o máximo proveito do seu diário:

- Seja neófilo, esteja aberto a novas ideias. Você vai experimentar coisas na dimensão extrafísica para as quais não tem nenhum quadro de referência. Se tentar interpretar tudo o que ocorrer extrafisicamente de acordo com seu entendimento atual da realidade física, vai achar difícil dar sentido a muitas das suas experiências. Assim, escreva qualquer coisa de que se lembrar, independentemente de achar que faz sentido ou pareça relevante no momento.
- Escreva apenas para si mesmo; não ajuste seu estilo pensando na possibilidade de outras pessoas lerem o seu diário.
- Seja preciso, objetivo e informal.
- Se possível, transfira regularmente suas anotações para o computador, assim elas ficarão todas juntas e não se perderão. E não se esqueça de fazer um *backup*!

- E um lembrete final: anote o mais rapidamente possível os detalhes ao acordar. Não adie. Quanto antes você escrever, mais preciso será o relato (Vieira, 2002).

Talvez você queira transferir suas anotações por escrito ou registradas no computador para uma tabela tal como a seguinte:

| | |
|---|---|
| Data | |
| Hora em que me deitei | |
| Hora em que acordei | |
| Clima | |
| Condição física | |
| Estado emocional | |
| Atitude com relação à projeção | |
| O que aconteceu durante o dia | |
| Meu alvo | |
| Sensações | |
| Nível de lucidez | |
| Sonho, projeção ou outro estado alterado de consciência | |
| O que aconteceu | |
| Se a projeção ocorreu, que tipo de projeção foi? | |
| Dimensão(ões) para as quais me projetei | |
| Dimensões que percebi | |
| O alvo foi atingido? | |
| O que causou o fim da projeção? | |

Diário das experiências extrafísicas

# Conclusão

O que temos de aprender a fazer, aprendemos fazendo.

— *Aristóteles (384-322 a.C.)*

Todos os dias, todos nós temos experiências que nos provam que somos muito mais do que um mero corpo humano. Neste livro, resumi as bases das ciências da Conscienciologia e da Projeciologia, que nos ajudam a entender melhor os mecanismos por trás desses eventos. Para chegar a uma compreensão mais abrangente, inclusiva e realista da vida, podemos iniciar o processo nos envolvendo de forma consciente e proativa com aspectos invisíveis mas muito reais da existência, que exercem uma influência extremamente significativa sobre a nossa vida.

Embora este livro concentre-se nos benefícios para o indivíduo – de vivermos uma vida coerente com o fato de que sermos uma consciência com a capacidade inerente de transcender nossa fisicalidade –, vale a pena fazer aqui uma breve reflexão sobre as implicações de se aplicar esse conhecimento no nível coletivo.

Considere o seguinte: se a vida que você está vivendo como indivíduo é em grande parte o resultado do seu nível pessoal de holomaturidade e do seu holocarma, então as condições e circunstâncias que vivenciamos no nível mundial são igualmente um reflexo do nível de holomaturidade e do holocarma da sociedade humana como grupo. Em outras palavras, não somos vítimas do aquecimento global e dos desastres meteorológicos, ecológicos e econômicos a ele associados; não somos vítimas da pobreza extrema, da fome, da falta de moradia, da depressão, do vício, da obesidade e de inúmeras outras epidemias; não somos vítimas da guerra, do terrorismo e da violência motivada pelo ódio racial, pelo fanatismo religioso e por outras formas de segregação. Esses problemas, e muitos outros, são, isto sim, a colheita do que, como grupo, plantamos no passado.

Assim, o uso mais amplo da Conscienciologia e da Projeciologia consiste em nos mostrar que o caminho a seguir, tanto como indivíduos quanto coletivamente, é assumir a responsabilidade por todas as nossas ações e omissões e se concentrar em evoluir, aumentando o nosso nível pessoal de maturidade e cosmoética, um processo que intrinsecamente requer que ajudemos outras pessoas a fazer o mesmo. Como disse Mahatma Gandhi certa vez: "Seja a mudança que você quer ver no mundo".

# Apêndice

Para mais informações a respeito de cursos e livros sobre Conscienciologia e Projeciologia, e sobre como entrar em contato com os centros educacionais ao redor do mundo, por favor consulte o sites a seguir:

International Academy of Consciousness (IAC)
www.iacworld.org

Portal da Conscienciologia
www.conscienciologia.org.br

Instituto Internacional de Projeciologia e Conscienciologia (IIPC)
www.iipc.org

Uma lista completa das Organizações Conscienciocêntricas e suas áreas de especialização pode ser encontrada em:

União Internacional de Organizações Conscienciocêntricas (UNICIN)
www.unicin.org

Interassistantial Services for the Internationalization of Conscientiology (ISIC)
www.isicons.org

# Notas

1. Monroe usa a palavra "anel" quando se refere a uma camada extrafísica de uma densidade em particular, neste caso, a paratrofosfera.
2. Miller, L. C., Barret, C. L. e Hampe, E. (1974). "Phobias of Childhood in a Prescientific Era". *In* A. Davids (org.), *Child Personality and Psychopathology*: *Current Topics*, vol. 1 (pp. 89-134). John Wiley, Nova York, 1974.
3. www.netaid.org.

# Glossário

**Acoplamento áurico** – a interfusão dos campos energéticos de um ou mais indivíduos.

**Amparador** – termo não místico e não religioso, usado para descrever uma consciência não física que atua como um benfeitor para um ou mais indivíduos físicos; mais popularmente conhecido como espírito guia, anjo da guarda, guia e mentor.

**Autocorrupção** – quando sabotamos nossa própria integridade ou regras de moral, ou traímos nossos próprios princípios e conhecimento.

**Automimetismo existencial** – repetição, à exaustão, das mesmas experiências humanas ao longo de muitas vidas físicas.

**Autoscopia interna** – fenômeno em que se é capaz de ver dentro do próprio corpo físico (ou com a consciência aparentemente sediada no interior do cérebro físico ou projetada fora do corpo físico).

**Bilocação física** – corpo extrafísico do projetor que se semimaterializa fora do corpo e é claramente percebido por outras pessoas no estado da vigília física normal.

**Bioenergia** – a base do campo energético individual, que emana e engloba todos os seres vivos.

**Catalepsia projetiva** – sensação de ser incapaz de mover o corpo físico, enquanto se está consciente dentro dele.

**Chacra** – um dos vários vórtices de energia que coletivamente compõem o corpo de energia dos seres vivos.

**Ciclo multiexistencial** – alternância de existências físicas e extrafísicas.

**Cirurgia psíquica** – procedimento em que as mãos do praticante penetram o corpo do paciente sem o uso de equipamento cirúrgico e sem causar dor a ele. O praticante, então, remove matéria orgânica ou objetos estranhos do corpo do paciente e limpa a região. O procedimento é concluído sem que o paciente apresente feridas ou cicatrizes na pele. Alguns profissionais também usam lâminas não cirúrgicas para executar as cirurgias.

**Clarividência** – a capacidade de perceber a dimensão não física, quando no interior do corpo físico.

**Clarividência viajora** – conjunto de miniprojeções parciais instantâneas em que a capacidade visual da consciência extrafísica se amplia e percebe seres, imagens, cenas ou acontecimentos não físicos que têm lugar perto ou longe do corpo físico.

**Consciência** – na Conscienciologia, sinônimo de mente, ego, eu, essência humana ou princípio inteligente. Os sinônimos mais populares são alma ou espírito.

**Consciência extrafísica** – indivíduo que não está mais vivo no sentido físico, que já não tem um corpo físico.

**Conscienciologia** – ciência que estuda a consciência, investigando todas as suas propriedades, atributos, capacidades, fenômenos, veículos de manifestação e de vidas, com base no paradigma consciencial.

**Cordão de prata** – conexão energética entre o corpo físico e o corpo extrafísico, formada com parte do corpo de energia.

**Cordão dourado** – suposta conexão energética que prende o corpo mental ao paracérebro do corpo extrafísico.

**Corpo de energia** – veículo de manifestação da consciência que atua como uma interface entre os corpos físico e extrafísico; a parte do corpo de energia que se estende além do corpo é conhecido como aura humana.

**Corpo extrafísico** – veículo utilizado pela consciência para se manifestar nas muitas camadas da dimensão extrafísica; conhecido em Conscienciologia como psicossoma, mas também como corpo astral, corpo emocional, duplo astral, duplo humano, corpo espiritual e corpo sutil, entre muitos outros termos.

**Corpo mental** – veículo mais sutil da manifestação da consciência; conhecido na Conscienciologia como mentalsoma.

**Cosmoconsciência** – estado intangível e um tanto indescritível de consciência expandida, de onisciência, que permite uma visão global em que a totalidade de todas as coisas é percebida, compreendida e apreciada como um todo único.

**Cosmoética** – código universal de conduta que transcende a subjetividade de religiões, regimes políticos, culturas, países, continentes, planetas e dimensões, e é, portanto, aplicável e apropriado em todas as circunstâncias, tanto dentro quanto fora do corpo.

**Curso intermissivo** – curso teórico e prático ministrado durante o período entre vidas para indivíduos extrafísicos que alcançaram certo nível evolutivo, com o objetivo de prepará-los para cumprir o seu plano de vida (propósito na vida) em sua próxima vida física.

***Déjà-vu*** – sensação de ter experimentado anteriormente algo que na verdade está sendo vivenciado pela primeira vez na vida física; do francês, "já visto".

**Disforia de gênero** – transtorno de identidade de gênero.

**Diurese** – produção aumentada e descarte de urina.

**Ectoplasma** – forma densa e física de bioenergia, que emana dos orifícios de seres humanos capazes de produzi-la; às vezes o ectoplasma é usado por poltergeists para produzir manifestações no ambiente físico.

**Egocarma** – a conta cármica que cada um tem consigo mesmo; as consequências para si mesmo das próprias ações, de acordo com a lei de causa e efeito.

**Estado hipnagógico** – estado alterado de consciência experimentado durante o período entre a vigília e o sono.

**Estado hipnopômpico** – estado alterado de consciência experimentado durante o período entre o sono e a vigília.

**Estado vibracional** – condição de dinamização máxima e simultânea dos chacras, promovida pela mobilização consciente de energias do indivíduo para cima e para baixo no corpo (Trivellato e Gustus, 2003); também pode ocorrer espontaneamente.

**Euforia extrafísica** – condição de euforia experimentada após a morte, devido à conclusão satisfatória do plano de vida.

**Experiência de quase morte (EQM)** – um tipo de experiência fora do corpo forçada, que pode ocorrer quando um indivíduo apresenta morte clínica, mas depois é ressuscitado.

**Experiência fora do corpo (EFC)** – o ato de um veículo de manifestação (ou corpo extrafísico ou corpo mental) deixar outro.

**Exteriorização de energias** – doação ou transmissão consciente de energias.

**Extrafísico** – não físico, em referência ao que se encontra fora ou além do estado físico.

**Glossolalia** – capacidade de pronunciar palavras ou sons de uma língua desconhecida para o falante, geralmente como uma expressão de êxtase religioso.

**Grupocarma** – conta cármica de um indivíduo com aqueles que estão mais próximos a ele, ou seja, as pessoas que ele conhece ou conheceu mais intimamente nesta vida e em vidas anteriores, algumas das quais extrafísicas.

**Guia cego** – indivíduo não físico imaturo e inexperiente, que quer ajudar outro, mas faz isso de uma forma subjetiva, anticosmoética e em benefício próprio, e que pode ser prejudicial para o receptor.

**Holocarma** – o carma total que está ativo na evolução da consciência, compreendendo o egocarma, o grupocarma e o policarma.

**Holochacra** – termo em Conscienciologia usado para descrever o corpo de energia.

**Holomaturidade** – maturidade fisiológica, psicológica e intelectual alcançada pela consciência durante sua existência multidimensional, multiexistencial.

**Holomemória** – memória completa e integral da consciência, que contém todos os fatos relacionados com a sua existência multidimensional, multiexistencial.

**Holopensene** – *holos*, do grego, "inteiro"; e *thosene*, de *tho*, "pensamento"; *sen*, "sentimento" (ou emoção) e *e*, "energia"; refere-se a informações carregadas no campo bioenergético produzido por um indivíduo ou grupo de indivíduos ou inerentes a um lugar específico.

**Intruso** – termo que se aplica tanto a indivíduos físicos quanto extrafísicos, usado para descrever alguém que, intencionalmente ou não, influencia negativamente outro através da transferência de uma combinação de pensamentos, emoções e energia.

**Maniqueísmo** – filosofia dualista que divide o mundo entre princípios bons e maus.

**Melancolia extrafísica** – condição extrafísica de melancolia experimentada após a morte, devido ao fato de não completar o plano de vida.

**Nadis** – pontos e canais que conectam os chacras às suas contrapartes no corpo extrafísico; conhecidos em acupuntura como meridianos.

**Neofilia** – traço positivo em que se está aberto a novas ideias ou novidades.

**Neofobia** – traço negativo em que se está fechado para novas ideias ou novidades.

**Orientador evolutivo** – consciência não física especializada na evolução de um ou mais indivíduos pertencentes ao seu grupo cármico; que supervisiona e coordena o planejamento de suas próximas vidas antes do renascimento na dimensão física.

**Paracérebro** – cérebro do corpo extrafísico.

**Paradigma consciencial** – um paradigma para a existência proposta pelo professor Waldo Vieira e que reconhece a natureza multidimensional da existência.

**Paragenética** – especialidade da Conscienciologia que estuda a codificação genética que, diferentemente da genética, não é transmitida de um indivíduo para outro, mas de uma vida da consciência para a seguinte, impressa nos corpos extrafísico e mental da consciência.

**Parapsicose *post mortem*** – condição de um indivíduo não físico que não sabe que não está mais vivo no sentido físico; caracterizada por completa falta de autoconsciência, comportamento automatizado e muitas vezes um estado de desequilíbrio e desorientação causado por uma incapacidade de extrair qualquer sentido de suas experiências.

**Paratroposfera** – zona extrafísica intimamente ligada à terra, que apresenta uma duplicata dos ambientes terrestres e coexiste com a vida humana, sobrepondo-se a ela; mais comumente conhecida como plano crostal, plano astral, mundo do pós-morte e mundo espiritual. Um lugar habitado por consciências extrafísicas presas ao plano físico.

**Período ou intervalo intermissivo** – período entre vidas.

**Policarma** – conta cármica de um indivíduo em relação a todas as outras consciências físicas e extrafísicas.

**Poltergeist** – ser não físico capaz de produzir efeitos diretos na dimensão física, como fazer objetos se moverem e produzir ruídos.

**Porão consciencial** – a fase da vida física a partir da idade de 2 anos até o fim da adolescência, caracterizada por comportamento infantil e impulsionado por instintos primitivos.

**Precognição** – experiência na qual um indivíduo capta informações, cenas, relacionamentos, experiências e eventos do futuro.

**Projeção** – ato de um veículo de manifestação da consciência deixar outro.

**Projeciologia** – subdisciplina da Conscienciologia dedicada ao estudo da projeção da consciência fora do corpo físico (experiência fora do corpo, EFC).

**Psicossoma** – termo usado na Conscienciologia em referência ao corpo extrafísico de manifestação da consciência; mais popularmente conhecido como corpo astral, corpo emocional, duplo astral, duplo humano, corpo espiritual e corpo sutil.

**Retrocognição** – experiência em que um indivíduo capta ou recorda informações, cenas, relacionamentos, experiências e eventos relacionados a um passado distante, ou seja, a vidas passadas.

**Retrocognitarium** – laboratório para a autoinvestigação, especialmente projetado para a produção de retrocognições.

**Robotização existencial** – vida a que falta priorização, propósito e assistência aos outros.

**Serialidade existencial** – a série de sucessivas vidas físicas; sinônimo do termo mais popular "reencarnação".

**Soma** – termo usado para se referir, em Conscienciologia, ao corpo físico de manifestação da consciência.

**Sonho** – sucessão involuntária de imagens e situações que passam através da mente durante o sono; pode ser imaginário ou ter características de pesadelo, e, portanto, ser distorcido e sem sentido.

**Teletransporte** – método de transporte em que a matéria se desmaterializa, geralmente instantaneamente, num dado lugar e se rematerializa em outro.

**Visão projetiva panorâmica** – experiência em que cenas de um período da vida ou a vida inteira de uma pessoa parece passar diante do olho da mente.

**Visão remota** – basicamente um sinônimo de clarividência viajora, mas que permite apenas a percepção dos seres, imagens, cenas ou eventos na dimensão física.

**Xenoglossia** – capacidade de falar numa língua que não foi aprendida na vida atual.

**Xenografia** – capacidade de escrever num idioma que não foi aprendido na vida atual.

# Bibliografia

Alegretti, Wagner. "Retrocognitions"; Genebra, 2002.

_____. Curso da IAC "Cosmoethics"; Genebra, 2002.

_____. Curso da IAC "Paratechnology and Paraecology"; Londres, 2005.

_____. *Retrocognitions: An Investigation into the Memory of Past Lives and the Period between Lives*, IAC, Miami, Flórida, 2004.

_____. "History of the Out-of-Body Experiences"; artigo on-line; www.iacworld.org.

Alvino, Gloria. "The Human Energy Field in Relation to Science, Consciousness, and Health"; 1996, artigo on-line; www.thinkaboutit.com ou www.twm.co.nz.

Ayto, John. *Dictionary of Word Origins: The History of Over 8,000 Words Explained*, Bloomsbury Publishing, Londres, 1990.

Balzac, Honoré de. *Louis Lambert*, Gallimard Editions, Paris, 1980.

Begley, Sharon. "Beyond Stones and Bones", *Newsweek*, 19 de março, 2007.

Bloom, William. *Feeling Safe*, Judy Piatkus (Editora) Ltd, Londres, 2002.

Bowker, John (org.). *The Oxford Dictionary of World Religions*, Oxford University Press, Oxford, 1997.

Bowker, John (org.). *The Concise Oxford Dictionary of World Religions*, Oxford University Press, Oxford, 2000.

Buhlman, William. *The Secret of the Soul*, HarperCollins Publishers, Nova York, 2001.

Croxon, Paula Beyerly. *The Piatkus Dictionary of Mind, Body, Spirit*, Judy Piatkus (Editora) Ltd, Londres, 2004.

Delanne, Gabriel. *Documents pour Servir à l'Etude de la Réincarnation*. Editions de la B.P.S., Paris, 1924.

Dennis, L. Citado *in* Gabriel Delanne, *Documents pour Servir à l'Etude de la Réincarnation*. Editions de la B.P.S., Paris, 1924.

Fenwick, Peter; Fenwick, Elizabeth. *Past Lives: An Investigation into Reincarnation Memories*, Headline Book Publishing, Londres, 1999.

Finkelstein, Adrian. *Your Past Lives and the Healing Process — A Psychiatrist Looks at Reincarnation and Spirituality*, Fifty Gates Publishing, Malibu, Califórnia, 1996.

"Gender Identity Disorders in Children and Adolescents: Guidance for Management", Council Report CR63, janeiro de 1998, Royal College of Psychiatrists, Londres.

Greene, Brian. *The Elegant Universe*, W. W. Norton e Company, Nova York, 1999.

Gustus, Sandie. "Survey Research Examines the Out-of-Body Experience Phenomenon", *Psychic News* (Reino Unido), edição 3694, sábado 19 de abril, 2003.

_____. "Out-of-Body Experience: A Powerful Tool for Self- Research", *Nexus* (Reino Unido, EUA, Austrália), vol. 11, n. 3, abril/maio 2004.

_____. "Out-of-Body Experience: Insights into a Broader Framework for Existence", *Kindred Spirit* (Reino Unido), edição 71, nov/dez 2004.

Gustus, Sandie. "A New Lease of Afterlife," *Vision* (Reino Unido), edição 3, março 2005.

_____. "There's No Escape!", *Vision* (Reino Unido), edição 6, junho 2005.

_____. "Everyday Benefits of Mastering Your Bioenergy", *Vision* (Reino Unido), edição 11, fevereiro 2006.

_____. "A Beginners Guide to Astral Projection", *Prediction* (Reino Unido), dezembro 2007.

Hagman, E. R. "A Study of Fears of Children of Pre-School Age", *Journal of Experimental Education,* 1932.

Hardo, Trutz. *Children Who Have Lived Before: Reincarnation Today,* The C. W. Daniel Company Limited, 2004 (Publicado pela primeira vez na Alemanha em 2000 com o título *Reinkarnation Aktuell*) Hessenbruch, Arne (org.); *Reader's Guide to the History of Science,* Fitzroy Dearborn Publishers, Chicago, 2000.

Hollingworth, Leta S. *Children Above 180 IQ,* World Book Co., Nova York, 1942 (repr. Arno Press 1975).

Jung, C. G. *Memories, Dreams, Reflections,* Pantheon Books, Nova York, 1963.

Kelly, Joanne. *Past Lives Remembered,* Snover Publishing, Torquay, Devon, 1997.

King, Neville J.; Hamilton, David I.; e Ollendik, Thomas H. *Children's Phobias. A Behavioral Perspective,* John Wiley e Sons, Chichester, 1994.

Lewith, George. *Understanding Complementary Medicine,* Family Doctors Publication Limited em associação com a British Medical Association, Poole, Reino Unido, 2002.

Marks, I. M. *Fears and Phobias,* Academic Press, Nova York, 1969.

Miller, L. C.; Barret, C. L.; e Hampe, E. "Phobias of Childhood in a Prescientific Era." *In* A. Davids (org.), *Child Personality and Psychopathology: Current Topics*, Vol. 1, John Wiley, Nova York, 1974.

Moen, Bruce. *Voyage Beyond Doubt*, Hampton Roads Publishing Company, Inc., Charlottesville, Virgínia, 1998.

Monroe, Robert A. *Journeys Out of the Body*, Doubleday, Nova York, 1992.

_____. *Far Journeys*, Doubleday, Nova York, 1985.

Moody, Raymond. *Life After Life*, Random House, Londres, 2001.

Noor, Queen. *Leap of Faith: Memoirs of an Unexpected Life*, Miramax Books, Nova York, (reimpressão), 2005.

Ostwald, Peter. *Schumann: The Inner Voices of a Musical Genius*, Northeastern University Press, Boston, 1985.

Radford, John. *Child Prodigies and Exceptional Early Achievers*, Harvester Wheatsheaf, Hemel Hempstead, Hertfordshire.

Sheldrake, Rupert. *The Sense of Being Stared At and Other Aspects of the Extended Mind*, Random House, Londres, 2003 [*A Sensação de Estar Sendo Observado*, Editora Cultrix, São Paulo, 2004].

Sinason, Valerie. *Attachment, Trauma and Multiplicity: Working with Dissociative Identity Disorder*, Brunner-Routledge, Hove, East Sussex, 2002.

Stevenson, Ian. *Xenoglossy: A Review and Report of a Case*, University Press of Virginia, Charlottesville, 1974 (Também publicado como Volume 31 da Proceedings of the American Society for Psychical Research).

_____. *Unlearned Language: New Studies in Xenoglossy*, University Press of Virginia, Charlottesville, 1984.

_____. *Where Reincarnation and Biology Intersect*, Praeger Publishers, Westport, Conn., 1997.

Stevenson, Ian. *Reincarnation and Biology: A Contribution to the Etiology of Birthmarks and Birth Defects. Volume 2 Birth Defects and Other Anomalies*, Praeger Publishers, Westport, Conn., 1997.

_____. *Children Who Remember Previous Lives: A Question of Reincarnation*, edição revisada, McFarland e Company, Inc., Jefferson, Carolina do Norte, 2001.

Treffert, Darold A. *Extraordinary People*, Harper e Row, Nova York, 1989.

Trivellato, Nanci. Curso da IAC "Overcoming Factors that May Hinder Conscious Projection", Londres, 2006.

Trivellato, Nanci e Alegretti, Wagner. Curso da IAC "Dynamics of the Evolutionary Duo", Londres, 2006.

_____. Curso da IAC "Goal: Permanent, Total Intrusionlessness", Londres, 2003–2004.

Trivellato, Nanci; e Gustus, Sandie. "Bioenergy: A Vital Component of Human Existence", *Paradigm Shift* (Reino Unido), edição 15, agosto 2003

_____. "Sleep Paralysis e Its Causes", *Alternative London,* edição 2, set/out 2003.

Vieira, Waldo. *Manual da Proexis – Programação Existencial*, Instituto Internacional de Projeciologia e Conscienciologia (IIPC), Rio de Janeiro, Brasil, 1997.

_____. *Projections of the Consciousness*, Instituto Internacional de Projeciologia e Conscienciologia (IIPC), Rio de Janeiro, Brasil, 1997, segunda edição em inglês.

_____. *Our Evolution*, Instituto Internacional de Projeciologia e Conscienciologia (IIPC), Rio de Janeiro, 1999.

Vieira, Waldo. *Projeciologia: Panorama das Experiências da Consciência Fora do Corpo Humano*, Instituto Internacional de Projeciologia e Conscienciologia (IIPC), Rio de Janeiro, 2002.

_____. *Projections of the Consciousness*, International Academy of Consciousness (IAC), Nova York, 2007, terceira edição em inglês.

White, John; e Krippner, Stanley. *Future Science: Life Energies and the Physics of Paranormal Phenomena*, 1ª edição, Anchor Books, Nova York, 1977.

Zucker, Kenneth J.; e Bradley, Susan J. *Gender Identity Disorder and Psychosexual Problems in Children and Adolescents*, The Guilford Press, Nova York, 1995.